O maior inimigo da verdade muito freqüentemente não é a mentira – deliberada, inventada e desonesta – mas o mito – persistente, persuasivo e pragmático. Muito freqüentemente nos apegamos aos clichês de nossos antepassados.

John F. Kennedy

Śankara Śaranam é fundador do Instituto Pranayama Inc. e monge superior da Ordem de Nazir. Escritor e professor, viajante mundial e conferencista, ele também toca violão clássico, compõe música e escreve poesia. Um discípulo de Paramahansa Yogananda, foi iniciado nas Técnicas Avançadas de Raja Yoga *Pranayama* na *Self-Realization Fellowship Swami* [N.T. Associação de Auto-Realização Swami] e na Ordem de Iogues Kriya. Dedica sua vida a divulgar técnicas de *pranayama* mundialmente sem nenhum custo.

Nascido em 1968, seus pais são judeus-iraquianos. Śankara foi criado no Oriente Médio e na cidade de Nova York. Estudou engenharia aeroespacial na Universidade de Michigan e violão clássico na Escola de Música de Manhattan; é bacharel em artes e religião pela Universidade de Colúmbia, onde se formou *magna cum laude*; é mestre em textos orientais pela Faculdade St. John's, de Santa Fé, Novo México. Reside na Geórgia com sua esposa e o filho.

Śankara escreve uma coluna on-line semanalmente que alcança mundialmente estudantes de mais de setenta países.

Agradecimentos

(edição norte-americana)

Meu agradecimento mais profundo vai, em primeiro lugar, para minha mãe, Dina; sem o seu apoio incondicional e o seu patrocínio seguro, este livro teria permanecido essencialmente em minha cabeça.

Gostaria de agradecer a meu pai, Alon, e meus irmãos, David, Jason e Sam, pelo entusiasmo e encorajamento.

Também tenho de agradecer as grandes mentes e corações do passado que não reclamaram quando escalei seus ombros e sofregamente pedi emprestado suas idéias. Seus nomes são muito numerosos para mencionar, mas sem eles não haveria *Deus sem religião*.

Nem haveria um livro sem a perícia editorial de Ellen Kleiner, a memória fotográfica de Ann Mason, o dom para design de Angela Werneke, o entusiasmo e os esforços de publicidade de Hillary Welles, os *insights* e o talento especial para legendas de Peggy Keller e a habilidade de Lynda Kenny para fazer as coisas funcionarem.

Também gostaria de agradecer aos meus alunos e amigos ao redor do mundo. Qualquer que seja a origem, todos nós buscamos a verdade. Sua ânsia a ser desafiada, vontade de me desafiar, encorajamento e generosidade são inestimáveis. Se um dia *Deus sem religião* for amplamente considerado como mais do que simplesmente mais um livro qualquer sobre espiritualidade, será por causa de vocês.

Agradeço também a Ginger por manter tudo iluminado e por esquentar os meus pés nas noites frias ao computador.

Finalmente, agradeço a minha esposa, Wendy, pela sua paciência, apoio e amor por tudo.

English edition copyright © 2005 by Śankara Śaranam. All right reserved.
Título da edição original: *God without religion.*

Direitos da edição em Português © 2008. By Editora Vida & Consciência Ltda.
Todos os direitos reservados.

Coordenação Editorial: Gabriela Nascimento
Preparação e Revisão: Fernanda Rizzo Sanchez
Projeto Gráfico: Marcio Lipari e Luiz A. Gasparetto
Editoração Eletrônica: Priscila Noberto

1ª edição – dezembro 2008
5.000 exemplares

Dados Internacionais de Catalogação na Publicação (CIP)
(Câmara Brasileira do Livro, SP, Brasil)

Śaranan, Śankara
   Deus sem religião / Śankara Śaranam ; traducão Brazil Translations & Solutions.
São Paulo : Centro de Estudos Vida & Consciência Editora.
   ISBN 978-85-7722-032-8
   1. Deus 2. Religião 3. Vida espiritual I. Título
08-11097   CDD-248.4

Índices para catálogo sistemático:
1. Vida espiritual: Cristianismo 248.4

Publicação, distribuição, impressão e acabamento
Centro de Estudos Vida & Consciência Editora Ltda.
Rua Agostinho Gomes, 2312
Ipiranga – CEP 04206-001
São Paulo – SP – Brasil
Fone/Fax: (11) 2061-2739 / 2061-2670
E-mail: grafica@vidaeconsciencia.com.br
Site: www.vidaeconsciencia.com.br

Proibida a reprodução total ou parcial desta obra, de qualquer forma ou por qualquer meio eletrônico, mecânico, inclusive através de processos xerográficos, sem permissão expressa do editor (Lei nº 5.988, de 14/12/73).

Śankara Śaranam

dEUs
SEM RELIGIÃO

Tradução: Brazil Translations & Solutions

Sumário

Prefácio por Arun Gandhi	10
Prólogo	14
Introdução	17

um
adorar pela contemplação — 22

dois
um quadro maior do progresso humano — 96

três
uma alternativa para a religião organizada — 140

quatro
testando as opções atuais — 210

Conclusão	267
Notas	273

para Ekkaia e Earrame

Prefácio

Por períodos infinitamente longos, a pergunta *O que é Deus?* confundiu a humanidade e continuará desafiando a compreensão lógica desde que vivamos com o conceito de que há um paraíso lá em cima, onde Deus está sentado julgando toda a humanidade e castigando todos os que se portarem mal. Ao longo da história, com pouco sucesso, pensadores eminentes tentaram achar uma resposta lógica para esta pergunta problemática. Por outro lado, Sua Santidade Gautama, o Buda, praticou *tapasya* (asceticismo em sânscrito) debaixo de uma figueira-de-bengala e, como alguns, estabeleceu que Deus existe dentro do coração de cada ser humano em forma de amor, compaixão, compreensão e outros atributos positivos dos quais a humanidade é capaz, mas freqüentemente escolhe suprimir. Parece que em vez de tentar reafirmar uma lógica rígida ou pôr uma imagem sólida em nosso conceito de Deus, deveríamos seguir o seu exemplo e dedicar uma energia maior para entender intuitivamente o significado de Deus.

Este livro nos ajuda a fazer isso. Oferece uma tentativa reconfortante para prover a humanidade com um atualizado mapa espiritual de caminhos para uso em nossa busca eterna para compreender Deus.

Como a identidade de Deus é tão inescrutável (se não o segredo mais bem mantido no mundo) e a filosofia adjacente a este poder tão impenetrável, os líderes religiosos de várias crenças definiram Deus de tal forma que levantam mais perguntas do que respostas. A explicação mais fácil e aceita é ver Deus na forma desses que são considerados mensageiros de Deus – entre os judeus, Moisés e os profetas hebreus; entre os cristãos, Jesus; entre os muçulmanos, Maomé; entre os hindus, Krishna; e entre os budistas, Gautama.

A linha comum que corre pelas vidas de muitos mensageiros de Deus é o amor, a compaixão, a compreensão, o compromisso e o respeito por todas as criaturas vivas. Poderia se presumir, então, que exibindo essas qualidades estavam manifestando ao resto da humanidade o modo como nosso Criador espera que vivamos. Embora não atribua qualidades religiosas a meu avô, Mohandas Karamchand Gandhi, o que ele disse uma semana antes do seu assassinato, no dia 30 de janeiro de 1948, é pertinente nesta consideração: "Eles [as pessoas da Índia] vão me seguir em vida, adorar-me na morte, mas não vão fazer da minha causa a sua causa". Estas palavras proféticas poderiam ter sido ditas por Moisés, Jesus, Maomé, Krishna ou Buda – seres cujas histórias de vida e lições foram consagradas em Escrituras Sagradas que nós geralmente lemos sem pensar em fazer delas uma parte de nossa vida. Contornando mediadores divinos, o livro de Śankara Śaranam tenta nos dar uma perspectiva mais direta e imediata de Deus. Como Śankara, hesito em dizer que a sua perspectiva está absolutamente certa, porque como meros mortais, independentemente de nossa sabedoria profunda, experiência, conhecimento, treinamento ou visão, não podemos compreender suficientemente as profundidades de espiritualidade e presumir que nós temos o caminho certo.

Quando era adolescente e vivia com o meu avô, lembro-me de toda a sabedoria que ele transmitia à nossa família. Ele disse que os seres humanos podem somente esperar entender Deus e aspirar alcançar a "salvação", que ele definiu como viver uma vida de serviço, sacrifício e satisfação. Ele acreditava que a maior religião era assegurar que enxugássemos as lágrimas de todos os olhos e trouxéssemos esperança e decência a todas as vidas. Se realizado com humildade extrema, ele dizia, esse serviço nos concederia a magnanimidade de reconhecer e aceitar as muitas formas que somos chamados para ver Deus na humanidade.

Estou convencido de que na raiz do problema espiritual que enfrentamos está a intensa competitividade que injetamos na religião. Cada um de nós acredita que nossa religião é a melhor e que somos responsáveis pela salvação do mundo, convertendo todos ao nosso modo de adoração.

Recordo-me de um doloroso e triste episódio que aconteceu há alguns anos quando fui convidado a explicar o modo hindu de vida a estudantes de uma religião comparativa aos cristãos. Também foram convidados clérigos muçulmanos e judeus. Depois de minha apresentação, um dos clérigos prefaciou a sua apresentação com observações que foram endereçadas obviamente a mim, declarando: "Nós cristãos, muçulmanos e judeus temos algumas coisas em comum. Nós só não temos uma fonte comum, mas somos uma 'religião baseada em um livro', ao contrário de você que é pagão". A implicação estava clara. Ele acreditava que a palavra de Deus do cristão, do muçulmano e do judeu viera em forma de livro enquanto as escrituras hindus foram transmitidas oralmente e, portanto eram inferiores. Concluiu que os hindus acreditam em cinqüenta mil Deuses enquanto os seguidores da família de religiões do Ocidente acreditam em um único.

A superioridade observada das religiões baseadas em livro, expliquei, é uma concepção errônea comum no Ocidente. Na realidade, um antigo filósofo disse uma vez que o modo mais fácil de matar uma filosofia é escrevendo um livro, porque então isso se torna um dogma deixando de ser uma filosofia viva e vibrante. Quanto a acreditar em cinqüenta mil ou mais Deuses, acrescentei, o hindu não crê que existam tantos Deuses (ou, de acordo com alguns, tantos Deuses quanto seres humanos), mas que existem muitas imagens possíveis de Deus.

A confirmação de que ninguém realmente conhece o verdadeiro Deus por trás de todas essas imagens leva a uma compreensão de que os seres humanos podem somente procurar a verdade e não "possuí-la", como muitos fanáticos religiosos afirmam. A busca implica humildade, aceitação, franqueza e valorização, enquanto a posse indica arrogância, tendência a não tolerar opiniões e falta de valorização. Aí reside a dificuldade: se persistirmos na competição pela posse da verdade em vez de trabalharmos pela união na busca, enfrentaremos enorme sofrimento – e pior, violência.

Quando indagado sobre o que ele pensava do significado de Deus, meu avô disse: "Há um poder misterioso indefinível que permeia tudo. Eu o sinto, embora não o veja. É esse poder invisível que se faz sentir e ainda desafia todas as provas, porque é tão contrário a tudo aquilo que eu percebo por meio dos meus sentidos. Transcende os sentidos. Mas é possível chegar a uma conclusão sobre a existência de Deus até certo ponto.

"Percebo vagamente que enquanto tudo ao meu redor é variável, agonizante e implícito a toda essa mudança, existe um poder vivo que é invariável, que mantém tudo unido, que cria, dissolve e recria. Esse poder ou espírito que inspira é Deus... Pois consigo ver que no meio da morte, a vida persiste; no meio da inverdade, a verdade persiste; no meio da escuridão, a luz persiste. Conseqüentemente, eu entendo que Deus é vida, verdade e luz".

Às vezes, meu avô se referia a Deus como amor, ou o bem supremo, ou outros atributos que refletiam sua crença de que Deus vive dentro de nós, assim como também fora de nós. Ele também afirmava que nós temos uma linha direta com Deus, uma conexão instantânea que nos permite invocá-lo quando necessário. Na eterna busca da humanidade para uma resposta tangível ao significado ilusório de Deus, *Deus sem religião* soma uma antiga dimensão – a idéia do eu – de um modo radicalmente novo que espero que traga ao leitor alguns passos mais próximos de desvendar esse mistério divino.

Arun Gandhi
Co-fundador do Instituto M. K. Gandhi para Não-Violência
Memphis, Tennessee

Prólogo

A religião nunca me satisfez e freqüentemente me enfurece. Embora tenha sido criado para ser um judeu, pensei primeiramente em mim como um ser humano e nunca me vi como mais sábio, mais afortunado ou mais feliz porque meus pais eram judeus ou por eu ter aderido às verdades aceitas das suas tradições religiosas. Para minha mente, eu estaria progredindo intelectual e espiritualmente só entendendo o que era universalmente certo e natural em vida, porque essas coisas eram certas e naturais.

Depois de anos freqüentando uma escola hebraica, rebelei-me contra o dogma que eu havia aprendido ali. Em vez disso, na faculdade, focava em assuntos que requeriam o uso da lógica que atraía a minha mente científica – física, matemática, engenharia. Mas, eventualmente, eu achava que embora as ciências materiais pudessem responder algumas perguntas que se referiam a como o mundo funcionava, elas não podiam explicar o porquê, nem poderiam oferecer direção espiritual ou prescrever um modo ético para viver.

Procurando mais adiante, investiguei técnicas místicas. Comecei a praticar exercícios de concentração, regulação de respiração e métodos mais sofisticados de *pranayama* (introversão do sentido), eventualmente entrando para uma ordem monástica. Lá, eu implementei uma ciência *interior* para lidar com as preocupações não resolvidas por meio dos meus estudos científicos anteriores. Durante a década seguinte, enquanto praticava pranayama, vim a entender Deus como uma substância espiritualmente expansiva que se estende por todo o cosmo – uma presença muito mais universal do que a proposta por muitas religiões organizadas. Deus, eu acreditava, era tudo, e sendo divino, isso significava que eu tinha de identificar-me com mais e mais pessoas e não meramente tolerá-las. Entendendo que a idéia de Deus significava unidade absoluta, concluí que qualquer um defendendo lealdade inquestionável a um grupo restritivo tal como uma fé, etnicidade ou nação, estava na realidade promovendo a queda da humanidade, antecipando a sua divisão.

Seguindo essas realizações, sabia que podia desempenhar uma função apresentando a idéia expansiva de Deus a pessoas que tinham desistido Dele pela desilusão com religiões organizadas ou pela falta de direção espiritual. Sabia também que antes de compartilhar minhas descobertas com os outros, tinha de aprender mais: precisava compreender por que as pessoas aderiam a suas religiões; avaliar várias religiões de uma perspectiva histórica; e entendê-las nos contextos de psicologia, sociologia, fisiologia, mitologia, cosmologia, teologia e ontologia. Por conseguinte, além de obter o grau de bacharel e mestrado em religião, filosofia, hebraico e sânscrito, passei seis anos estudando as implicações maiores das verdades aceitas de religiões organizadas.

No processo, aprendi que as religiões nunca pretenderam apoiar a busca para um Deus expansivo e são realmente contrárias a isso. Examinando mais adiante, descobri que os seres humanos aspiravam conhecer Deus bem antes das religiões serem estabelecidas, sugerindo que a adoração real de Deus poderia sobreviver a formas de adoração atualmente em existência. Simultaneamente, encontrei uma trindade profana de forças políticas, econômicas e religiosas nutrindo e perpetuando ganância massiva, pobreza e ignorância. Comecei, então, a trabalhar com pessoas que buscam uma compreensão mais unificada de Deus.

Deus sem religião foi escrito para encorajar uma conceituação renovada da idéia de Deus; revelar como a religião organizada tem sido destrutiva para sociedades individuais e para a humanidade como um todo; e inspirar um abraço mais inclusivo de espiritualidade. Este livro questiona as metas e crenças desagregadoras que a religião adota, interpretações religiosas de eventos históricos, a brecha perigosa entre investigação científica e espiritual, e a honestidade intelectual de muitos movimentos espirituais da Nova Era. É dirigido aos incontáveis cientistas, filósofos, acadêmicos e outros profissionais que, enquanto aprovando formas institucionalizadas de adoração, jogavam fora o menino de Deus junto com a água de batismo da religião organizada. É também para hindus, budistas, muçulmanos, judeus, cristãos, mórmons, jainistas e taoístas que percebem que a violência é provocada por ideologias que, patrocinando exclusividade, promovem a controvérsia e o fanatismo. Por fim, este livro é para pessoas que querem acabar com a influência destrutiva da religião organizada e movimentos do tipo Nova Era, e que buscam uma compreensão mais gratificante de Deus por abordagens que colocam sua consciência de Deus em suas próprias mãos, tornando-os mais autoconfiantes. Espero que encorajando uma busca interior por Deus, baseado em técnicas atemporais benéficas para a liberdade espiritual, este livro contribua para uma expansão de perspectivas ao redor do mundo, culminando na unificação eventual da humanidade.

Introdução

Não se engajar nesta busca por idéias é viver como formigas em vez de viver como homens.

Mortimer J. Adler

No atual mundo complexo, muitas pessoas estão começando a examinar as suas crenças religiosas levando em conta o seu anseio por uma compreensão mais significante de Deus. Alguns indivíduos, embora fazendo perguntas desafiadoras sobre crenças religiosas que lhes foram passadas na infância, são sementeiras descobertas de preconceito e discórdia. Outros, explorando movimentos espirituais da Nova Era, estão achando muitas religiões como sendo tanto dogmáticas quanto organizadas. As pessoas descontentes com dogma e preconceito mudam radicalmente quando fazem introspecção para um conhecimento direto de Deus.

Dois passos estão envolvidos na preparação da busca pelo conhecimento direto de Deus. O primeiro passo do buscador é avaliar a sua confiança em crenças instiladas nele por líderes espirituais, professores, autodenominados gurus, ou pais, ou amigos bem-intencionados. É importante perceber que a verdade de uma idéia não pode ser estabelecida com base na autoridade de seus proponentes. Na verdade, por causa das suas posições, alguns líderes religiosos não mais se engajam em buscar a verdade ativamente. Em última análise, somente quando os indivíduos são livres para desafiar a autoridade o crescimento espiritual se torna realmente possível.

O segundo passo do buscador na preparação por um entendimento mais significante de Deus é usar as suas próprias faculdades intelectuais para avaliar as suas crenças. Uma investigação crítica de crenças aumenta a vontade de assumir a responsabilidade por elas e também promove autoconfiança. Meu trabalho com estudantes nos últimos anos demonstra que guardando as crenças até o espelho da razão é possível não apenas ter uma compreensão profunda de Deus, mas identificar-se com um Deus mais expansivo.

Avaliando uma religião organizada, muitas pessoas param assim que descobrem a bondade de um sistema de crença bem estabelecido, que ensina tais princípios como amar o seu próximo e fazer o trabalho de Deus. Mas assim como máquinas que espremem laranjas não são avaliadas pelo valor saudável do suco da laranja, mas pela sua eficácia em produzir o suco, religiões organizadas precisam ser avaliadas em termos de sua influência prática no mundo mais do que nos ideais que elas pregam, que existem muito tempo antes do advento delas. Quando visto deste modo, fica claro que qualquer bem realizado por uma religião organizada poderia ter ocorrido sem o artifício de um sistema de crença, enquanto os resultados violentos da fé não podiam ser mitigados atribuindo-os à vontade de Deus. Comparado com religiosos, secularistas são da mesma maneira merecedores de emulação quando servem aos outros, e nenhum mais culpável quando cometem crimes contra a humanidade.

Prementemente, além dos preconceitos positivos de uma religião herdada, prova ser extremamente benéfico. Desvela os preconceitos negativos arraigados no passado religioso do buscador. Também fornece treinamento em psicologia individual e coletiva, provendo ferramentas para penetrar nos mistérios da mente, inclusive os extremos do comportamento humano, a necessidade de espiritualidade e o paradoxo da nossa existência como criaturas pensantes cientes de nossa mortalidade ainda aspirando superá-la. Grandes pensadores que rejeitaram crenças religiosas ainda procuraram indagações para a imortalidade se esforçando para melhorar a condição humana pelas suas ações.

Mas o estudo de somente uma religião organizada, tão útil quanto é, dispõe de pouca percepção no impacto global da religião na humanidade. Para isso, devemos nos voltar ao estudo da história religiosa – uma história de horror de imensas proporções. Um exame da história religiosa revela que os adeptos de todas as crenças buscaram sistematicamente a imortalidade à custa da sua existência terrestre. Religiões que nutrem um desejo de estar em um paraíso sectário não inspiram paz aos seus seguidores, mas ao contrário tendem a provocar injustiças. Até mesmo religiões que consideram suicídio um ato pecaminoso doutrinam os seus seguidores com crenças que geram confusão interior, conduzindo a uma morte lenta. E, tristemente, as vidas dos "infiéis" e "hereges" estiveram historicamente até mesmo mais disponíveis nas propostas dos adeptos à imortalidade.

Outra consciência colhida dos estudos religiosos é que as religiões habitualmente afirmam entregar as últimas expressões da verdade, julgando freqüentemente os seguidores de outras religiões como inferiores, ou pior, incautos de algum poder diabólico. Seitas ultra-ortodoxas judaicas ensinam aos seus adeptos que a alma judaica é superior às almas de gentis – dogma que muitos judeus aceitam com orgulho. Seitas budistas asiáticas durante séculos chegaram a buscar a verdade como se fosse um esporte competitivo no qual eles se superaram por demonstração de superioridade. Os cristãos fundamentalistas informam os seguidores que as pessoas que não acreditam em Jesus vão para o inferno, incluindo aqueles que viveram antes dele, que nunca ouviram falar dele, ou que foram educados para acreditar em outro Deus. Semelhantemente, os muçulmanos falam aos seus seguidores que Maomé é o último dos mensageiros de Alá e que a palavra final de Alá deve ser ouvida e obedecida por todos; para fundamentalistas islâmicos, isso significa que o mundo inteiro deve se converter ao Islamismo.

Religiões organizadas prejudicaram muitos professando a superioridade de seus seguidores e criando tais categorias desagregadoras como verdadeiros crentes e pagãos gentios, os justos escolhidos por Deus e os pagãos, o limite do paraíso e o limite do inferno, e o iluminado e o não espiritual. Abertamente, as distinções atraem os membros da congregação por fortalecê-los psicologicamente.

Secretamente, eles forjam percepções polarizadas e uma visão distorcida dos abusos humanos, catalisando uma violência sem fim.

Além disso, escrituras religiosas de todas as crenças colocaram em perigo a liberdade de pensamento e a busca de liberdade da humanidade. Tirando proveito dos medos dos fiéis, escritas bíblicas exaltam aqueles que seguem cegamente, atacam inquiridores valentes que cogitam dúvidas honestas, e ameaçam dissidentes com toda uma vida de culpa. Esses escritos trabalham insidiosamente nas mentes dos fiéis que, intolerantes à crítica, prosseguem incitando a caça às bruxas e as guerras religiosas, resultando em matança imensurável entre religiões e dentro delas.

Historicamente, alguns dos maiores males emergiram de exibições de santidade. Foram geralmente os fanáticos, certos de que haviam ouvido a voz de Deus, que abasteceram os fogos do medo e do ódio, direcionando-os para seitas religiosas, grupos étnicos, minorias raciais e mulheres. A humanidade ainda está sofrendo do fanatismo de indivíduos influenciados por livros canonizados que aderem a idéias errôneas, teologias baseadas em superstição, cosmologia não-científica, falsas expectativas e regras não éticas. E não surpreendentemente, onde quer que minorias étnicas ou raciais ou mulheres sejam tratadas como inferiores, a paisagem é ressecada pela ignorância e pelo medo. Se houver um propósito útil apresentado por religiões que continuam a desabonar qualquer parte da raça humana, este só pode ser inspirar-nos para impedir que a história se repita.

Deus sem religião examina os efeitos do passado da religião organizada e oferece vias mais diretas para o conhecimento de Deus pelo presente e pelo futuro. O capítulo 1, Adorar pela Contemplação, explora nosso entendimento atual de Deus; este convite à adoração pela contemplação mais do que acreditar, abre caminhos para o questionamento de definições populares de Deus enquanto simultaneamente observa os efeitos de sistemas de crenças na mente humana. O capítulo 2, Um Quadro Maior do Progresso Humano, mostra como chegamos a este ponto; desafiando noções lineares de progresso, introduz um modelo antigo de evolução humana e de descentralização como um meio para ver tanto a ascensão da religião como o potencial intuitivo e intelectual da humanidade para a universalização de Deus. O capítulo 3, Uma Alternativa para a Religião Organizada, apresenta a teoria do "eu", uma opção não dualista para perceber o conhecimento de Deus. Essa teoria retrata a intuição como uma ciência psicofísica verificável, repetível e imparcial. O capítulo 4, Testando as Opções Atuais, avalia os méritos dos movimentos espirituais da Nova Era, ressalta as armadilhas das abordagens modernas para as tradições espirituais orientais e ilustra os modos para ampliar o sentido do eu, além de identificações espirituais limitadas.

Técnicas para ajudar na busca de respostas para perguntas espirituais se intercalam ao longo de cada capítulo – respostas melhores que as fornecidas pela religião organizada. Essas técnicas são universais, tendo sido passadas de uma forma ou de outra por disciplinas místicas e filosóficas. Quando praticadas regularmente, ajudam não só a desvelar melhores respostas, mas também melhores perguntas. E com melhores perguntas vêm liberdade espiritual expandida no seu caminho para o conhecimento de Deus. Os leitores que embarcam neste caminho são aconselhados a se preparem para momentos de desconforto seguidos de liberação de uma crença familiar após a outra. Eventualmente, deixando de identificar-se com um sistema limitador de crença, sua identidade crescerá, ampliada pelas mesmas perguntas que você incorporou. E com sua identidade recém-expandida, você será mais versado em assuntos espirituais, pois quanto mais questionamos qualquer aspecto da vida, melhor chegamos a conhecê-la.

Dos muitos fantasmas do passado que assombram a humanidade, poucos são tão prejudiciais como o dogma arcaico e as práticas desagregadoras da religião. O dogma impõe uma barreira à expansibilidade intelectual e espiritual, e a desagregação uma barreira para a paz mundial. Desafiando essas barreiras vigorosamente até que sejam esmagadas, tornamo-nos os arquitetos de nossos próprios pensamentos, libertos por formas convencionais de adoração e, finalmente, livres para buscar Deus dentro de nós mesmos.

um

adorar pela contemplação

O que é Deus?
Deuses feitos à imagem de homens
Milagres e mente
Revelação e razão
Religião e espiritualidade
Terrorismo em nome de Deus

O que É Deus?

Deus oferece a todas as mentes uma opção entre a verdade e o repouso. Pegue o que você preferir — você nunca pode ter ambos.

Ralph Waldo Emerson

A contemplação é o portal para o conhecimento. Uma pessoa que entra neste portal em busca de conhecimento espiritual faria perguntas penetrantes sobre a natureza de Deus, e quanto mais perguntas o indivíduo fizesse, mais profundas seriam as respostas, levando-o a perguntas mais profundas. Desafiar constantemente nossas conclusões e refinar nosso conhecimento de Deus impede-nos de estagnar, tanto intelectual como espiritualmente. Simultaneamente, esses atos de contemplação nos mantêm comprometidos em adoração perpétua.

Também é possível adorar Deus acreditando nas conclusões de outras pessoas, mas essa abordagem cria barreiras ao crescimento intelectual e espiritual. Indivíduos que aceitam sem questionar as suas crenças herdadas sobre Deus acabam por acolher uma visão estreita de si mesmos, da humanidade e do mundo natural. Outros desafiam suas crenças herdadas e então apressadamente adotam as conclusões de um professor cujas respostas às perguntas espirituais são mais universais, abrangendo amor expansivo, mais pessoas e conhecimento mais largo; mas sem testar essas respostas diretamente, os adoradores são incapazes de experimentá-las pessoalmente. Em ambos os casos, a aquiescência para os preceitos de outros inibe o progresso.

Adorar pela contemplação faz o oposto, revelando continuamente o próximo passo. Enquanto se está contemplando Deus, uma pessoa progride devido ao conhecimento libertador que conquistou por exploração pessoal. E quanto mais perguntas faz, mais inclusiva sua perspectiva será, porque o questionamento desagrega as barreiras formuladas por crenças. Isso significa que sempre que o autor da pergunta integrar uma resposta mais refinada, ele não só amplia a sua idéia de Deus, mas também a sua percepção do eu. Passo a passo, respostas refinadas ampliam nossa identidade espiritual catalisando a liberdade intelectual e espiritual.

Um bom ponto de partida para contemplar Deus é fazer a pergunta *O que é Deus?*. Historicamente, respostas para esta pergunta incitaram violência entre os seguidores religiosos com respostas incompatíveis. Mas buscar conhecimento de Deus sem religião elimina respostas pré-formuladas que dividem a humanidade em grupos beligerantes de pessoas com diferentes crenças. Essa pergunta desperta até mesmo ateus que, irritados pela curiosidade, admitirão ter sido balançados menos pela investigação sobre a natureza de Deus, do que pelas respostas insatisfatórias da religião. Embora as respostas fornecidas pelas religiões organizadas freqüentemente conduzam à complacência e desagregação, chamá-las de "erradas" desmentiria o espírito de contemplação. Para os ateus assim como para os religiosos, a angústia que uma resposta insatisfatória gera, pode incitar mais questionamentos.

Ao perguntar *O que é Deus?*, buscadores da verdade sinceros resistem à tentação de permanecer em uma zona de conforto e em vez disso continuam procurando novas respostas. Eles reconhecem que o consolo tirado de convicções anteriores os impediu de contemplar possibilidades mais viáveis. Também vêem muitas respostas que já forneceram um sentido de segurança não mais útil, ou pior, sufocante ou supersticioso. Rejeitando respostas oportunas, abraçam a incerteza inerente da descoberta e preparam-se para trocar zonas de conforto antigas por novos entendimentos.

Fazer perguntas sobre a natureza de Deus é um caminho de investigação científica. Da mesma maneira que os cientistas materiais investigam o universo exterior, estudiosos espirituais que buscam um entendimento de Deus começam explorando o espaço interno da mente. Em ambos os esforços, respostas rígidas e rápidas suprimem pensamento livre; conseqüentemente, tanto estudiosos materiais como espirituais, impulsionados pela contemplação, questionam suas próprias respostas e até mesmo duvidam delas. A contemplação se apresenta não só como um método bem-sucedido de investigação sobre a natureza de Deus, mas também como um potente anti-séptico para uma mente inundada com verdades passadas aceitas durante séculos por meio da religião organizada. Embora a limpeza de visões maculadas possa ser incômoda, deixa o intelecto livre para exercitar seu potencial e os olhos purificados da miopia herdada.

Alheios à purificação que os espera, muitos estudiosos espirituais começam a perguntar *O que é Deus?* no contexto da tradição religiosa que forjou as suas impressões anteriores de Deus. Mas logo percebem que investigações penetrantes dirigidas a autoridades religiosas são geralmente desencorajadas porque a sobrevivência continuada da religião depende da ampla aceitação das respostas já fornecidas. Durante séculos, a Igreja Católica, por exemplo, excomungou ou matou membros que ousaram questionar seu dogma. Atualmente, algumas autoridades religiosas ainda usam palavras evocativas tais como heresia, diabo e delusão para arruinar a tendência humana à contemplação. A religião organizada rotineiramente explora a insegurança que os indivíduos sentem quando suas visões estão em conflito com a convicção do grupo.

Os estudiosos espirituais encontram também a resistência dos membros da congregação, que informam que a resposta para *O que é Deus?* emerge da fé. Muitos encontros religiosos estimulam uma compreensão de que a fé religiosa conduz somente a uma resposta, enquanto a perseverança investigativa prenuncia uma vida toda de questões e pouco interesse em se fixar confortavelmente em uma resposta. Também fica claro que a fé baseada em dogma religioso glorifica assuntos que pertencem ao destino, muitas vezes, resultando em uma desvalorização da vida humana e superdependência em uma presumida pós-vida, enquanto a investigação espiritual celebra a jornada da vida.

Procurando respostas para *O que é Deus?* dentro dos limites de uma sinagoga, igreja ou mesquita, os estudiosos espirituais começam a desafiar suas crenças mais profundamente guardadas. Muitos são alertados para descobrir que o líder do serviço é menos um porta-voz para Deus que um ser humano com preconceitos óbvios. John Wesley, o fundador do Metodismo, exortou os seus companheiros cristãos a economizar seu dinheiro e ficarem ricos – uma instrução em desacordo com o conselho de Cristo de vender tudo e dar o rendimento aos pobres. Muitos membros do clero professam idéias restritas de Deus que os seus fiéis consciente ou subconscientemente interiorizam.

Enquanto examinam as respostas para *O que é Deus?* em textos religiosos, os estudiosos espirituais podem igualmente se surpreender ao descobrir que as palavras impressas e as frases são como testes de mancha de tinta: suas interpretações dizem mais sobre o intérprete que sobre os livros. Para diminuir a probabilidade de projetar mecanicamente o significado pessoal sobre uma escritura religiosa, é importante lê-la com um olhar perspicaz, anular qualquer interpretação sem preocupações incutidas anteriormente na vida, e estudar o contexto histórico no qual o trabalho foi escrito. Também é importante reconhecer por que eles foram registrados, pois as palavras não carregam autoridade moral ou divina. Quando se trata de colher conhecimento sobre Deus, podemos aprender mais observando os hábitos de um pássaro do que aceitar cegamente a informação fornecida por textos religiosos, seguidores e autoridades juntos.

O valor de pesquisar sobre Deus dentro dos limites da religião organizada tem mais a ver com clarear e focalizar a mente – o instrumento da investigação – que em perceber conhecimento direto de Deus. Ao exaltar aqueles que queimam a discriminação para despertar a razão, por exemplo, torna-se possível analisar interpretações limitadas de Deus e desvendar as verdades aceitas. Como ambos começam a desaparecer e os estudiosos fazem a pergunta *O que é Deus?* para arenas mais receptivas, como é sugerido na técnica 1, mais *insights* esperam para serem descobertos. Uma resposta para esta pergunta pode dar origem a outras perguntas penetrantes. Ou a mente poderia silenciar uma resposta atraente, porém incompleta, somente para encontrar uma resposta mais completa que viesse expressa por um pensamento ou evento. Ou pode ser que perguntar *O que é Deus?* revele mais sobre o condicionamento da mente do que qualquer outra resposta conclusiva já pôde.

TÉCNICA 1

Participando de um Encontro Espiritual

Uma técnica profundamente útil para praticar ao mesmo tempo em que se faz a pergunta *O que é Deus?* envolve a participação em um encontro de estudiosos espirituais. Juntos, os participantes em tal reunião formulam perguntas cada vez mais sofisticadas que desafiam até mesmo aquelas que grandes pensadores ponderaram. Compartilhar idéias neste tipo de ambiente inspira um entendimento mais profundo das questões do que seria possível contemplando as mesmas perguntas isoladamente.

As religiões do mundo patrocinam encontros para seus membros. No Ocidente, sinagogas, igrejas e mesquitas oferecem locais onde pessoas com as mesmas idéias podem ouvir um sermão, interagir socialmente e receber ajuda emocional; no Oriente, indivíduos podem freqüentar *satsangas* [N.T. centros religiosos] para receber orientação de um instrutor particular. Mas ao oferecer uma identidade de grupo de apoio, tais seminários tendem a reforçar sistemas de crenças já compartilhados e inibir um questionamento inovador.

Em encontros espirituais, por outro lado, todos são livres para perguntar, desafiar e duvidar. Não sectários, geralmente se reúnem uma ou duas vezes por semana para discutir vários assuntos. Em alguns casos, os participantes alternam sendo anfitriões da reunião em suas casas ou nos alojamentos da faculdade, preparando um ambiente relaxado, que encoraja os participantes a falarem sinceramente. Outros fazem reuniões em local público tais como uma sala de leitura de biblioteca ou um parque, uma acomodação que ajuda a focar a sua energia no propósito coletivo.

Os membros desses encontros asseguram que as reuniões são propícias ao crescimento intelectual e espiritual. Em vez de designar um líder permanente para dirigir as reuniões, revezam-se no papel de facilitadores e introduzem o tópico do dia moderando a discussão. Não importa se os sócios se sentam em volta de uma grande mesa de conferência ou mais casualmente em uma sala de estar, dormitório ou parque, eles se posicionam para o máximo contato olho no olho. A discussão resultante é animada e estimula a reflexão, freqüentemente iniciada pela leitura de um excerto impresso que dá margem a interpretações amplamente discrepantes. A maioria dos livros religiosos, filosóficos, históricos ou dramáticos funciona bem em tais colocações onde não é provável que os conteúdos sejam interpretados com determinação.

À medida que a discussão do dia ocorre, o facilitador a mantém em curso. Uma bússola útil pode ser fornecida na distinção legendária entre um fazendeiro de galinhas e um fazendeiro de ovos: um fazendeiro de galinhas considera os ovos fertilizados (respostas geradoras) como um meio para produzir mais galinhas (perguntas), enquanto um fazendeiro de ovos vê galinhas (perguntas) como um meio para produzir mais ovos não fertilizados (respostas improdutivas). A reunião é como uma fazenda de galinhas onde os participantes colhem novas perguntas de respostas fertilizadas e desconsideram engradados de respostas estéreis, pois são incapazes de produzir perguntas mais profundas. E os estudiosos espirituais sabem que as respostas sozinhas não significam nada enquanto as perguntas refletem de volta sua profundidade de *insight*.

O aviso das reuniões pode ser encontrado em jornais locais, em quadros de anúncios de lojas de produtos naturais e em informativos alternativos; além disso, bibliotecários freqüentemente podem fornecer indicações, assim como os vendedores de livrarias. Alternativamente, você poderia iniciar um encontro. Ao procurar os membros, desconsidere fatores como idade, sexo, renda, estilo de vida e passado religioso. O único critério que importa é a vontade de se ocupar de uma investigação imparcial da espiritualidade humana. Qualquer um, relutante em desafiar suas próprias noções, ou temeroso de tê-las desafiadas por outros, pode não se adaptar a sua reunião.

Se você não gosta de se encontrar publicamente com outras pessoas, considere a idéia de participar de um fórum on-line composto de pessoas que buscam ampliar suas idéias sobre Deus. Formatos on-line lhe permitem ler as mensagens de grupo de discussão em tópicos específicos no site patrocinador da web ou receber mensagens por e-mail, que em seguida você pode responder. Existem também bate-papos on-line em tempo real sobre espiritualidade. Além disso, para proteger sua privacidade, sempre que você desejar, a opção on-line lhe permite conectar-se com outros estudiosos espirituais.

A companhia que nós mantemos, pessoalmente ou on-line, influencia fortemente em nosso crescimento espiritual. Reunir-se regularmente com pessoas que estão presas aos dogmas pode contribuir para crenças mais refratárias e atitudes superficiais. Unir-se com buscadores da verdade sérios, cujas perguntas espirituais já não são mais respondidas pela religião organizada, no entanto, podem ajudar a erradicar padrões obstrutivos, preparando o terreno para o desenvolvimento acelerado intelectual e espiritual.

Contemplar os atributos de Deus oferece imensas recompensas em um nível pessoal. Depois de arruinar gradativamente uma resposta insatisfatória, estudiosos espirituais nunca mais serão capazes de voltar a esta resposta com a mesma convicção. Por outro lado, qualquer resposta que resiste a um teste rigoroso fortalecerá a fundamentação espiritual da pessoa. Até mesmo sem respostas amplamente aceitas, os estudiosos nunca deixam de perguntar *O que é Deus?*, eles cultivam uma fundamentação espiritual inabalável baseada em idéias testadas. Quanto mais nossa fundamentação espiritual é infundida com investigação pessoal, melhor preparada ficará para apoiar um sentido do eu se esforçando para se identificar com mais e mais pessoas.

Coletivamente, são vastas as ramificações da contemplação sobre Deus. Com números crescentes de pessoas que se esforçam para incorporar toda a humanidade na percepção espiritual de si mesmos, cada vez menos serão capazes de desvirtuar a adoração a Deus em cruzadas religiosas violentas contra pessoas de antecedentes divergentes. Com o passar do tempo, qualquer ser humano humilhado ou depauperado por crenças de outro verá isso como uma afronta. Atualmente, quando milhões de indivíduos estão passando fome física, emocional, intelectual e espiritual, a contemplação pode sozinha combater o dogma, a superstição e a desagregação – os reais inimigos da humanidade.

Deuses Feitos à Imagem de Homens

E naquele Paraíso de todos os seus desejos,
Não haverá mais nenhuma terra, afirma o peixe.
Rupert Brooke

Imagens históricas de Deus fornecem um panteão de impressões férteis para a mente investigadora. Em resposta à pergunta *O que é Deus?* cada religião tem seu próprio ideal particular – um ícone, nome ou estado de ser – integrado a crônicas históricas e uma série de instruções para o devoto. A maioria das religiões afirma que a sua maneira de mostrar devoção está inspirada pela vontade de Deus e então é a melhor. Afirmam ainda que Deus recompensa o crente pela sua devoção e inflige alguma forma de retribuição ao infiel.

Uma pesquisa de imagens usadas para retratar Deus nos últimos três mil e quinhentos anos revela uma semelhança misteriosa entre elas e as pessoas que as forneceram. As religiões da antiguidade, como o Vaishnavismo [N.T. seita hinduísta] no Oriente e os cultos de Mithra no Oriente Médio, e Zeus no Mediterrâneo convertem seus deuses à forma de humanos, somente maior que a vida, como pode ser visto em estátuas antigas de Rama e Sita, Krishna, Ísis e Osíris, Apolo e Afrodite e outras divindades célebres. Pensadores científicos interessados no funcionamento do cosmos viram estes deuses masculinos e femininos como personificações do poder da natureza; e para os filósofos antigos, os deuses hostis simbolizavam as forças opostas da natureza. As religiões primitivas também descreveram seus deuses em histórias dramáticas de tribulação, morte e ressurreição, expressando o desejo humano para a vida além da morte e a liberdade das limitações físicas. Do ponto de desempate de investigação espiritual, estes detalhes indicam que a idéia impessoal de Deus pode ser personalizada em uma imagem, ou, quando necessário, em muitas imagens.

Com o advento do Monoteísmo, imagens de Deus vieram não só refletir os atributos físicos do homem, bem como suas idéias. Por exemplo, a Bíblia Hebraica expressa que Deus criou o homem à sua imagem e a mulher da carne do homem. Essa representação de Deus, testemunhada por alguns dos homens que escreveram o livro do Gênesis, introduziu o ideal de Deus, o Criador e Pai Onisciente. Pelas palavras escritas e faladas de escribas e profetas, Ele promete a Terra de Israel, redenção espiritual e a consagração de reis a serem futuros messias de Israel. Os hebreus, em troca, imaginaram a Casa de Israel como a escolhida por Jesus, o filho de Deus, e algumas vezes a noiva de Deus.

Os estudiosos espirituais que minam a pergunta *O que é Deus?* poderiam considerar essa figura masculina como uma resposta incompleta menos baseada na idéia impessoal de Deus do que na inclinação natural de uma criança para venerar o pai e no desejo dos homens para servir as suas necessidades da sociedade patriarcal. Se a

Bíblia tivesse sido escrita por mulheres, um buscador da verdade poderia salientar que provavelmente teria enfatizado a figura feminina da mesma forma que as escritas religiosas emergentes de sociedades mais empenhadas nos atributos femininos inspiravam a adoração difundida de divindades femininas tais como Kali da Índia, Shakti e Prakriti, e mais tarde por influências pagãs em Roma, Maria, do Cristianismo.

Aproximadamente duzentos anos depois da insurreição dos Macabeus contra a ameaça da Helenização de sua independência política e religiosa, a cultura hebraica gerou uma nova imagem de Deus – Jesus Cristo. Influenciados tanto pela promessa profética de um messias-rei que conduziria os hebreus à vitória política, como pela idéia grega de um demiurgo [N.T. criador do mundo], ou intermediário entre Deus e o mundo, os cristãos primitivos se consideravam os herdeiros das promessas de Deus para Israel, ainda não vinculados às proibições da Lei Mosaica. Como o ideal de Pai Onipotente desenvolvido pelos hebreus, a imagem de Jesus satisfazia as necessidades das pessoas por uma visão mundial unificadora, determinante e excludente; também sustentava a promessa dual de um fim dos tempos e da vida eterna. Com o aparecimento de Jesus, a palavra de Deus se fez carne.

Os buscadores que desafiam esta resposta a *O que é Deus?* descobriram uma falta de autenticidade histórica em como a vida de Jesus Cristo é retratada no Novo Testamento. Os Evangelhos que descrevem a tribulação, morte e ressurreição de Jesus não são depoimentos da testemunha ocular, nem crônicas somente baseadas em fatos que poderiam ter sido transmitidas por gerações. Ao contrário, mais rigorosamente se assemelham a dramas gregos e lendas de *O Livro Egípcio dos Mortos*.

A narrativa sobre Jesus registrada entre o meio do primeiro século e o quarto século no Evangelho de Mateus parece de fato ter sido escrita para representação. Como os dramas gregos, é rica em improbabilidades; resume eventos em um reduzido tempo exato para ajustar uma série de cenas, uma estrutura que permite somente detalhe mínimo; e contém numerosas incongruências. De acordo com Mateus, depois da Última Ceia, Jesus e seus discípulos entram na vastidão da noite. Enquanto seus discípulos dormem, Jesus começa a rezar. *Falam-nos que ninguém ouve as suas palavras, contudo elas são reveladas ao leitor.* Enquanto reza, Jesus é capturado por uma multidão e trazido perante o sacerdote dos judeus, assim como também outros escribas e anciões. *Pouca explicação é dada para esta súbita reunião noturna de líderes religiosos e falsas testemunhas durante o Pessach* [N.T. Páscoa Judaica]*, quando os homens normalmente estavam com as suas famílias, ou pelo lapso de tempo entre quaisquer destas cenas.* Então testemunhas chegam e testemunham que Jesus falou da destruição do templo. *Está obscuro de onde eles vieram de repente.* Os sacerdotes julgam Jesus culpado de blasfêmia por não negar as afirmações que ele era o Messias profetizado, e a noite termina com Pedro negando a sua associação com Jesus. *Mas devido a lacunas no enredo da história, não é falado ao leitor porque a traição de Judas não podia esperar até a manhã ou sobre as experiências de Jesus entre este julgamento perante os judeus e o julgamento perante os romanos; não há uma palavra sobre a prontidão de Pilatos em ver Jesus e julgá-lo; e nenhuma menção é feita às preparações para a Crucificação que ocorre imediatamente.* Por causa da sua apresentação orientada para o drama, as escrituras de Mateus rendem só uma descrição delineada de eventos que perdem a credibilidade como uma descrição histórica.

Investigando mais, um buscador da verdade achará inconsistências no Evangelho de Mateus que sugere que a imagem de Deus retratada é baseada parcialmente em expectativas das pessoas que viveram naquele tempo. Mateus mostra na genealogia de Jesus que o seu pai, José, era descendente de David – uma linhagem de acordo com a percepção hebraica de que o Messias prometido seria um descendente do rei David da antiga Israel. Em outro texto ele declara que Maria foi fecundada pelo Espírito Santo. Assim, em vez de escolher entre Jesus ser o descendente de David e o Filho de Deus, Mateus incorpora ambas as idéias, apesar da sua incongruência. Esta contradição, entre outras, dá a impressão de que a descrição de Mateus da vida de Jesus foi influenciada pelas expectativas hebraicas.

Embora Mateus dê a Jesus o status de Filho de Deus, para os judeus do tempo de Jesus todos os profetas eram chamados de filhos de Deus – um título que não implicava um nascimento virgem. Talvez porque Mateus quisesse "vender" o prestígio messiânico de Jesus aos romanos ele tenha retratado Jesus como o filho de um deus, assim como as divindades do mundo helenístico eram os filhos de deuses. Dessa forma, Mateus preencheu as expectativas dos líderes religiosos e também dos políticos dos seus dias.

Ele parece ter realizado tudo isso em parte por meio de complicado ornamento. Jesus era conhecido como um nazareno, lembrando que ele tinha nascido em Nazaré. Mas Mateus, escrevendo predominantemente para os hebreus, e Lucas, mais orientado para uma audiência grega, preparou esquemas elaborados e contraditórios para introduzir Belém como o lugar de nascimento de Jesus – mantendo a interpretação da profecia da Bíblia dos hebreus de que o Messias prometido iria nascer em Belém.

Igualmente Mateus atingiu a audiência planejada por meio de uma aparente tradução errônea. Citando Isaías 7:14 na Bíblia Hebraica[1] e interpretando isso livremente como uma profecia do nascimento de Jesus, Mateus escreve: "Eis que a virgem conceberá e dará à luz um filho" (1:23)[2]. Porém, a passagem original não faz nenhuma referência a uma virgem, mas simplesmente diz: "Eis que a jovem mulher está com a criança, e dará à luz um filho" (7:14). Se a jovem mulher descrita setecentos anos antes do nascimento de Jesus tinha sido uma virgem, os escribas hebreus do tempo de Isaías teriam notado esse detalhe, pois um nascimento virgem também para eles teria sido milagroso. Não só Mateus subverte a Bíblia Hebraica, escrevendo em grego, mas os compiladores da Bíblia KJV [N.T. versão da Bíblia King James] mais tarde traduziram erroneamente o texto de Isaías para concordar com a descrição dos eventos segundo Mateus. Em contrapartida, Marcos e João, que estavam escrevendo com roteiros diferentes para um público leitor romano em geral, não consideraram de forma alguma o nascimento virgem.

Mais adiante, Mateus 21:5, citando Zacarias 9:9, descreve Jesus montando dois animais ao mesmo tempo, um asno e um potro. Mas Zacarias 9:9, fiel às regras de gramática bíblica hebraica, refere-se a só um animal, chamando-o por dois nomes diferentes. Neste caso a tradução errônea na história de Mateus torna evidente que os seus escritos, que hoje são considerados como a palavra de Deus, criavam eventos na vida de Jesus a partir de traduções sem idoneidade da Bíblia Hebraica.

Tais inconsistências, invenções e traduções errôneas ressaltam a observação de que a imagem de Deus retratada no Novo Testamento é inquestionavelmente fictícia. Por um lado, isso nos avisa que as crenças de séculos passados baseadas nessas histórias têm pouco fundamento histórico. Por outro lado, ilumina os meios pelos quais as histórias sobre a vida de Jesus apreenderam a imaginação de seus seguidores. Já que o homem e a sua mensagem evidentemente não satisfizeram as expectativas messiânicas dos hebreus e as aspirações heróicas dos romanos, Jesus, o Homem, foi concebido no *ideal* de Jesus Cristo. Por conseguinte, o Jesus histórico é amplamente desconhecido, enquanto Jesus Cristo é comparável em estatura aos deuses da Grécia antiga e do Egito.

A imagem principal de Deus, a qual foi dada uma nova importância teológica seiscentos anos depois da morte de Jesus, foi Alá, que se espelhou no antigo mundo árabe e sua receptividade para o Monoteísmo absoluto e uma rejeição rigorosa de falsos deuses, idolatria e vida sensual. Durante anos, os árabes esperaram que um profeta de Alá viesse entregar a sua própria escritura sagrada. Eles se consideraram descendentes de Abraão, junto com os judeus, e conheciam as histórias da Bíblia Hebraica e o Novo Testamento, freqüentemente entremeado em variações coloridas; mas eles estavam severamente atentos que essas escrituras não eram do seu povo. Concentrando-se em hordas de poetas que, sob a influência de espíritos, falariam misteriosamente do futuro, entoando em verso e rima, inebriados com pensamentos de demônios, possessão e profetas. E enquanto essas pessoas tribais, como os antigos hebreus, não acreditaram em uma vida eterna após a morte, o seu hedonismo incitado de descrença deveu-se possivelmente à falta de uma lei religiosa formal que eles pudessem adotar. Em resumo, o mundo árabe estava pronto para um sinal milagroso que o Deus de Abraão os observaria e preencheria suas necessidades para uma estrutura religiosa, orgulho no seu valor espiritual e liberdade dos muitos deuses, deusas e espíritos que disputariam a sua atenção.

Embora muitos profetas competissem também para chamar a sua atenção, o ideal de Alá finalmente foi solidificado no Alcorão, que se acredita ter sido ditado pelo anjo Gabriel a Maomé, um comerciante de meia-idade que os muçulmanos acreditavam não saber ler nem escrever. As histórias do Alcorão são amplamente copiadas da Bíblia dos Hebreus, contudo semelhantes aos antigos Evangelhos do Novo Testamento. O Alcorão evita o comportamento imoral, estabelece um Dia do Julgamento, e promete para o fiel a ressurreição no paraíso. O tempo todo glorifica o povo que concorda auto-apelidar-se Muçulmano e aceitar Maomé como o último e o maior mensageiro de Alá.

Muito antes, os ensinamentos do Alcorão tinham penetrado além das fronteiras do mundo árabe. Como cristãos e hebreus que acreditavam na precisão histórica das suas escrituras religiosas, muitos muçulmanos afirmaram que o Alcorão continha as legítimas palavras de Deus. Convencidos de que a ignorância de Maomé os impedia do conhecimento anterior de tais assuntos como Deus, Adão, Abraão e Jesus, os crentes aludiram a isso como um sinal da pureza de sua mente.

Estudiosos espirituais também desafiariam essas afirmações. Eles poderiam apontar que embora Maomé possa não ter lido as histórias na Bíblia Hebraica, ele poderia tê-las ouvido, visto que era uma pessoa viajada e há muito tempo eles tinham atravessado o Oriente Médio. Estudiosos poderiam então interpretar as suas versões modificadas como sintomático da ignorância ou do desejo cultural para a improvisação mais do que a prova de que ele tenha ouvido de um anjo de Deus. Poderia até mesmo ser discutido que as revelações de Maomé foram difundidas ao redor do mundo, não porque eram milagrosas, mas por causa da sua simplicidade e poder de unificar rapidamente convertidos em avanços políticos e econômicos para os seguidores espalhados de Alá.

Embora a maioria das histórias do Alcorão se atenha à tradição profética dos hebreus, Maomé incorpora o material descrevendo-se como estritamente nada mais do que um mensageiro inspirado por Deus. Por exemplo, a princípio ele declarou que sua mensagem era para a sua família; então ele se sentiu investido de autoridade para compartilhá-la com pessoas fora da sua família; posteriormente, considerou seu dever de orar em Meca; e só depois, alentado pela receptividade crescente das pessoas a esta fé angelicalmente entregue, ele afirmou ser o mensageiro de Deus para o mundo (6:92, 8:158)[3]. Além disso, logo depois que os judeus de Medina rejeitaram Maomé como um profeta de Deus, a sua resposta colérica apareceu no Alcorão na forma de referências que aconselham a dissociação dos judeus. Por exemplo, enquanto o material anterior das escrituras exigia jejuar durante o feriado judeu de *Yom Kippur*, mais tarde reverteu essa instrução e instituiu o mês do Ramadã como o jejum oficial muçulmano (2:185). E, considerando que os muçulmanos foram ensinados inicialmente a ficarem virados para Jerusalém quando estivessem rezando, ele mudou a direção de oração para Meca (2:144, 149). Estes e outros improvisos tornam claro que o Alcorão, enquanto submetido aos mandamentos eternos na linguagem de Alá, contém orientação que pertence às circunstâncias mutáveis dos seguidores de Maomé.

Da mesma forma, entre os antigos muçulmanos, cristãos e hebreus, os deuses feitos à sua imagem, mais cedo ou mais tarde refletem de volta mensagens sociais e políticas que hoje reverberam erroneamente pelas três religiões como verdades inspiradas intempestivamente. Um exemplo deste fenômeno é a crença na ressurreição, uma doutrina que primeiro apareceu no pensamento hebraico durante a Revolta dos Macabeus no segundo século a.e.C. [N.T. antes da era Cristã]. Para atrair os homens para lutar na revolta, de acordo com o livro de Daniel, os hebreus foram encorajados a se martirizar pela palavra de Deus e pessoas escolhidas, em troca da ressurreição para a vida eterna – disseminar uma crença ainda adotada por judeus. A idéia de que os mártires são ressuscitados foi aplicada depois à morte de Jesus, muito provavelmente porque os seus seguidores judeus, vendo-o como um mártir, transmitiram uma expectativa de quase duzentos anos de que, como os guerreiros Macabeus que eles glorificaram, ressuscitariam e ascenderiam a Deus. A menção bíblica anterior da sua ressurreição, que aparece em Marcos 16:6, apresenta um modelo de Jesus como o primeiro mártir Cristão a ser ressuscitado; porém, entre os antigos cristãos pairava a dúvida se aceitar literal ou simbolicamente a ressurreição de Jesus era uma questão política debatida impetuosamente ou não. Décadas depois, representantes da Igreja e teólogos anularam a oposição, afirmaram que Cristo ressuscitou fisicamente e estabeleceu a hierarquia de Igreja como o único canal verdadeiro para Deus.

Seiscentos anos depois da morte de Jesus, o Alcorão reiterou a doutrina da ressurreição judaico-cristã "oficial", simultaneamente, fazendo o paraíso ricamente sensual e erroneamente unindo a promessa de vida eterna inteiramente de volta para Abraão e os patriarcas (2:260). As referências do Alcorão para o Dia da Ressurreição (3:161), juntam-se ao conselho de Maomé, tais como "O que fazer então, mesmo sendo morto ou morrendo, se sereis reunidos para Alá?" (3:158), que inspirou a crença muçulmana de ressurreição no paraíso depois de morrer a serviço hostil da palavra de Deus e do povo. Os muçulmanos que interpretam essas idéias ficaram propensos, como fizeram os seus precursores cristãos e hebreus, a se martirizar para o seu Deus e seu povo em troca de ressurreição da vida eterna. Os muçulmanos fundamentalistas continuam a tradição até os dias atuais, esperando que explosões suicidas os impulsionem ao paraíso. Lamentavelmente, acreditam que agindo dessa forma estão seguindo os passos de Abraão, quando na realidade estão aquiescendo uma distorção teológica que Maomé inconscientemente adotou dos antigos hebreus – oprimidos em campanhas militares. Assim, parece que não só os deuses são feitos à imagem do homem, mas, em passagens bíblicas que opõem o homem contra o homem, a palavra de Deus articula os sentimentos de homens politicamente motivados.

Uma vez cientes das concepções errôneas e polarizando os efeitos das figuras de Deus, os estudiosos espirituais poderiam desejar saber como a humanidade contemporânea pode achar um Deus mais abrangível e inclusivo – um Deus universal que pode nos ajudar a fomentar a paz dentro de nós mesmos como veículos para a paz mundial. Para iniciantes, podemos reconhecer que a Bíblia Hebraica, o Novo Testamento e o Alcorão projetam as idéias e ideais humanos locais sobre a essência impessoal de Deus que os seus autores esperavam poder unir em forma pessoal para preencher as suas necessidades. Então, nós poderíamos tirar as camadas das faixas históricas nas quais se envolvem as imagens de seu deus, assistir as imagens se expandirem de volta em essência universal, e fazer delas a nossa própria.

Envolturas históricas incluem todos os eventos, mandamentos e interpretações usados para aumentar a aceitação da religião organizada durante seus séculos de incubação, para que *possam ser comprovados evidencialmente ou não*. De fato, estudos arqueológicos e textuais não confirmaram muitos dos eventos retratados na Bíblia Hebraica, no Novo Testamento ou no *Hadith*, os registros da vida de Maomé, apenas confirmam que certas pessoas e lugares existiram. Mas indicações de que Moisés, Jesus, e Maomé existiram não implicam que as suas vidas procederam como descrito nesses textos ou que as suas afirmações teológicas são inequivocadamente verdades. Na melhor das hipóteses, podemos concluir que aquelas pessoas e lugares reais eram usados normalmente em histórias mitológicas, muito provavelmente para lhes dar um contexto convincente.

Um exemplo de um evento bíblico que funciona deste modo é o Êxodo do Egito descrito na Bíblia Hebraica. Existe pouca evidência de que os hebreus tenham escapado por conta das dez pragas e da divisão do Mar Vermelho, ou até mesmo que eles eram escravos no Egito. A história inteira do Êxodo parece, desde estudos históricos e arqueológicos, ser um mito projetado para dar a um grupo de pessoas um sentido de importância, um sentimento de solidariedade e uma relação única com o seu ideal de Deus. Considerando os incontáveis séculos subseqüentemente marcados por observância ao Sêder de *Pessach* [N.T. jantar cerimonial realizado no 1º dia da Páscoa Judaica], o mito cumpriu claramente seus propósitos.

Além disso, achados arqueológicos não substanciam histórias do conquistador de Canaã sob a liderança de Josué ou a separação do Rei de David dos Filisteus. Esses contos que deram aos antigos hebreus um senso de realização são agora considerados fatos históricos nas mentes de milhões de pessoas. Por causa das supostas vitórias de Josué e David, em combinação com a importância do Êxodo, os judeus se orgulham por ser um povo que sobreviveu a quatrocentos anos de escravidão; que foi libertado por Deus, favorecido acima de todos os outros seres do Universo; e que conquistou uma faixa de terra dada pelo seu Deus.

Na realidade, os antigos hebreus, como também os cristãos e muçulmanos primitivos, viram pouca importância aos eventos gravadores de forma imparcial. Para eles, escrever a história significava santificá-la, dando aos eventos significância cósmica e dirigindo a atenção humana a pensamentos de Deus, glória e coisas boas para os crentes. Realmente, pensamentos santificados inspirados por mitos da Bíblia Hebraica foram bem-sucedidos em longevidade da identidade judaica dando aos judeus determinação, senso de dignidade, sistema de valores e, ao abastecer a oposição na forma de anti-semitismo, uma distância necessária de outros.

O problema é que na tentativa de santificar a história, as religiões organizadas acabaram santificando um grupo de pessoas à custa de outras, muito em detrimento da humanidade. Por exemplo, embora os achados arqueológicos modernos revelem que os canaanitas da época eram culturalmente mais avançados que os hebreus, a Bíblia Hebraica descreve o oposto. Por conseguinte, muitos colonos europeus chegavam à América, influenciados pela importância mística da Bíblia Hebraica do povo escolhido pelo triunfo inspirado por Deus sobre os canaanitas, vendo-se como os novos israelitas, cujo destino era remover os "índios selvagens", ou novos canaanitas, e levá-los para a terra prometida, a América. Semelhantemente, cristãos evangélicos hoje, convencidos pelo Novo Testamento de que foram os escolhidos para "salvar" as pessoas de outras crenças, enviam missionários ao redor do mundo para erradicar as tradições de populações indígenas inteiras, ampliando o domínio de influência da Igreja o tempo todo. Qualquer tentativa religiosa de glorificar seletivamente seus seguidores para vantagem econômica ou territorial transmitem um etnocentrismo capaz de corromper percepções por séculos.

O religioso que também tenta santificar a história acaba glorificando erroneamente uma imagem de Deus à custa de outros. Por exemplo, nos anos 60, Shrila Prabhupada, o fundador de ISKCON (Sociedade Internacional para a Consciência de Krishna), começou a ensinar aos ocidentais a adorar Krishna cantando o nome do Deus hindu, quando o próprio Krishna patrocinou a liberdade para adorar qualquer forma que representasse a essência impessoal de Deus. Contrário aos próprios ensinamentos de Krishna, Prabhupada o considerou como o supremo representante de Deus, tendo aparentemente levado suas palavras muito a sério em Bhagavad Gita, uma obra-prima das escrituras datada antes do quinto século a.C., onde Krishna fala em nome do Deus infinito. Mais do que interpretar essas palavras transpessoalmente, parece que Prabhupada as confundiu com mensagens pessoais do Rei Krishna.

Cristãos que interpretam as palavras de Cristo "Eu sou o caminho, a verdade e a vida" (João 14:6) como declarações pessoais cometem o mesmo erro de superioridade. Se Jesus era ou não um judeu, tinha doze discípulos, proferiu tais declarações ou até mesmo se nasceu, afirmações pseudo-históricas glorificando suas palavras e ações têm pouco a ver com a imagem subjacente de Jesus Cristo como um ponto focal de adoração. Durante os últimos dois mil anos, essa imagem inspirou santos tais como Francisco, Teresa d'Ávila, e Teresa Neumann a penetrar nas envolturas analíticas que a cercam e focalizar seus corações e mentes na essência expansiva de Deus.

E então, examinando as afirmações históricas de teologia sobre Deus, somos deixados com imagens mais puras de Deus – como figuras que revigoraram séculos de adoração entre amantes excepcionais de Deus e da humanidade. Para indivíduos com um temperamento devoto ou interessados em desenvolver a devoção, tais imagens podem ainda ser utilizadas como pontos focais para fiéis e concentração interna da mente. A imagem de Krishna, Buda, Deus, o Criador e o Pai Onisciente, Jesus Cristo, Alá ou o Criador honrados por culturas nativas das Américas, cada um deles, é um objeto potencial de devoção capaz de ajudar os adoradores a dirigir internamente a consciência e ampliar os seus corações. Focalizando o coração e a mente, na imagem melhor equipada para reanimar nossa devoção e assegurar a nossa concentração, realizamos os ideais espirituais buscados exteriormente pelos criadores das muitas imagens de Deus.

No caminho da investigação espiritual, podemos adotar um Deus expansivo personalizando uma imagem que fortalece nossa concentração e clama por nossos corações, estabelecendo uma relação íntima com essa imagem, identificando-se gradualmente como descrito na técnica 2, dando ao coração e à mente um ponto de foco. Essa prática desperta naturalmente sentimentos de centrismo incondicional, satisfação e paz interior. No fim, ajuda-nos a incorporar as mesmas virtudes que projetamos sobre nosso Deus.

TÉCNICA 2

Desenvolvendo uma Relação com um Deus Pessoal

Uma relação com um Deus pessoal, semeado por uma mente intensamente focada, desperta o coração a maiores profundidades de consciência intuitiva. Para pessoas extremamente intelectuais, essa prática apressa o crescimento emocional e aumenta a receptividade. Para indivíduos altamente emocionais fortalece o intelecto cujas capacidades são invocadas para converter a energia de emoção reativa dirigida ao exterior em devoção dirigida ao interior. Grandes exemplares espirituais ao longo da história utilizaram variações desta técnica, devocionalmente entregando-se a um Deus inclusivo de uma forma ou de outra para restringir a inquietude da mente, no processo que modela o serviço a outros e o amor universal pela humanidade.

Quando a concentração de uma pessoa em um ideal de Deus se aprofunda com devoção, produz efeitos fisiológicos. Embora uma corrente de eletricidade que se move gera um campo eletromagnético, a energia nervosa que penetra no plexo dorsal[4] por meio da intensa dedicação de um devoto pode induzir propriedades magnéticas ao longo da coluna vertebral. De acordo com adeptos, o amor contínuo do ideal de Deus de uma pessoa em posições imóveis produz uma felicidade intuída ao longo da coluna vertebral, que extrai magneticamente a energia nervosa dos sentidos, coração e atividade pulmonar. É por esse motivo que muitos adeptos sentem que seu amor por Deus literalmente os deixa sem fôlego.

Para estabelecer uma relação com um Deus pessoal, primeiro decida sobre uma imagem de Deus que seu coração reconhece como universal, que tudo permeia, penetrante, e profundamente significativa. (Uma imagem que contém elementos desagregadores, apesar de igualmente capaz de focalizar o coração e a mente, dará origem a uma atitude desagregadora.) Muitas pessoas selecionam a imagem a que foram ensinadas a se identificar enquanto crianças, tal como o Pai Divino, Jesus ou Maria, Alá, ou um deus ou deusa hindu. Mas da mesma maneira que é possível para uma pessoa que tenha nascido judia seguir um modelo contemporâneo de espiritualidade, é possível um cristão focar o coração e a mente em Krishna; um muçulmano idealizar as virtudes de Cristo; um budista se identificar intimamente com Deus, o Pai de Todos; e um hindu adular um Alá infinito. A questão é selecionar a imagem que você mais admira não como um adepto religioso, mas como um *ser humano*. Não é necessário apropriar-se de representações históricas de Deus; refletindo as virtudes de uma idéia expansiva de Deus que os humanitários e os cientistas instintivamente adotam. O seu Deus *escolhido* pode ser, ao contrário, um amor impessoal para outros, a luz do conhecimento ou até mesmo o Universo disposto diante de você.

Na seqüência, tirando todas as instruções religiosas e orações das escrituras normalmente associadas com o seu Deus ideal, comece a identificar-se por meio da contemplação ativa. Faça perguntas e desafie as crenças com as virtudes de seu Deus ideal em mente, o tempo todo se entregando às suas respostas predeterminadas, conclusões, e os resultados esperados de sua adoração. O seminário subseqüente estimulará dentro de seu coração e comandará uma nova consciência de uma relação de desdobramento com os outros e o mundo.

Para aprofundar a relação, ocupe-se dia após dia com um diálogo com o seu Deus ideal. Talvez reflita sobre uma experiência recente, um livro que você leu ou uma discussão de seminário, propondo algumas perguntas abrangentes que o tenha inspirado; em seguida, sente-se em silêncio contemplando as qualidades infinitas de seu Deus e perceba qualquer desafio que surgir. Quanto mais você conservar seu coração para somente olhar a personificação das virtudes de seu Deus interno para a felicidade, mais cedo verá suas circunstâncias do mundo externo como neutralizadas, livres de ganhos e perdas, preconceito e condicionamento. Uma vez que a sua relação se desenvolveu de maneira amorosa, pessoal e inspiradora, naturalmente você vai querer emular seu Deus ideal em todos os momentos despertos, minimizando as distrações a fim de fazê-lo.

A adoração do Deus interior eventualmente se torna fácil, contínua e intensamente satisfatória. Você saberá que alcançou esse ponto quando se sentir constantemente centrado em seu Deus ideal, nunca só ou entediado, e ciente de que a imagem de Deus está se expandindo diariamente para acomodar mais conhecimento. Muito brevemente, porque você dotou seu Deus de virtudes apreciadas e então se concentrou na contenção Dele, estará exemplificando essas virtudes enquanto expressa sua perspectiva única. E amando um Deus que é uma projeção de seu potencial espiritual, você aprofundará seu amor por si mesmo.

Desde o princípio, o desenvolvimento de uma relação pessoal com um Deus ideal infinito expande o sentido do eu. Isso acontece porque exemplificando seu Deus universal interno, você exercita seu próprio potencial de expansão. Como resultado, cada vez que sua receptividade para esta essência personalizada infinita de Deus se exteriorizar, barreiras internas desaparecerão gradualmente e seu sentido do "eu" vai se ampliar para o exterior e incluirá outros. Eventualmente, você vai se tornar uma personificação ambulante de seu Deus sem sabê-lo, automaticamente vendo-se em outros. Não mais capaz de identificar-se ativamente somente com um Deus exterior, com quem uma relação exigiria rituais artificiais e um mediador, você adotará como inviolável essa união com seu Deus interior.

Os deuses do passado, feitos à imagem dos seus criadores, refletem por fim o sentido do eu dos seus criadores. Como tal, eles nos proporcionam vislumbres na auto-imagem destas populações – e por meio de extrapolação, em nossa própria auto-imagem. As representações de Deus esculpidas por culturas antigas sugerem que as pessoas da época se viam como participantes no grande esquema do mundo natural. Imagens de Deus retratadas por culturas monoteístas, ora visualmente descritivas de características físicas, ora narrativamente expressivas de ideais e idéias, apontam para uma compreensão diferente do eu humano. Promessas de orientação paterna "do Além" e de uma divisão entre os crentes ligados ao céu e ateus ligados ao inferno dão a impressão de pessoas que se consideram distanciadas do cosmos e divididas entre si mesmas. Em cada exemplo, Deus foi visto como a propriedade de uma sociedade seleta em uma casa centralizada de adoração. A auto-imagem insular que originou as imagens de Deus monoteísta, separado de uma humanidade "decadente", gera sentimentos intensos de superioridade sobre os outros e separação de um Deus universal, impedindo a investigação espiritual sobre a natureza do cosmos e do eu humano.

Voltando à pergunta *O que é Deus?*, este limitado sentido do eu desperta uma resposta, enquanto um sentido mais expansivo de "eu", cercando sua natureza inerentemente inclusiva, impulsiona outro. As pessoas intimamente identificadas com uma religião monoteísta freqüentemente declaram que Deus é uma força "notável" ministrando exclusivamente a indivíduos de sua fé particular, freqüentemente em detrimento de outros. Como a sua auto-imagem se expande, porém, é provável que cheguem a uma perspectiva mais panteísta, dizendo que a essência infinita de Deus, a autoconsciência inerente no cosmos, é a base de tudo e todos.

A expansão do sentido do "eu", a sementeira de todo o conhecimento de Deus, gera paz interior e também no mundo. Com um sentido expandido do "eu", cem pessoas podem propor uma imagem diferente de Deus, contudo todos concordariam que cada imagem meramente provê um ponto focal de concentração para o coração e conduz à identificação com o espírito universal de Deus. Embora, no mundo, provavelmente todos cheguem a uma imagem ligeiramente diferente de Deus, cada um refletindo um sentido único do eu em sua viagem de expansão, essas imagens deixariam de ocultar interesses limitados e em vez disso serviriam a humanidade como um todo.

Milagres e Mente

A experiência mostra, sem exceção, que os milagres somente acontecem em tempos e em países em que se acredita em milagres, e na presença de pessoas que estão dispostas a acreditar neles.
Ernest Renan

Durante milênios, a religião foi associada a milagres, vistos como exemplos de quando as leis da natureza são suspensas temporariamente para provar o poder de Deus. Atribui-se a Krishna tudo, desde engolir o fogo da floresta até erguer uma colina. Buda pára um elefante furioso em sua trilha de destruição. A cobra de Moisés come as cobras de sacerdotes egípcios. Cristo materializa peixe e pão suficientes para alimentar multidões de pessoas reunidas. Maomé, de acordo com registros de hagiografia, é capaz de dividir a lua. Esses feitos milagrosos não têm nada a ver com Deus, mas, especialmente com os esforços da religião respectiva para demonstrar o poder e a soberania de seu ideal de Deus.

Encorajando a interpretação de eventos como milagres, religiões organizadas buscaram provar as suas afirmações e ganhar convertidos. Por exemplo, durante a praga difundida no segundo século, muitos cristãos sobreviveram devido aos seus hábitos de higiene e seu estilo de viver, entretanto, atribuíram sua resistência à supremacia de seu Deus. Depois que a praga passou, milhares de pessoas se converteram ao Cristianismo porque eles, também, interpretaram a sobrevivência dos cristãos como prova milagrosa da proteção de Deus.

Pessoas que interpretam suas circunstâncias como miraculosas, geralmente terminam sustentando seus sentimentos de segurança em vida. Ao conseguir um ótimo trabalho, um homem pode sentir que Deus está ao seu lado; se ele não conseguir o trabalho, pode decidir que Deus o está protegendo do que teria sido de outro modo uma experiência infeliz. Paralelamente, os hebreus antigos eram inicialmente henoteístas, adoravam um deus, embora aceitassem a existência de outros, mas se tornaram monoteístas após a perda de seu reino terreno para os babilônios no sexto século a.e.C, quando eles determinaram que, em vez de ser totalmente derrotado pelos deuses dos babilônios, Yahweh tinha usado os babilônios como o seu instrumento para punir Israel – uma interpretação autoglorificante que prorroga o domínio de seu deus sobre todas as pessoas e todas as terras. Vendo Yahweh como o único Deus universal, os hebreus também poderiam orar a ele em qualquer lugar, aumentando seu sentido de segurança no mundo.

Enquanto experiências humanas vistas como milagres podem fornecer um sentido de segurança e garantia, essas experiências, contrárias às afirmações da religião, não podem validar o poder de um deus. Tudo que podem fazer é *confirmar crenças que já acolhemos*.

Quanto mais milagres nós abraçamos, mais profundamente fortalecidas nossas crenças se tornam, porque interpretamos nossas experiências pelo filtro dessas crenças.

Por exemplo, suponha que uma cultura em um planeta distante desenvolveu uma religião completa com uma imagem de Deus. Suas visões extáticas não teriam nada a ver com o poder de seu Deus e tudo a ver com a forma compreendendo suas crenças locais. Do mesmo modo, uma multidão de pessoas na Terra testemunhando uma visão da Virgem Maria não valida o Cristianismo, mas sim reflete a adoração da imagem de Maria.

Milagres experimentados por pessoas, isoladamente ou em massa, são informados somente pelas crenças. Historicamente, a Virgem Maria não apareceu para indivíduos até a imagem dela ter se tornado um ícone extensamente usado, e ela se tornou visível para multidões somente após seu culto ter crescido em popularidade. Nem qualquer imagem de Deus de uma religião apareceu para seguidores de outra religião. A percepção de eventos sobrenaturais conectada com quaisquer das principais religiões do mundo, como estátuas de mármore que inexplicavelmente bebem leite diante de hindus ou outras que sangram diante de cristãos, é igualmente informada pelas crenças acumuladas guardadas por milhões de pessoas durante muitos anos.

Autoridades religiosas que interpretam eventos como milagres são por si guiadas por crenças. Essas autoridades ora reconhecem milagres aparentes, ora negam sua existência, dependendo se os milagres suportam o dogma da religião. No caso de um milagre aparente que está em conflito com o dogma não poder ser negado, talvez porque foi testemunhado por muitas pessoas, o fenômeno será atribuído freqüentemente a uma força diabólica. Um exemplo clássico desse tipo de demonização aconteceu quando os teólogos católicos, incapazes de dar crédito ou desacreditar mitos paralelos de outras religiões, tais como o nascimento virginal do Buda, declararam-nos obras do diabo pretendendo enganar a humanidade.

Milagres não só são usados de modos duvidosos para aumentar o sentido de segurança da pessoa e reforçar o dogma religioso, mas também lançam um modelo perigosamente enganoso do Universo – aquele que os estudiosos espirituais questionariam. Em primeiro lugar, designar a Deus a causa para eventos inexplicáveis abafa a busca pelo conhecimento. No passado, quando a humanidade era desafiada com um mistério, Deus normalmente era invocado como uma explicação, mantendo as pessoas sem instrução sobre a mecânica da natureza. Como resultado, o trovão foi durante séculos considerado o estrondo dos deuses; a chuva, o resultado de anjos que abrem as janelas do céu; insanidade, a obra de demônios; e cometas, as espadas flamejantes ou barbas correntes dos deuses, a fumaça de pecado humano que sobe para escurecer os céus, ou mesmo presságios de guerra. Atualmente também, interpretações de eventos enigmáticos como a obra de Deus, atrasam avanços científicos, impedindo a investigação em tudo, desde as contas incríveis de mestres de yoga aos pensamentos que ouvimos. Uma definição melhor para milagres seriam os eventos que ainda não foram explicados.

Estudiosos espirituais também questionariam a validade de apresentar Deus como capaz de sobrepor as leis da natureza. Separar Deus da natureza deste modo imediatamente O transporta além do reino da investigação humana e desencoraja a pesquisa científica sobre os fenômenos estranhos e interessantes erroneamente chamados de "sobrenaturais". Ao recuperar eventos desse tipo, aumentamos a probabilidade de achar explicações verificáveis para uma abundância de fenômenos sobrenaturais; muitos eventos estranhos que foram investigados cientificamente parecem resultar de causas bastante calculáveis. E tendo aceitado que as leis da natureza são a vontade inalterável da essência impessoal de Deus, melhoramos nossas chances de entendê-Lo. Com toda a percepção nos funcionamentos enigmáticos do cosmos, podemos nos ver como buscadores ativos do conhecimento em vez de observadores que assistem Deus passivamente romper o tecido da vida para provar sua existência. Na realidade, o mesmo ato de reunir Deus com o mundo natural demonstra um desejo de entender mais sobre ambos, Deus e a natureza da qual fazemos parte.

Significativamente, o questionamento espiritual sobre milagres aparentes ilumina uma conexão profunda entre a mente humana e eventos que acontecem no mundo. Gerações de seres humanos, que em sua ignorância entendiam cometas como sinais de batalha, começavam a se envolver de fato na guerra – não por causa dos presságios que eles pensavam ver, mas como conseqüência direta dos pensamentos que projetavam sobre os céus à noite. Além disso, orações de grupo para bem-estar são nos dias atuais encontradas repetidamente para apressar o restabelecimento de uma pessoa doente. Esses e outros efeitos de pensamento coletivo sugerem que eventos interpretados como milagres podem ser de fato produtos da mente humana em atividade. E dessa perspectiva mais ampla, tudo na vida é milagroso.

Ao nos libertarmos da idéia de que Deus faz milagres, começamos a ver o mundo de modo diferente e a assumir mais responsabilidade por nossos pensamentos e, conseqüentemente, de nossas ações. Cientes da capacidade da mente para moldar resultados, notamos que o mundo entendido por adeptos religiosos é falsificado por suas crenças e que eventos sobrenaturais semelhantemente não acontecem nas vidas das pessoas que duvidam deles. É dito que os cristãos verão a face de Jesus na casca da mesma árvore em que os hindus vêem a face de Krishna. Mas é possível que os estudiosos espirituais desejem saber se a casca contém propriedades medicinais ou a capacidade de transmitir cura em resposta aos pensamentos projetados sobre ela.

Uma vez fora da compreensão do pensamento sobre milagre, os caçadores da verdade percebem que continuamente se submeteram à lavagem cerebral interpretando suas experiências por meio de um sentido limitado do "eu". O mundo que eles vêem agora se torna uma reflexão de um eu não mais limitado por doutrinamento religioso, em vez de reivindicar sua sociedade no vasto reino da natureza. Vendo a estratosfera – finalmente limpa de Elias, Jesus, Maomé e outros santos elevados representando a projeção da humanidade para o céu na esperança da imortalidade – eles observam corpos celestes que giram pelo vasto espaço. Cada vez mais, conforme tomamos a ciência em nossas próprias mãos, podemos testar os eventos estranhos em nosso meio, buscar modelos melhores para explicá-los e investigar esses modelos. Em um mundo percebido como menos arbitrário e regido pela causa e efeito, crescentemente nos tornamos mais autoconfiantes também. Tendo arrancado o poder da mente de religiões que centralizam exclusivamente esse poder, observamos que condições pessoais e globais melhoradas não vêm de um deus acima de nós ou de respostas divinas à oração humana, mas de dentro de nós. A imagem que guardamos de Deus, usada para focalizar o coração e a mente, conforme descrito na técnica 2, somente intensifica e dirige nossos pensamentos devotos.

Pensamentos humanos projetados para fora colhem efeitos observáveis. Quando esses efeitos são considerados baseados em milagre, eles desconectam Deus do mundo natural, promovendo ignorância e guerra. Exceto quando nossos pensamentos afirmam bondade e harmonia de acordo com as leis da natureza que é o que eles prenunciam. Os buscadores podem testar a efetividade da afirmação em sua própria vida trabalhando com a técnica 3.

TÉCNICA 3

Afirmação

A afirmação usa o poder da mente para obter coisas necessárias – como boa saúde, emprego satisfatório ou amigos atenciosos – ou modificar o comportamento positivamente. As próprias afirmações são como sementes no solo da mente, utilizando e canalizando energia de outro modo desperdiçada em rotinas diárias. Elas são praticadas silenciosamente repetindo um pensamento cuidadosamente formulado ou focalizando na imagem visual de um resultado desejado. Em qualquer exemplo, o fenômeno que se manifesta é a resposta do mundo para sua mente focalizada, tanto quanto uma flor é a resposta do Universo a uma semente fértil.

Afirmações produzem resultados porque criam um vazio em suas experiências estabelecendo uma contradição entre seus pensamentos e outros pensamentos. O Universo, abominando o vazio, enche-o com o pensamento mais forte ou uma combinação de pensamentos fortes, eliminando a contradição. Contanto que você persevere com uma afirmação independentemente de algum dado sensorial sugerir que pode não ser cumprido, superando todas as contradições, seu pensamento virá eventualmente à realização. Religiosos antigos, cientes desse fenômeno, explicaram isso dizendo: "Tudo o que você acredita fortemente o bastante, Deus também acredita".

De modo ideal, as afirmações são praticadas para manifestar uma vida organizada, produtiva e virtuosa. Elas, porém, podem da mesma maneira prontamente alimentar angústia. Dependendo dos pensamentos particulares ou imagens semeadas na mente, eles podem atrair um amante ou destruir um relacionamento, induzir tranqüilidade ou incitar inquietude, garantir os essenciais da vida ou gerar bens materiais em excesso; podem igualmente eliminar ou acentuar coisas e hábitos não desejados. Para melhores resultados, misture o poder de sua mente com introspecção, permanecendo continuamente ciente de seus resultados desejados e cultivando um elevado e expansivo sentido do eu.

Reavalie também qualquer inclinação que você possa ter para manifestar coisas ou comportamentos por causa da felicidade pessoal. A crença de que nós colhemos felicidade após adquirir tudo o que queremos ou após mudar nossos modos, coloca a felicidade em algum futuro eternamente distante e a mantém dependente de resultados positivos. Assim, se você aprendeu do movimento de auto-ajuda, por exemplo, que a felicidade deriva de afirmações manifestadas para cura, romance, prosperidade ou conduta pessoal, reavalie suas realizações passadas para ver se elas não foram simplesmente resultados de felicidade. Praticantes experientes de afirmação, cientes de que a felicidade incondicional nutre o sucesso infalivelmente no mundo exterior, procuram profundamente dentro deles a felicidade antes de usar esta técnica.

A prática bem-sucedida da afirmação depende de três considerações adicionais. Primeiro, uma vez que sua experiência do mundo criará as condições para suas afirmações se manifestarem, formule-as cuidadosamente para evitar ambigüidade; declare seus verdadeiros desejos; e para explorar o poço da felicidade incondicional dentro de você, dê voz ao seu sentido mais expansivo do "eu". Afirmações moldadas por um sentido limitado do eu freqüentemente geram resultados que causam sofrimento e limitam mais ainda esse sentido. Segundo, mantenha suas afirmações deliberadas. Uma vez que pensamentos espontâneos emitidos em um estado emocional elevado podem produzir efeitos imediatos e lamentáveis, revise possíveis afirmações antes de escolher uma para entoar silenciosamente. Afirmações silenciosas são geralmente mais efetivas que as faladas porque utilizam mais intensidade de concentração. Finalmente, junte suas afirmações com as ações diárias que apóiam sua manifestação. Por exemplo, afirmando que você ganhará na loteria, um pensamento claro agrupado com milhões de outros pensamentos de âmbito nacional, pode começar a dar fruto somente se você jogar.

Para começar a usar esta técnica, anote as coisas ou comportamentos que você quer em sua vida. Para cada um, componha uma afirmação de sentença única como "Estou ansioso para questionar e desafiar novas idéias", "Sou fisicamente robusto", "Sou um canal para prosperidade e riquezas" ou "Atuo no serviço mais alto do que outros". Uma vez que você chegou a suas afirmações, mantenha-as confidenciais. Ao compartilhar uma afirmação com alguém, você arrisca dissipar uma porção de sua determinação inicial. Também é possível diminuir o poder de uma afirmação revelando-a a alguém que pode afirmar o seu oposto. Os pensamentos bem-intencionados de um ouvinte podem ter um efeito igualmente adverso. Por exemplo, uma declaração positiva tal como "Espero que ele melhore", negativamente afirma que o indivíduo não está bem.

As melhores afirmações para saúde de qualquer tipo – física, financeira ou emocional – incondicionalmente afirmam bem-estar vibrante sem assumir a necessidade de recuperação. Isso significa que se você estiver doente, não ore por cura, mas sim afirme que você já está saudável, pois assim seus pensamentos e perspectivas focalizarão automaticamente o bem-estar. E acima de tudo, persevere apesar de qualquer pensamento contrário em seu meio. Uma afirmação para saúde que não se materializa imediatamente está contendo pensamentos prejudiciais, humores e hábitos de viver no presente ou no passado; prospectos melhoram com a prática constante. Em uma escala muito maior, o mesmo é verdade sobre afirmações de paz mundial.

Quando você está pronto para implementar uma afirmação que compôs, identifique sua função e una-se às diretrizes de prática descritas a seguir. Afirmações têm uma ampla variedade de funções e podem ser categorizadas de acordo com os seguintes tipos:

Afirmações de manutenção envolvem as necessidades básicas da vida, tais como saúde, alimento, roupa, abrigo, amizade, educação e paz de espírito. Pode ser praticada ao levantar e antes de dormir. Se suas afirmações de manutenção permanecem as mesmas a cada dia, evite repeti-las pela rotina, pois elas podem não criar raízes em sua mente. Ao invés disso, pratique-as com concentração e profundidade de sentimento.

Afirmações ideais têm como alvo hábitos prejudiciais e aquisição de virtudes tais como paciência, tranqüilidade, honestidade e vida saudável. Esse tipo de afirmação trabalha para criar ambas, as condições internas e externas necessárias para suportar o novo hábito ou virtude. Palavreado cuidadoso prevenirá a probabilidade de ativar um efeito adverso. Por exemplo, se você quer deixar de fumar, uma afirmação que contém a palavra fumar, tal como "Eu não estou mais fumando" pode incitar sua mente a afirmar o hábito de fumar. Uma afirmação melhor poderia ser "Eu respeito a limpeza de meu corpo"; este pensamento vai ajudá-lo a eliminar o hábito se você acreditar que fumar polui o corpo. Se em vez disso você quer parar porque fumar é um hábito caro, você poderia trabalhar com a afirmação "Eu respeito o dinheiro e o gasto somente para promover meu bem-estar". Afirmações ideais também podem ser usadas para remover hábitos bons na tentativa de ganhar liberdade de todos os hábitos. Quando você já não for mais escravizado pelos bons nem pelos maus hábitos, vai se sentir mais livre para escolher seus pensamentos e ações.

Afirmações visuais orquestram eventos futuros, idealmente para o benefício máximo de todos os participantes. Esse tipo de afirmação tem aplicações infinitas – desde se preparar para um desempenho até fazer as pazes com um colega de trabalho ou dirigir uma entrevista de trabalho. Alternativamente, pode ser usada para superação em um esporte competitivo. A cena é visualizada e, após, pode ou não ser colocada em palavras. Todos nós nos envolvemos em afirmações visuais espontaneamente; porém, quando praticadas deliberadamente e com concentração, seu poder intensifica-se significativamente. Por exemplo, antes de uma reunião marcada com alguém que você sentiu como intratável, você pode vizualizá-lo sendo rude e dizer a si mesmo para se preparar para o pior, afirmando de fato que ele estará de mau humor. Visualizar persistentemente uma troca harmoniosa contribui para um encontro mais positivo.

Afirmações de artigo usando objetos pessoais – representando tais coisas como uma atitude positiva, saúde, sucesso ou coragem – podem ajudar a infundir automaticamente na mente o ponto de foco desejado. Quando colocados em locais estratégicos, esses objetos podem estimular as afirmações correspondentes exatamente nas circunstâncias certas. Os artigos amplamente usados para propósitos de afirmação incluem altares, quadros de santos, contas e filactérios [N.T. caixa de preces judaicas], de acordo com a necessidade de projetar ideais universais sobre suportes devocionais. Para reter seu significado especial, todos esses artigos precisam ser substituídos ou pelo menos mudados de lugar periodicamente. Caso contrário, aqueles que estão pendurados nas paredes ou portas, provavelmente vão se misturar com o papel de parede, e os artigos usados para adornar o corpo podem ser confundidos com o vestuário cotidiano. Por exemplo, o yarmulke, ou quipá, usado por judeus, é projetado principalmente para promover a recordação do Deus pessoal do indivíduo. Se habitualmente usado, conforme é o costume entre a maioria dos judeus observantes, esse artigo pode eventualmente perder sua significação simbólica e ser visto apenas como outro artigo de vestuário para ser usado pela manhã. Mas quando intermitentemente alternado, sua função original pode ser restabelecida.

Afirmações de gratidão, feitas verbal ou mentalmente, agradecem pelas coisas boas da vida. Agradecer a Deus freqüentemente pelo alimento colocado diante de você ou pelo teto sobre sua cabeça afirma o lugar e valor desses artigos, ajudando assim a assegurar que você nunca esteja sem eles. Você também pode agradecer a Deus por ter lhe dado coisas que você não tem. Usar essas afirmações de gratidão corrige a mentalidade do pedinte de que temos de orar por algo que não temos afirmando sua ausência em nossa vida. Assim, se você precisa de um veículo, mas não tem dinheiro para comprá-lo, em vez de orar por um veículo, agradeça a Deus por ele, insistentemente afirmando sua presença em sua vida. Sua experiência do mundo responderá e, tendo superado as contradições, disponibilizará um meio de transporte a você.

Embora todos os tipos de afirmações tenham poder pela profundidade da concentração e perseverança, cada um tem uma ótima rotina de prática. Afirmações de manutenção podem ser praticadas durante o ano todo; afirmações ideais durante uma semana, então trocadas; afirmações visuais de um a três dias para eventos isolados ou durante uma semana e então trocadas para desejos materiais; afirmações de artigo durante um mês ou menos se um objeto perder seu valor simbólico; e afirmações de gratidão espontaneamente ao longo do dia, para corrigir pensamento negativo e cumprir necessidades específicas. Todas as afirmações que não forem de manutenção precisam de um período de descanso para permitir que a prática crie raiz na mente e meio e para manter as afirmações frescas e eficazes.

Afirmações requerem pouco tempo, nenhum dinheiro, e provam que você não precisa confiar em forças externas imprevisíveis para garantir as necessidades de vida. As sementes de satisfação, sejam canalizadas para satisfação material ou circunstâncias harmoniosas, estão na mente.

Um modelo do Universo que postula as intervenções milagrosas de Deus nos alivia da responsabilidade por nossas ações. De fato, é quase impossível se comportar eticamente em um mundo onde resultados "bons" e "ruins" são determinados pelo aparecimento do convidado de uma divindade que reflete nossas próprias crenças. Um modelo do Universo responsável pelo poder da mente, por outro lado, ensina a viver de forma ética. Faz-nos lembrar que as leis de causa e efeito são operatórias, que forças que emanam de nossas mentes têm um impacto sobre os outros, e que nós temos então uma obrigação de monitorar nossos pensamentos. Às vezes isso pode requerer mudar modos de pensar negativos e carregados de medo para que possamos fazer coisas benéficas acontecerem para nós mesmos e para os outros. Já atento sobre os pensamentos que projetamos no mundo, aprofundamos nossa compreensão da essência infinita de Deus que está sob o cosmos e nossas idéias do "eu".

Pensamentos mudados conduzem a ações mudadas. Já não mais vinculados por interpretações dos milagrosos – que foram usados historicamente para divinizar não só religiões, mas também nações, castas, etnias, indivíduos e idiomas – podemos começar a agir respeitosamente para com todos nossos irmãos e irmãs mundialmente. Então, toda vez que testemunhamos um evento que parece milagroso, saberemos que não é Deus transgredindo as leis da natureza para provar sua existência, mas sim nossa mente nos pressionando para a ação a fim de ajudar a construir um mundo melhor.

Revelação e Razão

Eles [o clero] acreditam que qualquer porção de poder confiada a mim será manifestada em oposição a seus planos. E eles acreditam corretamente: porque eu jurei sobre o altar de Deus hostilidade eterna contra qualquer forma de tirania sobre a mente do homem.

Thomas Jefferson

Afirmações de revelação permeiam a paisagem da literatura religiosa. Verdades divinas que pertencem a aspectos de vida pessoais e de sociedade são recebidas em topos de montanhas, em desertos, ao lado de rios e embaixo de sombras de árvores gigantescas. Seu propósito presumido é oferecer prova inegável do envolvimento de Deus com a raça humana, de orientação divina e da existência de uma autoridade absoluta. O problema é que aceitar essas afirmações fere o intelecto humano.

Particularmente, a revelação é usada por líderes religiosos para afirmar seu direito de pregar, como aconteceu com o fundador da Igreja Mórmon, também conhecida como a Igreja de Jesus Cristo dos Santos dos Últimos Dias. Em 1829, Joseph Smith afirmou que figuras apostólicas anunciaram que ele deveria conduzir uma igreja nova. Sua declaração, como todas as revelações, não poderia ser confirmada nem negada; enquanto um profeta de boa fé teria sabido presumivelmente que se Joseph Smith estivesse mentindo, seus ouvintes não teriam profetas para chamar e então tiveram de confiar nas suas próprias impressões a respeito dele. Smith também afirmou que a autoridade textual para suas revelações era o Livro de Mórmon, que ele tinha traduzido de hieróglifos egípcios pouco conhecidos que apareceram misteriosamente em placas de ouro confiados aos seus cuidados. Mas sua inabilidade para produzir esses artefatos causou dúvida sobre a probabilidade de sua existência. Mesmo assim, naquele tempo de incerteza religiosa e desassossego político, o Livro de Mórmon ofereceu a centenas de pessoas a esperança de que Deus permanecia ativo em suas vidas, aquela terra da América era sagrada pelos pés de Cristo, e eventos que acontecem no Ocidente na hora do nascimento de Jesus se assemelhavam àqueles, desafiando os hebreus.

Até os dias atuais, a cultura e o idioma associados popularmente ao Livro de Mórmon permanece sem substância. Na realidade, arqueologistas e fontes secundárias negam sua validade como documento histórico. Tudo que pode ser dito é que o Livro de Mórmon se apóia fortemente na edição de 1611 da Bíblia King James e reflete as idéias religiosas da era de Smith por comparações e plágios. Apesar de ainda não corroboradas as revelações usadas para validar suas origens, os membros da igreja aumentaram quase mais de 20 por cento nos últimos anos, devido a seus esforços em conversões.

Os mórmons defendem irrefutavelmente as afirmações de Smith por meio de argumentos circulares. Por um lado, eles dizem que o uso de estudos arqueológicos para atacar a autenticidade do Livro de Mórmon é injusto porque tais estudos são inerentemente falhos. Esse argumento ignora o fato de que o Livro de Mórmon, baseado em registros falhos de Jesus do Novo Testamento e histórias místicas da Bíblia Hebraica, ainda é outro artefato histórico. Os mórmons se opõem a tais inferências dizendo que seu livro sagrado é revelação e assim não foi corrompido por eventos históricos. A circularidade resultante mantém a revelação de Smith escondida na obscuridade do indeterminável. Mas também é verdade que enquanto eles rejeitam as descobertas que refutam suas crenças, os mórmons buscam ativamente dados científicos que os confirmem.

Esse exemplo, entre outros incontáveis de todas as religiões, demonstra que os processos de pensamento condicionados por revelação têm dificuldade de penetrar o reino do conhecimento provável. Na realidade, ao subscrever a revelação, os seguidores religiosos se rendem à sua capacidade inerente de questionamento, dúvida, pensamento racional e outros poderes de argumentação. Sem a renúncia da razão, componente vital para a autoconfiança, eles não podem ter fé inquestionável nas revelações da religião organizada.

Os líderes religiosos não só usam a revelação para defender seu direito de pregar, mas para legitimar doutrinas sociais, incapacitando o intelecto humano – e com isso, o bom funcionamento da sociedade. Nos séculos dezenove e vinte, muitos ministros pregando na porção sul dos Estados Unidos acreditavam que o direito de possuir escravos era estabelecido em seus livros sagrados; alguns até sentiam que Deus tinha instituído a escravidão e que Jesus teria sido um traficante de escravos. De fato, a escravidão é permitida nos textos antigos de muitas denominações religiosas. Mas equivocar-se de autoridade celestial projetada sobre registros bíblicos mostra pouca erudição. E perpetuar a santificação da escravidão fornece grãos para o moinho da injustiça social.

A todo momento os ideais sociais são baseados em revelações passadas de autoridade divina, os adeptos religiosos podem facilmente justificar não só a escravidão, mas desabono, estupro, homicídio, guerra e genocídio. Prisões ao redor do mundo estão aumentando com homens e mulheres religiosos convencidos de que Deus autorizou suas violações. Semelhantemente, o Holocausto foi abastecido por doutrinas anti-semíticas "divinamente" inspiradas de séculos anteriores. Parece que a motivação para causar dano sério freqüentemente emerge da convicção, berço de revelação, que tal ato constitui um serviço a Deus e à sociedade – uma interpretação que reflete projeções culturais anteriores de fanatismo. No fim, apesar de os líderes religiosos acreditarem que a revelação inspira conduta virtuosa e que, de fato, fornece exemplos de comportamento ético quando interpretada por indivíduos éticos, ela não apóia atividade virtuosa quando enfrentamos os reais desafios da vida e vemos o vício como a opção mais atraente.

Líderes religiosos, ao se identificarem estreitamente com a revelação bíblica propondo ideais sociais, compõem as dificuldades envolvidas santificando mitos embrulhados em codificações de preconceitos passados. Por exemplo, alguns ministros falam a seus congregantes que para toda escolha na vida há um verso das escrituras reveladoras para guiá-los, quando, em vez disso, há centenas de versos contraditórios dos quais eles podem escolher – como também alternativas incontáveis no mundo da natureza. Ao interiorizar codificações bíblicas instintivamente, os congregantes acabam trazendo auto-interesses limitados na forma de preconceitos antiquados e hostilidades para com a sociedade contemporânea. Como se o progresso social não fosse desafiado o bastante por interpretações comuns da lei que sustenta preconceitos humanos, também tem que contender com interpretações mesquinhas de revelação que perpetuam preconceitos desumanos do passado.

Considerando que a revelação não abordou com sucesso as necessidades passadas da humanidade por uma verdade unificadora, não há nenhuma garantia discernível que possa preencher nossas necessidades presentes de uma revelação. Nem há um modo de trazer revelação para a província da discussão construtiva e possível refutação ou para pesar e lutar com os ideais sociais que gera. No espírito investigativo podemos seguir descobrindo o apelo atual para este caminho sem perspectiva para a verdade observando suas limitações; seria como substituir lâmpadas queimadas, ou pneus furados ou achar um substituto sustentável que servisse ao progresso humano.

O que incita as pessoas a aceitarem a revelação sem duvidar, e como esse condicionamento silencia o intelecto? Um ímpeto por adotar a revelação é a tendência humana para romantizar o passado. Contra o fundo cinza do caos aparente e cinismo atuais, há especial fascínio em identificar-se com os homens heróicos e mulheres dos textos religiosos. Suas vidas podem parecer mais com preto e branco, e seus dias menos sobrecarregados com decisões complexas. Idealizando essas figuras épicas, muitas pessoas os vêem como melhores e mais sábios que nós, e suas sociedades como mais participantes. A adoção de sua perspectiva reveladora segue naturalmente. Mas enquanto varridos em ilusões românticas do passado, e tendo rendido suas próprias faculdades intelectuais, esses indivíduos freqüentemente não consideram que seus heróis e heroínas bíblicos, habitualmente moldados por forças sociais e religiosas são invenções místicas da imaginação humana.

Outra razão pela qual as pessoas aceitam a revelação é se beneficiar de um código comportamental, tal como os Dez Mandamentos de Moisés. De acordo com a Bíblia Hebraica, as tábuas que os contêm foram inscritas por Deus, não deixando nenhum espaço para argumento nas mentes dos israelitas – ou nas mentes de seus sucessores contemporâneos. Um ponto negligenciado por muitos é que se vale a pena viver pelos Dez Mandamentos, estes não requerem origens consagradas, e se não vale a pena viver por eles, nenhuma medida de autoridade pode torná-los úteis para a humanidade. Embora seja direito de todos os indivíduos ponderar o mérito dos Dez Mandamentos, o que conta é se essas leis constituem um código de ética efetivo, não se elas são intrinsecamente valiosas em virtude de sua presumida origem. Nem a crença de que Deus inspirou Moisés a escrever os Dez Mandamentos lhes concede autoridade. Essa crença, na realidade, não explica sistemas éticos superiores que, ao exigir que as pessoas prestassem atenção à raiz de comportamento no "eu", sobrepõem as interpretações possíveis de auto-serviço quando se considera que os mandamentos são emitidos do alto.

Revelação também tem uma atração psicológica sedutora para pessoas que anseiam por fazer parte de um coletivo, conforme foi observado entre os seguidores de Smith no início do século dezenove. Indivíduos que sofrem de sentimentos de baixa auto-estima descobrem que se juntar com outros sob os patrocínios de revelação edificante pode quase que imediatamente infundir sentimentos de pertencer a algo maior que eles. Nesse sentido, a vulnerabilidade à revelação religiosa suporta uma semelhança notável com a suscetibilidade de indivíduos deprimidos a programas de culto.

Outras pessoas se voltam para a revelação de um desejo de satisfazer ambições materialistas. Acredita-se que uma verdade reveladora atrelada ao desempenho de tarefas mercenárias lhes concede dignidade do exterior; no lado de dentro, acalma o remorso após a exigência de vingança, oferecendo o paliativo "olho por olho" (Deut.

19:21). Indivíduos que se esforçam para trabalhar para a maior glória das revelações de Deus tendem a não ver que estão trabalhando de fato para si mesmos. Nem é provável que reconheçam isso, assim como a história da Igreja Católica Romana demonstra quando afirmações de revelação são defendidas violentamente como se o poder, a propriedade ou o dinheiro estivessem em jogo, de fato um ou mais desses elementos estão normalmente em jogo.

Então, muitas pessoas também seguem padrões reveladores de santidade na esperança de viver uma vida ética. Depois de um tempo, porém, eles podem confundir-se com seus heróis percebendo freqüentemente que estão acima das leis da moralidade, a que outros precisam responder. A presunção exagerada despertada por revelação raramente é reconhecida interiormente. Por exemplo, somente após numerosos escândalos de pederastia ficou claro que os padres podem ter interiorizado o prestígio do papa que, de acordo com o dogma revelador aceito por muitos católicos devotos, está livre de desconsiderar leis decretadas por seres humanos.

Uma causa comum para adotar a revelação no século vinte é o desejo de emprestar significado à existência da pessoa. A tendência da Nova Era em canalizar revelações divinas é um desses exemplos. Ao creditar a suas comunicações faladas ou "ditadas" para uma fonte mais alta, médiuns derivam um sentido elevado do seu próprio propósito em vida. Mas, de acordo com a estrutura cosmológica que os médiuns têm adotado, seus mensageiros angelicais são pouco mais que seres humanos desencarnados; e com base nas próprias mensagens, parece que esses seres podem ser menos evoluídos que seus transmissores encarnados. Curiosamente, poucos médiuns reconhecem as semelhanças entre as mensagens que canalizam e suas próprias crenças, ideais, pensamentos, ou que uma mensagem não é autorizada em virtude da maneira como é comunicada.

Um segundo exemplo da esperança por revelação para infundir vida com significância é a tendência para santificar fins de semana. Muitos seguidores religiosos têm pouca tolerância por conceitos irracionais durante a semana de trabalho, contudo, em serviço de adoração eles parecem desligar suas faculdades críticas e deixam o instinto assumir o comando. Repentinamente apreensivos sobre conduzir uma existência não analisada, adoradores de fim de semana não podem ter escrúpulo algum sobre concordar sinceramente com um sermão ou invocar devotamente a beneficência seletiva de seu Deus. Poucos, se existir algum, notam essa falta de comunicação entre seus instintos baseados em hierarquia e seu intelecto mais perspicaz. Claro que se o fiel tivesse os mesmos altos padrões para seu pensamento religioso conforme fazem para suas preocupações práticas semanais, crenças baseadas em revelação poderiam não funcionar.

Um terceiro exemplo da atração pela revelação pode ser visto nas multidões de ocidentais que, criados em revelação, buscam aumentar a significação de sua vida levando inquestionavelmente a práticas orientais sobre as quais tenham projetado santidade reveladora, tais como yoga, Zen, outras formas de Budismo e tantra. Para muitos praticantes, tais religiões acabam transmitindo exatamente o que eles esperam. Mas a mistificação ocidental de religiões orientais conduziu repetidamente à comercialização de idéias, um resultado do qual a maioria dos praticantes permanece inconsciente. Por exemplo, yoga se tornou desconectada de quase toda consideração espiritual e filosófica, e distorcida em um sistema de cultura física. Zen – atualmente associado com arco-e-flecha, cerimônias de chá, formas passivas de meditação e outras atividades ligadas ao sentido – foi metamorfoseado pela adição de rituais exteriores e outras parafernálias. Quanto ao tantra, é excessivamente mal interpretado como um meio de consagrar a promiscuidade sexual.

Talvez a atração mais constrangedora à revelação é o medo do diabo, a própria personificação da revelação da ignorância e o sofrimento espirituais. Conforme é esperado, submissões à revelação prometem uma fuga rápida deste dispensador de adversidade. Mas o que é o diabo? Reunindo os ideais judaico-cristãos de Satanás e Deus, algumas literaturas islâmicas afirmam que o diabo é um anjo que ama Deus tão completamente que não pode suportar o pensamento de qualquer outro Deus amoroso. Mas se Deus está em todos, isso significaria que o diabo tanto ama a todos que ele se esforçaria para prevenir os seres humanos de amarem uns aos outros, que é na realidade o modo como Deus testa o amor das pessoas por Ele. Um meio pelo qual a união de Deus e o diabo poderia atingir essa meta seria criar distrações potentes no mundo, tais como riqueza em excesso, que poderia tornar as pessoas mais preocupadas com a guerra do que em se darem ao trabalho de amar a Deus e uns aos outros. Um estratagema mais insidioso seria inspirar revelações desagregadoras e contraditórias do desejo de Deus que santificam as guerras dos povos por riqueza instilando medo do diabo. Ambos os métodos são engrenados para impedir as pessoas de pensarem profundamente na vida e de identificarem-se umas com as outras.

Uma vez pegas na armadilha reveladora do diabo-deus, o medo que as pessoas têm do diabo se torna medo de qualquer coisa que possa ameaçar a justificativa para as guerras lutadas por riqueza. Ironicamente, muitos religiosos vêm definir a perda de confiança na revelação como ignorância espiritual e a ausência de riqueza como sofrimento, que agrada o diabo imediatamente e confirma a suspeita de Deus sobre não ser amado. O resultado inevitável desta reversão são crenças fortalecidas e guerras intensificadas, assim aumentando o inventário de medos da humanidade. Na análise final, o medo do diabo atrai os indivíduos à revelação permitindo ao sentido limitado do eu santificar sua limitação por nomenclatura invertida: invocando idéias propícias à expansão "diabo" e idéias promovendo limitação "Deus."

Para evitar sucumbir às garras desse diabo e assegurar a Deus que nós O amamos nos outros, rejeitaríamos a noção de que Deus se comunica com a humanidade por meio de um grupo pequeno de "crentes iluminados", especialmente já que é tão fácil falsificar a revelação. E para ganhar santuário da duplicidade de revelação – quer dizer, ter refúgio de uma auto-imagem já limitada por medo – ampliaríamos nosso sentido do "eu". Mesmo quando o medo do diabo é simplesmente medo do desconhecido, como é freqüentemente o caso, ele pode ser superado rejeitando a influência do alarmismo e entrando em contato com o "eu" destemido, expansivo. Em cada exemplo, alcançamos sucesso à luz da investigação nos recessos do intelecto, iluminando nosso amor inerente pela verdade e unidade essencial da raça humana.

Todos esses incentivos para aceitar afirmações de revelação – de identificar-se com indivíduos heróicos a superar o medo do diabo – podem ser satisfeitos sem custo algum ao intelecto se, em vez disso, voltarem-se à razão. Quando guiados pela razão, nós abordamos o problema resolvendo por prova direta em lugar de afirmações de verdades passadas. Nós peneiramos, analisamos e refletimos sobre quantidades grandes de dados e então chegamos a conclusões consistentes com nossas observações. Devido ao fato de ser baseada em evidência, a razão nos força a pensar clara, precisa e imparcialmente para desenvolver a sempre crescente agilidade mental e chegar a hipóteses originais, habilidades cruciais no mundo decadente atual. É por meio do aperfeiçoamento de habilidades de pensamento crítico que podemos penetrar no reino do conhecimento possível bloqueado pela dependência na revelação.

Estudiosos espirituais ressaltariam que a revelação nos pede para silenciar a voz da razão, a faculdade do conhecimento que fala diretamente conosco e nos informa sobre falsas afirmações. Eles discutiriam que buscar a verdade não é um esporte de espectador que exige que coloquemos a revelação de uma pessoa da vontade de Deus contra a de outra. Nem é sobre descarregar conclusões de experiências de outra pessoa. Em vez disso é sobre despertar perguntas – levando conteúdo pelas lentes de nossa própria experiência e sujeitando isso à luz da razão desafiando toda possível afirmação. O progresso é seguro porque ao envolver a razão, o arauto da unidade global, ampliamos nosso sentido do eu.

Mas despertar perguntas exige prática quando as instruções operacionais da razão forem obscurecidas pela revelação. Entre aqueles de nós que estão acostumados aos preconceitos da revelação e a subjugar ativamente o futuro minando o passado; pode ser difícil saber como começar. Em tais exemplos, a primeira ordem de negócio é descondicionar padrões embutidos de pensamento e percepção como sugerido na técnica 4. Por meio do descondicionamento é possível deixar de regurgitar idéias reveladoras que absorvemos e começar a desenvolver nossas próprias habilidades de pensamento e, com elas, um novo vigor para questionar.

TÉCNICA 4

Lendo, Escrevendo e Refletindo

Para extrair a verdade de algo ou solucionar idéias contraditórias, livres pensadores do passado se engajaram na dialética, uma forma de diálogo que pode ser praticado com outros, como em um seminário, ou individualmente. Ao praticarmos sozinhos, envolvemo-nos em um diálogo interno que nos treina a desafiar nossos pensamentos e questionar nossas percepções. Quanto mais pensamentos e percepções disputamos, melhor preparados estaremos para erguer o véu de condicionamento que nos separou de nossas faculdades de raciocínio inoperantes e nos distanciou de outros.

Essa técnica envolve ler livros que ajudam a ampliar o "eu", anotando perguntas que nos inspirem e refletindo sobre elas. Devemos contemplar as perguntas dentro de um amplo contexto para descobrir preconceitos arraigados. Embora possa parecer fútil tentar superar o condicionamento fazendo perguntas que foram moldadas por nós mesmos, comparar essas visões com às de gigantes intelectuais e espirituais pode ampliar as perspectivas.

Ao selecionar material de leitura, deve-se procurar livros que diferem de seu quadro de referência habitual. Inclua títulos de homens e mulheres semelhantes, como também pessoas de idades, nacionalidades e eras históricas diferentes. Leia também textos religiosos sobre os quais você conhece pouco ou sobre os quais você não tem uma opinião formada ainda. Se decidir ler a Bíblia, escolha uma tradução diferente daquela que você está acostumado ou estude o grego ou o hebraico e então leia a Bíblia como foi escrita originalmente. Quanto mais traduções você cavar, mais questões você poderá formular para um diálogo interno.

Procure também uma variedade de gêneros. A maioria dos clássicos, sejam ficção ou não-ficção, fornecem alimento para o pensamento. Mas se você aprecia romances, um valioso catalisador para o diálogo interno pode ser o *Conto de Genji* de Murasaki Shikibu, que fornece no mínimo um olhar histórico rápido sobre as perspectivas de outras culturas. Material de leitura provocante também pode ser encontrado entre os escritos dos "Pais Fundadores da América", alguns dos quais foram suprimidos porque desafiam idéias tradicionais sobre religião. Por exemplo, Thomas Jefferson pensou em si mesmo como estando na igreja de sua mente, livre dos constrangimentos de crenças fabricadas.

Para avançar sua liberação de padrões habituais de pensamento e percepção, leia vários livros que examinam o mesmo assunto sob perspectivas diferentes. Uma gama de visões em qualquer tópico aumentará sua amplitude de compreensão. Com essa perspectiva aumentada você poderá analisar a relevância de cada um e chegará ao seu próprio ponto de vista que ainda pode mudar novamente conforme você ganha mais exposição.

Já que os livros têm um modo de se tornarem bons amigos, escolha sabiamente e os adote imparcialmente. Se você não souber bem por onde começar, visite uma biblioteca, leia análises críticas de livros ou busque recomendações de pessoas confiáveis. Para analisar o livro, rabisque livremente nas margens; decore páginas abundantemente com pontos de interrogação e pontos de exclamação; destaque segmentos que valham a pena voltar a ler; e comprima em recortes, marcadores de páginas e outras raridades inspiracionais. Uma vez personalizado deste modo, é mais provável que um livro o mantenha envolvido com seu conteúdo.

A porção de escrita desta técnica desperta habilidades de

pensamento crítico. Escrever qualquer coisa nos distancia do conteúdo que poderia de outra forma permanecer na cabeça e amplamente inacessível a nós. Conseqüentemente, então, ao traçar perguntas inspiradas pelo material de leitura, é dada uma chance de realmente ver nossas legítimas preocupações, dúvidas e medos para que possamos trabalhar depois durante nosso condicionamento. E realmente, as perguntas que aparecem no papel abrem portais de *insights* em pensamentos e percepções que nós não sabíamos que abrigávamos.

Para começar, enquanto estiver lendo um livro que selecionou para o diálogo interno, mantenha um bloco de anotações ao seu lado e anote as perguntas que vierem à sua mente. Por exemplo, você pode desejar saber como a visão mundial do autor, experiências de vida, ou suposições diferem das suas, ou que tipos de condicionamento o autor sofreu. Perca tempo para formular suas perguntas, pois algumas podem causar desconforto inicial visto que sua auto-imagem se amplia além de seus contornos habituais. Da mesma maneira que mais tempo é gasto digerindo uma refeição do que a comendo, mais horas são necessárias para assimilar as idéias depois de ler sobre elas. Idéias que são bem absorvidas pelo questionamento tornam-se parte de quem nós somos. Neste ponto começamos a ver o mundo por elas, usando-as para interpretar os dados sensoriais que chegam até nós.

Uma vez que você terminou cada capítulo, comece a refletir contemplando ou escrevendo várias possíveis respostas às perguntas que você colocou. Engajar-se deste modo com suas perguntas lhe permite avaliá-las rigorosamente. Contemplando todas as perguntas, faça o seu melhor para chegar a uma resposta pessoalmente significativa. Se uma pergunta não o afetar profundamente, cave mais fundo e sem temor em sua mente por uma resposta melhor. Por exemplo, se a sua resposta para a pergunta parecer justificar um desejo, questione o desejo. Se você tem dificuldade em determinar se o desejo é de um "eu" limitado ou expansivo, veja como ele afeta sua percepção sobre as pessoas que conhece. Lembre-se de que os desejos em si não são nem limitados nem expansivos, mas se transformam em uma coisa ou outra, ao refletir a auto-imagem da pessoa.

Enquanto estiver refletindo, é provável que você encontre entraves dialéticos. Em tais casos, procure uma verdade além dessas respostas contraditórias. Por exemplo, ao examinar imagens de Deus opostas, ache uma verdade suficientemente grande que abranja tudo. Você saberá que chegou a uma verdade viável quando começar a vivê-la e observar como sua auto-imagem incorpora os interesses de mais pessoas. Claro que, com o passar de tempo, as verdades mais viáveis se abrem a novos desafios e perguntas.

Com prática em ler, escrever e refletir, você poderá identificar qualquer atração que atualmente tenha por revelação e como esta cooptou sua habilidade para conduzir uma vida honesta, intelectual e espiritual. Questionar que revelação postula como inquestionável é começar a pensar sozinho de modo corajoso – um salto para o futuro, para um "eu" que pode ter passado anos aderindo medrosamente a verdades reveladoras. O uso contínuo desta técnica de descondicionamento gera a intrepidez que os investimentos em revelação somente imitam.

Argumentar o mundo de revelação é um jogo de faz-de-conta enquanto o mundo de pensamento crítico é uma projeção externa de uma idéia expansiva do "eu". Partindo da máxima de René Descartes: "Penso, logo existo", a razão nos relembra: "Da idéia de 'penso (o eu)' surge todo o pensamento". E enquanto não se pode por si mesmo confirmar a essência infinita do "eu", mostrando seu parentesco com aquela essência, a razão prepara o caminho para o sentido finito do "eu", para eventualmente ampliar seus parâmetros ao infinito comunicando-se com os outros como idênticos.

Como tal, a razão provê corrimãos para uma sociedade mais justa e magnânima. Pensadores críticos que avaliam o valor de uma idéia não estimam sua fonte presumida, mas sim seu efeito na humanidade, que pode ser observado e repetidamente testado. As afirmações isentas de prova rigorosa – tal como Gabriel de Maomé, as placas douradas de Joseph Smith de escrita hieroglífica, a visão de um devoto religioso de escritura sagrada como a palavra de Deus, ou mensagens retransmitidas divinamente por um médium contemporâneo – somente reforçam a compreensão de que revelação não existe, aquelas afirmações reveladoras são pela sua própria natureza subversivas, e que tudo tem sua fonte na mente de alguém. Um profeta sábio, então, não é um receptor de verdades sagradas vindas do alto, mas simplesmente um indivíduo cuja faculdade dada por Deus de argumentar lhe conferiu um sentido do "eu" suficientemente expansivo para despertar percepções intuitivas. Cada um de nós pode ser um profeta da razão, um filósofo de pensamento livre dedicado a substituir corrupção e fanatismo com generosidade e identidade global.

Religião e Espiritualidade

O que eu quero?
Eu quero libertar a Terra para libertar a humanidade.
Eu quero anular tudo o que ficou para trás do homem
Para que não haja nada para ver quando ele olhar para trás.
Eu quero pegá-lo pela parte de trás do pescoço
E virar a sua face para o futuro!

Leonid Andreyev

Os ideais de religião e espiritualidade – seu equivalente eterno – são os mesmos: ambos aspiram ajudar os seres humanos a conduzir uma vida virtuosa. Mas os métodos aplicados pela religião muito freqüentemente impedem que os seguidores vivam essas virtudes. Quando os ideais se degeneram em sistemas de crença, como mundialmente acontece em religiões organizadas, os partidários discutem, matam e morrem por eles, contudo raramente os personificam.

Uma desvantagem principal de religiões organizadas é que em vez de simplesmente oferecer a seus membros técnicas efetivas de conduzir vidas virtuosas, elas exigem algo muito mais fácil de reunir: uma profissão de fé. Para ser um membro em boa posição, não se exige do indivíduo que se dedique a uma busca vitalícia pela verdade. Não é suficiente ser dedicado a um ideal universal de Deus dia e noite, afirmando ideais expansivos para si mesmo, os outros e o mundo; ser materialmente caridoso, de forma empática e pedagógica; viver de forma simples e renunciar aos excessos sensoriais; e ser humilde e feliz. Nada é suficiente se você não professar a fé. Mas as próprias crenças não podem prevenir uma conduta pouco ética. Pelo contrário, tendem a inibir a incorporação dessas mesmas virtudes que adotam, dando um falso sentido de satisfação.

A auto-satisfação religiosa é exibida em perdões manifestos e velados por vaidade. Formas ultra-ortodoxas de Judaísmo desculpam as exibições de superioridade de depreciação dos adoradores com origem em sua imersão exaustiva no estudo da Bíblia Hebraica. O Cristianismo, de acordo com uma interpretação prevalecente do Novo Testamento, promove trabalho missionário em nome do "único" Filho de Deus. E as referências do Alcorão afirmam que muçulmanos que se denominam os escravos de Deus são os seguidores da única religião verdadeira no mundo. Satisfeitas com os pensamentos de serem escolhidas, salvas, ou mais verdadeiras para Deus que todas as outras, é pouco provável que as pessoas desenvolvam responsabilidade moral, muito menos evitem repetir atos pouco éticos no futuro. Por outro lado, indivíduos espiritualmente inteligentes se esforçam não para aumentar o orgulho e a arrogância, mas sim reconhecer e desalojá-los.

Um segundo fator que arruína a personificação de virtudes por seguidores religiosos é a crença na reparação, pela qual o seu comportamento impróprio, cogita-se, pode ser anulado. Dizem que os judeus, durante o Yom Kippur [N.T. Feriado Judaico do Dia do Perdão], pedem perdão pela condescendência das conseqüências de transgressões passadas até este dia de jejum, ritual e oração. Os católicos que se confessam são vistos como transferindo as conseqüências de pecados mortais pelas penitências prescritas pela Igreja. Os cristãos acreditam que seus pecados são perdoados depois de confessar a crença em Jesus Cristo. E os jihadistas islâmicos não só são perdoados, mas recompensados por violações contra a humanidade. Tais noções de reparação vão mais adiante do que na falha em inspirar virtude; elas acabam compensando as pessoas por sua falta de virtude. Além disso, a crença em uma pessoa, tal como Jesus, sofrendo voluntariamente pelos pecados dos outros à liberdade de continuar suas ações violentas não serve nem a causa para viver eticamente nem o desejo de melhoria pessoal. Mas indivíduos espiritualmente inclinados não têm desejo algum por Deus ou por um salvador inocente para libertá-los das conseqüências de suas ações; logo vão olhar no interior e se libertar da ignorância que os incitou a errar primeiramente.

Um terceiro desafio para uma vida virtuosa entre os devotos é que os grupos religiosos dos primórdios repetidamente falharam em servir de modelo para os ideais que eles ensinam. Por exemplo, embora judeus, cristãos e muçulmanos teoricamente adorem o mesmo ideal monoteísta de Deus, lutaram uns com os outros por interpretações discrepantes da palavra de Deus, cada um acreditando que Deus está exclusivamente ao seu lado. O dogma extremista *eles ou nós* desses "seletos" grupos dos filhos de Deus impulsionou uma longa história de conflito e de ver a guerra como solução inevitável.

Por que milhões de pessoas – muitas das quais buscam viver uma vida virtuosa – adotam religiões que em nome de uma crença toleram tal superioridade, irresponsabilidade e exclusividade? Parece que os interesses próprios restritos refletidos na profissão de fé têm sido uma receita para a auto-imagem da humanidade ficar ainda mais limitada.

Mas nem toda a falha pela crença da humanidade em dogma irracional reside na religião. Os fatores humanos também desempenham um papel, tais como indivíduos vulneráveis que acreditam em quase todos os absurdos, se forem repetidos com bastante fervor. Crianças, por causa das suas mentes impressionáveis, são especialmente suscetíveis a esse tipo de doutrinamento. E visto que é durante a infância que tradicionalmente são propagadas as crenças que apóiam identidades religiosas exclusivas, estas podem facilmente permanecer arraigadas na mente.

Outro fator que prejudica a capacidade de avaliar o dogma religioso é a confiança vinda da sociedade em um grupo. De certo modo, uma crença parece confiável se milhares de outras pessoas a adotam, particularmente a crença de que outros grupos não são merecedores da misericórdia de Deus. Leais à estrutura do grupo, indivíduos obtêm a partir de seus números uma série de justificativas para um comportamento pouco ético.

Além disso, os seres humanos têm um instinto de sobrevivência ligado ao complexo réptil primitivo (Complexo-R [N.T. cérebro primitivo]) do cérebro, uma característica compartilhada por crocodilos. O Complexo-R registra informação sensorial em termos de necessidade de sobrevivência e é responsável pela agressividade, a atração por rituais e a manutenção de estruturas sociais baseada em camadas de autoridade – todas características de religiões organizadas. Se você estiver dentro do alcance de um estouro, essa porção do cérebro avisa para sair do caminho. Semelhantemente, se o seu Complexo-R registra uma contribuição sensorial que indica que sua sobrevivência depende da adesão a um dogma religioso particular, este avisará você para aderir. Infelizmente, o Complexo-R, atento somente para as nossas necessidades físicas imediatas, não pode nos ajudar a nos identificarmos com indivíduos cujo senso de sobrevivência está baseado em crenças de outros.

A explicação mais convincente do porquê o dogma religioso é adotado por tantas pessoas pode simplesmente ser a apatia. As religiões organizadas, fornecendo as respostas aos seus seguidores, suprimem o desejo de investigação pessoal – uma tendência tão natural quanto o questionamento de uma criança. A aceitação negligente de respostas pode nos fazer acreditar sinceramente em dogmas irracionais de todos os tipos, como a doutrina de paraíso e inferno eternos, empreendida para recompensar e castigar a humanidade. Poucos cristãos se perguntam se um Deus justo compensaria ações contingentes cometidas em uma vida breve com conseqüências divinas ou infernais. Poucos admitem que se a passagem para o paraíso eterno fosse afiançada por uma crença, um Deus justo pelo menos iniciaria todo o mundo com uma oportunidade igual para acreditar mais do que abençoar um pequeno número com nascimento em uma família de crentes.

Uma conseqüência política presumida desta doutrina acontece no Novo Testamento ao fim de Mateus onde Jesus ordena aos seus discípulos: "Ide, portanto, e fazei discípulos de todas as nações, batizando-os em nome do Pai, do Filho e do Espírito Santo" (Mateus 28:19). Estudiosos espirituais poderiam discutir que Jesus poderia não ter feito essa declaração porque a doutrina da Trindade não foi desenvolvida até o terceiro século ou ratificada até o quinto. Esse verso, eles acrescentariam, representa não o chamado de Jesus aos seus discípulos para se prepararem e aos outros para serem recompensados com uma passagem para o paraíso, mas sim, os esforços de autoridades político-religiosas posteriores para promover um programa missionário de conversão.

Um exemplo posterior utilizado para apoiar a doutrina do paraíso e do inferno aparece em João 14:6, em que Jesus declara: "Ninguém vem ao Pai, senão por mim". Líderes evangélicos fervorosos geralmente interpretam essa declaração dizendo que se você não acredita em Jesus, vai sofrer eternamente. Mas ao aceitar negligentemente essa explicação, os membros da congregação falham em explicar o significado transpessoal da passagem. Realmente, quando místicos entram em um estado extático, as suas elocuções são absurdamente megalomaníacas se compreendidas em qualquer contexto diferente de um contexto transpessoal. Bem antes de Jesus, Krishna afirmou que embora as pessoas pudessem acreditar que estavam adorando outros deuses, elas, na verdade, estavam adorando o Deus infinito, além de todas as imagens locais deificadas. Os místicos Sufi também se identificaram com Deus em momentos de ruptura.

Da mesma forma, se Jesus realmente fez a declaração citada em João 14:6: "Antes que Abraão existisse, eu sou" (João 8:58), interpretações transpessoais são muito apropriadas para dar um significado sensato. Elas, dependendo de uma aceitação das palavras de Jesus como anúncios literais de um paraíso acessível somente para um seleto grupo, promovem uma limitação de identidade, imperialismo missionário e uma visão mundial excludente.

Igualmente, as pessoas que desejam levar uma vida justa e boa adotam a religião, sendo que poucos percebem que a profissão de fé em dogma irracional e a perpetração de injustiças andam paralelamente. Isso, freqüentemente leva a discriminação da investigação espiritual para ver que apesar das supostas tentativas de inspirar um comportamento ético, as doutrinas religiosas tendem a não beneficiar a humanidade. Como exemplo temos aqueles que nos encorajam a fazer o bem para que possamos ser salvos nesta vida ou em outra, em vez de estimularem ações em causa própria. Crentes ocidentais individualistas que tentam uma vida virtuosa o fazem para assegurar passagem ao paraíso; e se esforçam para evitar ações prejudiciais não necessariamente porque elas infligem sofrimento aos outros, mas pelo medo de que eles mesmos possam sofrer retaliação. Longe da visão, as injustiças são facilmente ignoradas. Crentes ocidentais individualistas, fiéis à doutrina de reencarnação da Índia, comportam-se virtuosamente para assegurar um renascimento superior, freqüentemente repudiando a infelicidade dos outros com superficialidades como "É o seu carma", "Era para ser assim" ou "Aceito as coisas como elas são". Tal indiferença santificada assegura que injustiças, mesmo claramente visíveis, não serão sistematicamente levadas em conta. Identificando-nos com nossos próprios desejos limitados à exclusão das necessidades dos outros, acabamos não só maltratando os outros, mas permitindo-nos somente pequenos prazeres e felicidade efêmera.

Os estudiosos espirituais poderiam concluir que para o avanço ético da humanidade somos obrigados a avaliar as religiões dependendo se seus valores beneficiam a humanidade, em oposição a se as suas crenças autorizam e aliviam nossos medos da morte, se apelam a nossos instintos de sobrevivência sociais e econômicos ou afirmam estar além da necessidade de comprovação. Os indivíduos que ainda se sentem obrigados a adotar crenças religiosas poderiam levar em consideração a escolha daquelas que não são desagregadoras nem exclusivas, quer dizer, crenças que melhor unificam a humanidade.

Uma opção mais enriquecedora seria adotar a espiritualidade, um caminho para a expansão que ativamente evita a profissão de fé e então livremente permite a incorporação de virtudes. A espiritualidade, ao mesmo tempo progressiva e sumamente antiga, mais facilmente convida à percepção de que a virtude é sua própria recompensa, pois automaticamente conduz à melhoria da humanidade. As pessoas que iniciam uma vida centrada espiritualmente baseiam suas ações, não em modelos simplistas de recompensa pessoal e castigo, disseminados por autoridades centralizadas, mas em considerações éticas mais abrangentes que beneficiam as gerações presentes e futuras.

Um critério útil para avaliar o valor ético de uma idéia é o seu efeito no corpo, emoções e intelecto. Uma idéia que melhora a higiene física, emocional e mental de uma pessoa é considerada como um pensamento que, se acolhido, aumentaria o corpo mais abrangente da humanidade. Por exemplo, uma pessoa pode determinar o valor ético da doutrina do paraíso e do inferno pela destruição física, emocional e mental que acarreta para ele ou pela paz que proporciona. Se essa doutrina induzir pensamentos de medo ou sensação de injustiça, a idéia poderia ser considerada espiritualmente prejudicial para a humanidade. Pensamentos de uma vida eterna futura geram percepções de uma vida que nunca é realmente aqui e conseqüentemente uma desvalorização desta vida; e o medo de um inferno eterno, provocando sentimentos de um Deus injusto, pode abafar a criatividade ou produzir explosões prejudiciais de criatividade. Até mesmo idéias emocionalmente neutras podem gerar tumulto no corpo e na mente, tais como a noção de que a Terra forma o centro do cosmos, que um Deus monoteísta criou o mundo quase seis mil anos atrás, ou outros conceitos que contradizem a preponderância da evidência empírica apresentada à mente.

Considerações éticas nada mais são do que considerações benéficas. Não estão inscritas em um livro ou em uma pedra; mas são, sim, experimentadas dentro do organismo humano e da sociedade. Uma pessoa que vive uma vida espiritualmente centrada diria que pensamentos éticos, emoções e ações são interiormente registrados porque o organismo humano está sujeito às leis da natureza – a única vontade de Deus que podemos saber em primeira mão. Desta perspectiva, parece que a limpeza está próxima do celestial não porque a declaração estivesse incluída em um dos sermões de John Wesley, mas porque um organismo limpo é aquele que vive conforme as leis da natureza. Da mesma maneira que evitamos a doença tomando banho regularmente, comendo comidas saudáveis e praticando higiene mental sadia, esses costumes que dão apoio à saúde nos mantêm receptivos aos efeitos positivos e negativos das idéias também. O mesmo aplica-se para nossas emoções e pensamentos que permanecem mais bem mantidos limpos pelo desalojamento desses que geram descontentamento, conflito ou imagens míopes do "eu". Por fim, o único livro sagrado é a obra/opus da natureza que nos ensina a viver.

Enquanto considerações éticas informam ações virtuosas, ambições do sentido limitado do "eu" podem às vezes levar à supremacia. Devido ao nosso condicionamento, é fácil gravitar em direção a uma conduta adequada somente para ganho pessoal, inclusive a busca do prazer à custa de outra pessoa. A pergunta de como delimitar a conduta certa da errada confundiu os filósofos durante séculos. Aristóteles e outros concluíram que a vida é espontaneamente orgânica para um conjunto de regras funcionar em todas as circunstâncias. Outros ainda ressaltam que embora os princípios gerais, tais como moderação e não-violência, possam ser aplicados universalmente, tais ideais, por si só, não libertam as pessoas do desejo por ganho pessoal de visão limitada. Para assegurar que nossas ações sejam virtuosas, a espiritualidade exige mais de nós, encorajando-nos a eliminar o desejo por pequenas recompensas pessoais, desapegando-se dos resultados de nossas ações (técnica 5). Essa abordagem pragmática para expressar virtudes expressas pode nos assegurar que as nossas ações realmente beneficiarão a humanidade.

TÉCNICA 5

Desapego dos Resultados

Uma conduta virtuosa, um comportamento expresso para sua própria causa em lugar de recompensas pessoais passageiras, flui naturalmente das pessoas independentemente dos resultados de suas ações. Esse desapego pode vir intrinsicamente, como para Madre Teresa de Calcutá e Mahatma Gandhi, ou por esquecimento praticado do sentido limitado do "eu". Em quaisquer dos casos, as ações resultantes são chamadas de abnegadas porque derivam de uma identificação com o "eu" maior da humanidade em vez do "eu" limitado do indivíduo. As ações de Gandhi eram tão abnegadas, e seu parentesco tão extenso com os seres humanos, que por resistência não-violenta ele foi bem-sucedido na conquista da independência da Índia do controle britânico e abriu caminho para reformas sociais.

Enquanto os santos reais da história manifestaram mudança social trabalhando em benefíco dos seres humanos, as pessoas menos ligadas à humanidade conseguem fazer pouco pela nossa espécie. Entusiastas da Nova Era afirmam que os mestres espirituais que eles conhecem se identificam com o cosmos inteiro, mas muitas vezes descobrem que muitos nem mesmo se identificam com seus próprios estudantes. Como resultado de ignorar a humanidade proclamando unidade com o Universo, as idéias desses indivíduos não geram mais amor do que a promessa de um paraíso eterno.

Para aprender a se desapegar dos resultados de suas ações, comece olhando para dentro e distinguindo aspectos universais de seu ser – o sentido do "eu", sua centelha de consciência, o planeta que você habita. Olhar para dentro lhe dá um conhecimento intuitivo de sua unidade inerente com a humanidade; olhar fora de você pode somente lhe dar informação sobre seu separatismo dos outros, levantando um investimento limitado em resultados.

Segundo, depois de realizar qualquer ação, modele-se em seu ideal escolhido de Deus ou perfeição espiritual, e interprete o evento pelas lentes de sua identidade expandida. Ao agir assim, você notará que o resultado, qualquer que seja, é neutro no que diz respeito ao sentido limitado do "eu". Logo, você poderá considerar todos os resultados – ganhos e perdas de curto prazo, confortos e desconfortos, elogios e culpas – com a equanimidade de servir aos outros. Até mesmo se sua casa pegar fogo, o instinto para sofrer sobre as perdas pessoais pode dar lugar somente a uma avaliação do efeito do evento em sua capacidade para servir os outros e buscar a verdade. A capacidade para olhar com a mente equilibrada sobre nossas realizações imediatas e catástrofes, incluindo morte iminente, inspira um desejo de aliviar a dor e sofrimento dos outros ao invés de se preocupar com nosso próprio desconforto.

Terceiro, cultive uma habilidade para manter sua atenção focalizada naquilo que você está fazendo. Mesmo comendo, tomando banho ou conversando com uma criança, concentre-se nas ações mais do que nas vantagens pessoais que possam resultar. Quanto mais proficiente você se tornar em resistir à tendência da mente de mover-se para metas limitadas, mais fácil será imbuir as suas ações com uma expressão de seu eu maior. Em vez de comer para sua própria satisfação, você pode comer para cuidar de um corpo que está trabalhando para outros. Você pode cuidar melhor de seu corpo visto que não mais vai olhá-lo como um veículo para satisfazer os prazeres de um sentido limitado do "eu".

Quarto, preste bastante atenção aos efeitos que suas ações estão tendo em outras pessoas, observando qualquer idéia alterada do "eu" que elas possam exibir. Isso aprofundará sua consciência se os outros estão verdadeiramente se beneficiando de seu comportamento. Até que o sentido expandido do eu esteja bem edificado, velhos hábitos do sentido limitado do "eu" podem facilmente justificar suas ambições míopes, tais como a exploração de milhões de pessoas no interesse de fazer milhões de dólares para doar a uma religião que não previne a exploração. Em tais casos, qualquer ilusão de beneficiar a humanidade vai se revelar quando você olhar como suas ações influenciam seu senso de identidade e o das pessoas perto de você.

Finalmente, pratique desapego aos resultados em uma colocação mais ampla, decidindo por um curso de ação ou projeto voluntário que lhe permita servir aos outros incondicionalmente – preferivelmente pessoas com crenças ou tradições culturais que você pouco conheça. Por exemplo, judeus que fazem voluntariado no Centro Comunitário Judeu local, demonstrando ações abnegadas para o benefício daqueles com quem eles já se identificam, incluiriam expansão aumentada e capacidade para ajudar ainda mais a humanidade servindo de preferência em um centro muçulmano ou talvez um lugar sem afiliação religiosa. Quanto mais distante externamente você chegar, mais expansiva a sua identidade será, e maior o seu potencial para efetuar mudanças no mundo.

Se você estiver tentado incutir ideologias religiosas a pessoas com crenças diferentes, guie a conversão claramente. Não importa quão útil você pretende ser, tais ações vão aliená-lo ou causarão separação dentro da comunidade que você está servindo. Swami Vivekananda, professor Bingham Dai e outros filósofos orientais desaprovaram rigorosamente as campanhas missionárias dos séculos dezenove e vinte para pregar o cristianismo a pessoas indigentes na Índia e na China. Os hindus famintos na Índia realmente tinham fome, mas não de religião; os chineses convertidos que receberam determinada compensação monetária por submeterem-se ao cristianismo, foram apelidados de "cristãos" ricos pelos seus compatriotas. Nas Américas, onde as crianças de culturas nativas recebiam cama e refeições em troca de escutar sermões, gerações inteiras foram desarraigadas de seus costumes e tradições de longa data.

Para assegurar que as ações adotadas em sua ambientação mais abrangente sejam de fato abnegadas, primeiro intuitivamente amplie seu sentido do "eu" além de suas interpretações deduzidas por suas crenças e desejos. Em seguida, separe-se dos resultados de suas ações futuras, ciente de que o desapego funciona somente quando você já não está mais investindo nos benefícios. Então, seja o que for que você faça será pelo interesse de todo o mundo, cuja identidade você cercou. Mas até mesmo se você descobre egoísmo ou um desejo de ajudar as pessoas com quem já se identifica, metade da batalha está ganha, porque você terá reconhecido seu sentido limitado do eu. Então você pode praticar expandindo sua identidade para incluir cada vez mais a população do mundo.

A religião, por sua profissão de fé e seu sistema de recompensas e castigos, mantém freqüentemente seus seguidores acorrentados aos interesses de um "eu" limitado, enquanto a espiritualidade libera o "eu" para colocar incondicionalmente seus poderes a serviço da humanidade. À medida que a espiritualidade ganha terreno, veremos um dia nos símbolos da religião – a Estrela de David, a cruz, o crescente – a desagregação que eles refletem; então, parecerá absurda a idéia de uma autoridade religiosa absoluta que favoreça o orgulho humano e a arrogância. Em vez disso, pessoas assumirão a responsabilidade pela própria autoridade sobre as suas mentes, adorando pela contemplação sobre as leis naturais às quais todos nós estamos envolvidos. Alimentado por essa espiritualidade progressiva, olharemos para o mundo natural como uma casa de adoração, o livro da natureza como escritura sagrada, as leis de natureza como os mandamentos de Deus, os efeitos ressonantes de pensamentos no organismo humano como a voz de Deus... e nossa vida será nossa oração.

Terrorismo em Nome de Deus

Havia dois "Reinados de Terror"...
Um assassinato forjado em paixão ardente,
O outro em sangue frio insensível;
O primeiro durou meros meses,
O outro durou mil anos;
O primeiro infligiu morte a dez mil pessoas,
O outro a cem milhões;
Mas nossos temores são todos pelos "horrores"
Do terror secundário...

Mark Twain

A raça humana experimentou uma longa história de matança por causa dos interesses políticos e econômicos de religiões organizadas. O uso de Deus para santificar conflitos sobre a terra e a soberania, que começaram em tempos bíblicos, continuou com a conquista da Arábia por Maomé, a invasão de Genghis Khan da Mongólia, as Cruzadas, a Inquisição, as Guerras Francesas de Religião e a fixação da América colonial. Desde então, os monarcas, os generais e os papas perdoaram a brutalidade por meio de decreto divino, se servisse aos seus interesses. Também, líderes religiosos rezaram pela vitória militar e raramente defenderam a nocividade social da guerra interrogativa, enquanto casas de adoração, antecipando recompensas financeiras do conflito armado, falharam repetidamente em promover benevolência e paz na Terra. Orientada por ambições políticas e econômicas, as religiões organizadas continuam subvertendo os princípios éticos e defendendo a violência em nome de Deus – uma contradição óbvia.

Alguns eventos ilustram as formas extremas como a religião pode ser utilizada para justificar a violência. No dia 11 de setembro de 2001, a América dolorosamente tomou consciência de como os terroristas árabes santificam a morte e a destruição. Na realidade, a mídia norte-americana retratou os ataques ao World Trade Center como atos instigados unicamente pelo fundamentalismo islâmico mais do que em grande parte pela erupção política que ganha intensidade no mundo árabe. Em retaliação, os Estados Unidos começaram duas guerras, derrubando os governos do Afeganistão e do Iraque e desestabilizando as regiões, matando inúmeros civis inocentes e pagando o preço com milhares de vítimas norte-americanas, assim como inflamando as chamas já ardentes do ódio árabe e muçulmano pela América, afirmando promover o "presente de Deus" da liberdade.

Apesar das ordens divinas citadas em ambos os lados desta conflagração crescente, suas raízes são mais políticas e econômicas do que religiosas. A desconfiança árabe e o desprezo pelo Ocidente datam há centenas de anos, talvez pela expulsão dos muçulmanos da Espanha no início do século dezessete. Depois, no começo do século vinte, os árabes interpretaram a colonização francesa e britânica como causa de seu sofrimento; então, começando nos anos cinqüenta, eles viam os Estados Unidos como a personificação do mal. Os árabes viam os norte-americanos como corruptos, visto que apoiavam regimes corruptos do Oriente Médio e jogavam jogos de guerra com vidas de civis, explorando os recursos naturais da região em prol de seu próprio ganho econômico. Embora tais queixas fossem amplamente justificadas, o mundo árabe era desorganizado demais para reunir uma resposta diplomática efetiva.

O meio do século vinte também prenunciou tentativas de unificar os árabes socialmente, esforços relacionados à missão de Maomé há mais de mil anos. Depois de ideologias seculares, como o pan-arabismo, de Gamal Abdel Nasser, não repercutirem no mundo árabe, o Monoteísmo excludente fortaleceu populações pobres e relativamente sem educação com revelações incontestáveis do Alcorão. Seguindo a adição de serviços sociais, as organizações fundamentalistas tiveram sucesso estimulando milhões de pessoas à bandeira de jihad, uma cruzada em devoção a Alá. Nas mãos do Hamas, Osama Bin Laden, o clero iraniano e outros extremistas, o Islã logo foi transformado em um instrumento para unificar o ressentimento árabe contra o Ocidente Cristão e Israel no processo que explora os jihadistas por ganhos políticos e econômicos.

Um paralelo impressionante pode ser visto na América, onde o Cristianismo fundamentalista achou receptividade entre os residentes empobrecidos e miseravelmente educados do Cinturão Bíblico que tinha sentido negação dos direitos de cidadão desde o movimento do pós Guerra Civil em domínio econômico de um eixo Norte-Sul para um eixo Leste-Oeste. Aqui também o Monoteísmo excludente emprestou vigor a programas políticos extremistas, autorizando milhões por meio de programas sociais visando aumentar o seu poder de voto. Neste exemplo, a violência de cassar direitos civis foi dirigida contra pessoas vistas como corrompendo a fibra moral da América – devido à cor de pele, material de leitura, orientação sexual ou posições sobre o aborto e outras questões de escolha-pessoal. A vida da Igreja, oferecendo seus próprios ideais de virtude, ganhou autoridade moral sobre uma gama extensiva de circunstâncias para preparar adoradores tementes a Deus para o "fim dos tempos" descrito no Apocalipse.

Com programas de governo intensificados nos anos 30, as corporações que favoreciam o capitalismo incontrolado, alinharam-se com os líderes evangélicos e os *Dixiecrats* [N.T. partido segregacionista norte-americano de meados do século vinte], ampliando a distância entre o eleitorado e os legisladores. Então, como os fundamentalistas sob a jurisdição de líderes islâmicos politicamente motivados, os evangelistas foram direcionados a considerar o caráter moral observado de oponentes políticos um assunto religioso público. Os procedimentos de *impeachment* para o presidente Clinton revelaram o grau para o qual o Cristianismo fundamentalista foi aprumado para se alinhar com o corporativismo irrestrito, canalizando dinheiro para cofres militares e farmacêuticos, desregulamentação da mídia e declínio resultante em padrões jornalísticos, legislação que restringe a mobilidade de renda pelas classes médias e mais baixas e erradicação de estatutos ambientais. Depois, em resposta orientada ideologicamente para o 11 de setembro, o Cristianismo fundamentalista se uniu com Israel retratando o Islã como o mal, revelando até que ponto os cristãos fundamentalistas da América, como os seus congêneres árabes, novamente tinham utilizado a religião para santificar missões políticas e econômicas. O resultado: no Oriente Médio e no Ocidente, mensagens religiosas monoteístas contradizem progressivamente as aspirações de humanismo e espiritualidade expansiva.

O estigma de Israel de fundamentalismo religioso excludente também é associado com programas políticos e econômicos, e estimulado por interpretações da Bíblia Hebraica que prevê a chegada iminente de um líder messiânico que lutará para "restabelecer" as fronteiras de um reino bíblico mítico chamado Israel Maior. Para os extremistas judeus, a guerra não só é inevitável, mas necessária ao cumprimento da palavra de Deus, uma crença demonstrada pelo assassinato do judeu ultra-ortodoxo e defensor da paz Yitzhak Rabin, o décimo primeiro primeiro-ministro de Israel. Como evangelistas e jihadistas, os judeus fundamentalistas incitam à desagregação por meio de expressões de fanatismo, até mesmo contra judeus seculares; atraindo pessoas com educação limitada; considerando-se legisladores de moralidade; esforçando-se por uma maioria eleitoral, seguindo a carta dos mandamentos bíblicos para ser proveitoso e se multiplicar; e desculpando a violência nas formas de ocupação do território árabe e retaliação pela violência palestina.

Em todos os lugares, a defesa da violência do fundamentalismo religioso incubou crimes odiosos de magnitude crescente por causa de sua história longa, incontrolada, contrariando a criatividade, ganhando controle sobre o pensamento, enfraquecendo a educação, disseminando o medo e reprimindo o processo interrogativo. Adoradores atuais, inconscientemente combinando ardor religioso com ambições temporais, contribuem direta ou indiretamente para a matança de milhares de pessoas, a representação de acordos de comércio globais injustos e políticas sociais, degradação do mundo natural e obsessão cultural com metas estritamente materialistas. Porque a religião organizada interpreta moralidade em termos de metas políticas e econômicas, até mesmo o envolvimento de um religioso apolítico tem ramificações políticas. E onde quer que uma autoridade religiosa incontestada por crenças extremistas capitalize em negação dos direitos do cidadão, pobreza e falta de uma educação espiritualmente inclusiva, esse envolvimento pode incitar atos de terrorismo em nome de Deus.

O modo para restringir os programas políticos de religiões organizadas e potenciais para abuso do poder tem arruinado o conceito de autoridade religiosa. Isso é feito adotando-se uma investigação espiritual para examinar criticamente quaisquer verdades propostas como sagradas. Tal atitude resulta em um sentido expansivo do "eu" que pode automaticamente diminuir condições sociais prejudiciais erradicando as causas subjacentes do terrorismo santificado.

Os buscadores da verdade no caminho da investigação espiritual podem achar que por trás do grito de guerra "Meu Deus é maior que seu Deus" – proferido por autoridades religiosas em sociedades dominantes assim como terroristas – residem interpretações desagregadoras de Deus que aterrorizam a psique humana com um sentido do "eu" tão limitado que não podem se identificar com muitas outras. Os buscadores também podem observar que é tão provável uma sociedade dominante glorificar a guerra e caluniar os terroristas bem como uma minoria privada de direitos civis glorificar o terrorismo e caluniar seus opressores visíveis. O maior terrorismo, que se pode concluir, é o inimigo dentro de todos nós: o sentido limitado do "eu" que vê a violência como uma solução para o conflito. E o modo para combater essa violência é pelo sacrifício dos interesses próprios limitados, que contrariam nossa habilidade de implementar soluções que promovam mais a vida.

Antes de começar, é natural desejar saber para quem ou para

quê esses interesses pessoais são mais bem sacrificados. Em geral, sacrificar em nome da glória de Deus é perigoso visto que as definições de Deus, especialmente as monoteístas, refletem freqüentemente um sentido limitado do "eu". Por exemplo, fundamentalistas de todas as religiões fazem sacrifícios pessoais avidamente por causa de crentes da mesma categoria sem considerar os interesses maiores da humanidade. Semelhantemente, missionários que buscam converter as pessoas de outras culturas podem afirmar ter a humanidade no âmago de seus sacrifícios, mas de fato eles projetaram sobre a humanidade o seu próprio sentido limitado do "eu". Igualmente, homens-bomba suicidas islâmicos, que se identificam intensamente com o sofrimento de seu povo, perpetram atos de violência que confundem seus interesses pessoais projetados pelos interesses da humanidade. Muito freqüentemente, sacrifícios feitos pela glória de Deus são simplesmente sacrifícios feitos pelos auto-interesses limitados. Quando a meta é libertar a humanidade do terrorismo, os interesses pessoais são mais bem sacrificados, não para Deus, mas para a humanidade como um todo, como descrito na técnica 6.

TÉCNICA 6

Sacrificando os Interesses Pessoais por Interesses Transpessoais

Sacrificar os próprios interesses por interesses transpessoais prioriza as necessidades da humanidade. Os interesses transpessoais podem incluir uma distribuição mais eqüitativa da riqueza, um ambiente mais saudável no mundo, uma educação melhor para mais pessoas, e atenuação de condições que geram guerra. Mas até que o sentido limitado do "eu" seja expulso pela auto-avaliação, os sacrifícios por qualquer ideal universal provavelmente serão de pouco benefício. Sinais claros do "eu" limitado são visões religiosas excludentes, ideologias que depreciam a vida humana, percepções de "nós e eles", uma relutância para assumir desafios, falta de empatia por pessoas de outras culturas, e relutância em considerar as formas pelas quais eles verdadeiramente querem ser ajudados.

O primeiro passo em sacrificar os interesses pessoais pelos transpessoais é explorar preocupações urgentes ao redor do mundo, talvez por um seminário global. Sem se reunir para compartilhar informações e perspectivas, é fácil ver condições principalmente de um ponto de vista restrito e continuamente projetar nossos interesses individualizados sobre o mundo. Algumas vezes pensamos estar salvando as pessoas que estamos de fato explorando. Um fórum para diálogo sobre as preocupações das pessoas no mundo todo pode alertar os participantes sobre as políticas explorativas que levam a conflitos baseados na religião e ataques terroristas.

Idealmente, a troca do foco por interesses transpessoais cercará preocupações dos voluntários que os terroristas recrutam. Entendendo a sua exploração nas mãos de terroristas e os fatores que contribuem para a sua vulnerabilidade podem nos transportar além das reações vingativas para as suas agressões horrorizando civis. Responder ao terrorismo com violência ou indiferença só gera mais violência; uma resposta mais vantajosa é aumentar a consciência pública dos assuntos subjacentes, protestar contra injustiças, e exemplificar os princípios do "eu" expansivo na vida diária. Sacrificar interesses pessoais pelos interesses transpessoais significa transcender o sentido limitado do "eu" e identificar-se cada vez mais ativamente com partes da raça humana, livrando a humanidade de padrões autodestrutivos por meio do aumento do diálogo.

Para um mundo mais harmonioso e pacífico, é essencial que as nações sacrifiquem interesses pessoais por interesses transpessoais. Uma vantagem econômica em um país não é boa para qualquer um se afetar negativamente a saúde e o bem-estar de cidadãos de outro país. Para prevenir tais ocorrências, e assegurar o impacto positivo das políticas de um país nas condições mundiais, os cidadãos deveriam trabalhar por mudanças sociais que beneficiem todo e qualquer indivíduo. As possibilidades incluem defender projetos que satisfaçam as necessidades do indivíduo em vez de permitir que religiões fundamentalistas preencham o vazio; apoiar políticos que valorizam formas alternativas de energia; conservar a energia para que haja maiores recursos para uso mundial; certificar-se de que acordos comerciais não são só honestos e justos, mas também refletivos do espírito de sacrifício das nações mais ricas; e deixar um ambiente mais saudável, a fonte de toda a riqueza, para gerações futuras.

Em um nível mais individual, sacrificar interesses pessoais por interesses transpessoais pode ser abordado de muitos modos criativos, sendo que nenhum deles requer privação. Por exemplo, em vez de buscar a felicidade por meio de riqueza e posses, você pode procurar a felicidade sacrificando bens excessivos gradualmente, vivendo uma vida mais simples, e compartilhando seu excedente com aqueles que necessitam. Se você preferir ajudar os outros indiretamente fazendo caridade, certifique-se de não doar a um grupo com programas sociais dos quais você discorde. Se você possui um negócio, reconheça o seu impacto na comunidade e no meio ambiente, e considere sacrificar parte do seu lucro para o bem da Terra e da humanidade.

Outros modos de se sacrificar pelos interesses transpessoais sem renunciar um estilo de vida saudável, incluem participar em protestos não violentos, jejuns ou vigílias para chamar a atenção pública a várias injustiças e recusar-se a fazer compras em lojas ou possuir ações de companhias que são irresponsáveis. Sacrificar-se por uma causa ampliará o sentido do "eu", contanto que essa causa beneficie um grande número de pessoas sem discriminação. Para tornar tais sacrifícios pessoais mais fáceis, agradáveis e efetivos publicamente, procure amigos da mesma opinião que se unirão aos seus esforços. Para transferir seu foco para interesses transpessoais, eduque-se a respeito de pessoas de outras culturas. Informações colhidas por meio de leituras, viagens ou documentários podem estimular uma resposta empática, encorajando-o a ajudar a melhorar sua vida. Enquanto o "eu"pequeno, incapaz de identificar-se com a raça humana, possa ter convencido você que você pessoalmente não causa condições de pobreza global, falta de educação, dano ao meio ambiente, desagregação ou terrorismo, o eu empático maior assume responsabilidade por eles. Para mitigar essas condições, você pode sacrificar o seu desejo de promover valores pessoais e crenças enquanto estiver viajando no estrangeiro, a menos que seja questionado ou renuncie a qualquer inclinação para abusar dos recursos naturais do mundo e fusões do trabalho.

Se por meio da educação e diálogo você sinceramente chega a interesses transpessoais, é provável que logo substitua seus interesses pessoais. Então você buscará satisfazer seus interesses pessoais trabalhando pelos transpessoais. Por exemplo, seus interesses transpessoais podem estimulá-lo a apoiar os agricultores regionais, tanto no país como no exterior, comprando gêneros alimentícios fornecidos por eles com tais interesses em mente e votando em políticos que promovam o comércio justo e a responsabilidade fiscal em uma economia global. Ou você pode desejar fortemente transformar a educação material e espiritual disponível para todos.

Com a consciência aumentada de interesses transpessoais, você entenderá como eles podem guiar o processo de tomar decisões diárias. Então verá que, em absoluto contraste para sacrificar a vida de uma pessoa em martírio para Deus, é possível dedicar pequenos prazeres e confortos do "eu" pequeno ao altar da humanidade. No devido tempo, você automaticamente substituirá as velhas formas de fazer as coisas por novos modos, que são mais social e ambientalmente responsáveis, pois refletem os interesses de mais pessoas. Em vez de só assistir a vídeos de viagem para aprender sobre as experiências diversas da humanidade, você pode imaginar-se vivendo em outras partes do mundo e identificar-se de fato com essas pessoas; identificar-se com os outros significa agir diariamente em antecipação à troca de lugares com eles no próximo dia. E em lugar de gerar desperdício desnecessário, você pode minimizar embalagens e reutilizá-las, reciclar o máximo possível, usando menos combustíveis fósseis como fontes de energia e lutando pela auto-sustentabilidade. À medida que o sacrifício se torna comum, seus interesses começarão a refletir os de uma maior área crescente de pessoas a ponto que você saberá intimamente que todo o mundo é vítima de injustiça e violência, e todo o mundo é responsável por isso. Nesse sentido, o sacrifício é uma técnica espiritual proativa utilizada para ampliar o sentido do "eu".

À medida que seus interesses mudam para refletir interesses globais, as pessoas ao seu redor imitarão os padrões não-violentos da vida que você está estabelecendo. Visto desta perspectiva, o sacrifício é uma força para mudança social positiva, convidando até mesmo os inimigos a adotar os seus princípios. Os padrões de não-violência, assim como os padrões de violência, impelem os outros a exibir uma disposição psicofisiológica semelhante. Ambos são contagiosos e estimulam efeitos que podem durar por gerações.

Quanto mais você se sacrifica, mais ficará inclinado ao sacrifício, porque demonstrará empatia com mais necessidades da humanidade. Em troca, quanto mais você substituir desagregação por respeito, mais saberá que seus sacrifícios estão combatendo com êxito as injustiças e encorajando a harmonia universal. Ao adotar o sacrifício, imediatamente desalojamos padrões pessoais de violência em nós mesmos, unimo-nos com outros que querem controlar positivamente a não-violência e prepara o caminho para a paz mundial.

O terrorismo em nome de Deus é ainda outro exemplo do que pode acontecer quando as pessoas se tornam alienadas de seus poderes intelectuais e espirituais inerentes. Neste exemplo, a projeção de imagens exclusivas de Deus e a recusa de questionar a tradição e render-se a uma autoridade absoluta podem conduzir a uma corrente de assassinos ansiosos treinados para extinguir a sua vida por uma causa na qual ninguém está imune ao ataque.

Embora individualmente, fanáticos armados, como outros adoradores devotos, tendem a demonstrar grande convicção religiosa quando se juntam, a fim de servir uma minoria religiosa de elite, sendo que seus sacrifícios espirituais podem ser corrompidos. Visões criativas de eruditos espirituais e filosóficos do passado freqüentemente se transformaram em ordens para ativistas militares, colocando em perigo a evolução intelectual e espiritual da raça humana. Até mesmo a visão sustentada pela religião organizada, de que a Terra é um mundo caído e de que Cristo em breve descerá para salvar os íntegros, tem o potencial de pôr em perigo sociedades por meio de um dogma desagregador e políticas imediatistas. Por causa da aparente inabilidade de instituições arraigadas em tradição para unificar o poder espiritual das pessoas, a humanidade está agora em um curso destrutivo que ameaça o ambiente natural mundial, a harmonia e a paz.

Adorar pela contemplação é um meio pelo qual nós não só questionamos os sistemas de crença desenvolvidos por grupos de elite para perverter ideais espirituais, mas também reafirmar nossos poderes intelectuais e espirituais inerentes. Mostrando devoção para um Deus mais universal pela contemplação, abrimos nossos olhos para o mundo natural; simultaneamente, examinamos o passado, desafiamos programas políticos e econômicos do presente e, gradualmente, mudamos nossa direção. Em vez de adorar mitos religiosos desagregadores baseados em projeções de auto-imagens rígidas, podemos ampliar o sentido do "eu", limitado por crenças sectárias, e ampliar nossas percepções intelectuais e intuitivas até que as idéias do "eu" e ideais de Deus incluam todos e tudo.

Poucos cristãos se perguntam se um Deus justo compensaria ações contingentes cometidas em uma vida breve com conseqüências divinas ou infernais. Poucos admitem que se a passagem para o paraíso eterno fosse afiançada por uma crença, um Deus justo pelo menos iniciaria todo o mundo com uma oportunidade igual para acreditar mais do que abençoar um pequeno número com nascimento em uma família de crentes.

dois

um quadro maior do progresso humano

A teoria do ciclo
De volta à idade das trevas
Vias para o conhecimento

A Teoria do Ciclo

Não acredito no progresso indefinido
Das Sociedades;
Acredito no progresso do homem sobre ele mesmo.
Honoré de Balzac

Observando de uma perspectiva mais ampla a história humana, a relação da humanidade com o cosmos e o significado da vida nos ajudam a reexaminar as verdades que herdamos. Um ponto de vista deste tipo propicia uma boa fundamentação para questionar e recursos para investigar o autoconhecimento intuitivo. Mas questionar verdades aceitas do passado é desafiador devido a nossas tradições culturais. Com respeito à religião, a dificuldade é composta pela suposição de que religião organizada é uma revelação divina ou ao menos um componente integrante e inalterável da vida humana. Buscar Deus sem religião parece impossível quando a religião é vista deste modo. Olhando para o quadro maior do progresso humano, torna-se possível descobrir como as religiões organizadas dominantes se ajustam em um contexto cíclico, desafiando a noção de que têm um lugar fixo no destino humano.

Muitos pensadores científicos ficam intrigados com as flutuações aparentes do progresso humano, como caracterizado pela elevação e queda de várias civilizações e avanços de declínios contínuos no conhecimento humano. Em seu livro *Cosmos*, Carl Sagan observa o número decrescente de cientistas jônios desde os tempos do grande filósofo grego Tales de Mileto, nascido no sétimo século a.e.C, até a era de Hipátia, uma matemática, filósofa, astrônoma e física nascida em Alexandria em trezentos e setenta e.C. Ele caracteriza mais adiante as atitudes científicas de filósofos da antiguidade como Tales, Demócrito e Anaxágoras como superiores às abordagens posteriores de Platão e Aristóteles porque os seus métodos concordam mais freqüentemente com a ciência moderna.

Ironicamente, Sagan ressalta que sementes para um mundo científico e filosoficamente progressivo foram plantadas mais de dois mil e trezentos anos atrás no Egito, onde as muitas bibliotecas de Alexandria eram um baluarte para o avanço do conhecimento. Mas no primeiro século a.e.C., depois de atrair pensadores tais como Euclides, Erastóstenes e Aristarco, a grande biblioteca de Alexandria foi sujeitada à guerra e incêndios, sofrendo a perda de milhares de rolos de papel, muitos dos quais continham conhecimento registrado dos povos da antiguidade. Devido à sobrevivência de suas bibliotecas menores e museus, Alexandria permaneceu como um centro de aprendizado durante poucos séculos, mas as revoltas entre os pagãos locais e seitas cristãs eventualmente conduziram à pilhagem desses últimos repositórios de sabedoria. Em trezentos e noventa e um e.C., seguindo um confronto final entre ciências pagãs e ideologia religiosa, os museus e bibliotecas de Alexandria foram destruídos, o imperador romano Teodósio ordenou destruí-los e mandou construir igrejas em seus lugares. Hipátia, uma das últimas sábias notáveis de Alexandria, foi brutalmente assassinada por seguidores de São Cirilo, Arcebispo de Alexandria, em 415 e.C.

Notando o lapso de mais de mil anos entre a morte de Hipátia e o trabalho de Copérnico e outros pensadores progressivos, Sagan pergunta por que as sementes do conhecimento semeadas na Alexandria não produziram fruto científico algum. Especula que a elevação do dogma religioso, o declínio da cultura romana, o fracasso dos cientistas de Alexandria em desafiar as suposições de dirigentes políticos e religiosos e a falta de atração popular da ciência impediram as massas de valorizar as investigações científicas e filosóficas e ajudaram a conduzir a Idade das Trevas[1]. O anseio de Sagan para inspirar uma busca para conhecimento semelhante a um anseio prevalecente durante a era das bibliotecas afamadas de Alexandria estimulou *Cosmos,* uma série da televisão norte-americana transmitida em 1980.

Perguntas relativas à aquisição e perda periódica de conhecimento também ocuparam as mentes de Védicos antigos da Índia que ofereceram uma visão alternativa em um modelo cíclico de progresso humano, chamado ciclo das idades. Esses visionários, que igualmente mediram o progresso humano pela aquisição do conhecimento, propuseram sua Teoria do Ciclo via uma tradição oral que foi eventualmente registrada em um texto chamado *Manu Samhita*[2] depois de séculos de investigações astronômicas sobre a capacidade relativa da raça humana para compreender as mecânicas do Universo e o mistério da autoconsciência. Antigos babilônios e posteriormente os caldeus, hebreus e os filósofos gregos adotaram modelos paralelamente aos da Índia antiga.

No seu ciclo das idades, astrônomos Védicos predisseram que o potencial da humanidade para investigar o cosmos e o "eu", e assim adquirir tanto conhecimento material como intuitivo, sofreu períodos previsíveis de ganho e perda que poderiam ser calculados milhares de anos no futuro. Tão improvável quanto a sua asserção parece ser, ela pode oferecer uma explicação para os avanços e declínios no conhecimento humano, não só em Alexandria, mas no mundo todo. Por exemplo, o declínio da ciência jônia do tempo de Tales para a era de Hipátia e seu ressurgimento, que culmina na iluminação européia, podem ter sido preditos com precisão pela Teoria do Ciclo. Ainda, o valor desse modelo teórico não está tanto na possível explicação que dá, mas sim nas perguntas que gera, o contexto que oferece para o estudo da história humana e os parâmetros práticos que provêm para avaliar o progresso atual da humanidade.

De acordo com a Teoria do Ciclo dos antigos indianos, duas idades dos deuses – que astrônomos ocidentais chamam de Ano Grande ou Platônico –, igualam-se a uma precessão cíclica cheia dos equinócios. Em um Ano Grande, uma idade dos deuses é um período evolutivo e o outro é um período degenerativo. Tudo dito, em um Ano Grande o mundo passa por quatro idades ascendentes e quatro idades descendentes que, junto com os seus nomes de sânscrito, tem a seguinte terminologia: Ferro (Kali), Bronze (Dvapara), Prata (Treta) e Ouro (Krita). A Teoria do Ciclo aplicou uma taxa precessional média de 54, significando que leva aproximadamente 12.000 anos para atravessar as quatro idades descendentes e outros 12.000 anos para atravessar as quatro idades ascendentes (veja a ilustração "Ciclo das Idades" na página 103).[3]

A Teoria do Ciclo afirma que o ganho periódico da humanidade e a perda de conhecimento são causados por um campo magnético galáctico gerado por uma substância subatômica chamada *prana* [N.T. substrato universal] que afeta, entre outras coisas, o *cerebrum* humano e o sistema nervoso. A influência desse magnetismo sutil pode ser ilustrada pela seguinte analogia. Suponha que um cientista experimental constrói uma esfera colossal com uma montanha-russa gigantesca e coloca uma única fonte luminosa poderosa ao centro. Você está na esfera e flutuando no espaço, reduzindo a zero todas as influências gravitacionais e eletromagnéticas fora de seu perímetro. O único modo de saber onde você está na esfera é pelo brilho relativo da fonte luminosa conforme você se move em sua direção e para longe dela. O cientista lhe dá um livro que você leva consigo para um assento na montanha-russa. Às vezes, durante o passeio, a fonte luminosa está muito longe para ler, enquanto, em outros momentos está mais próxima, assim você tira proveito de períodos mais luminosos para ler tanto quanto puder, aprendendo sobre tais tópicos como seu papel nesse experimento, os movimentos e a composição da montanha-russa, o tamanho da esfera e o espectro eletromagnético emitido pela fonte luminosa.

Nesta analogia, você representa a humanidade, o livro representa o conhecimento do cosmos e o "eu", a esfera é a nossa galáxia, e os assentos da montanha-russa são sistemas planetários, um dos quais é a Terra. Conforme as luas giram com planetas e planetas com sóis giram ao redor de centros de gravidade comuns, de acordo com a Teoria do Ciclo, nosso Sol também gira com uma estrela gêmea em ciclos de aproximadamente 24.000 anos e ambos giram ao redor da fonte luminosa no centro galáctico. As Idades do Ouro e da Prata significam porções do percurso onde o Sistema Solar está relativamente perto da luz no centro galáctico, permitindo à humanidade acumular conhecimento. Durante a Idade do Ferro, a humanidade está na sua maior distância do centro, capaz de entender pouco sobre o cosmos ou o "eu". Cada idade tem um arco ascendendo durante o qual a Terra se move em direção à luz, e um arco descendente quando se afasta da luz. Conforme a Terra se move em direção à luz, a humanidade evolui porque o centro galáctico tem um efeito magnético pronunciado no sistema nervoso, permitindo que os indivíduos alcancem níveis mais elevados de expressão intelectual e intuitiva, alentando partes previamente dormentes do *cerebrum*; estes humanos de idade superior podem geralmente transcender limitações prévias na sua compreensão do cosmos e do "eu". Por sua vez, conforme a Terra se afasta da luz, a humanidade se transfere, tornando-se mais sobrecarregada por meio de orientação física.

Em 500 e.C., o ciclo começou seu arco atual de quatro idades ascendentes. A primeira foi a Idade do Ferro ascendente que durou 1.200 anos e foi marcada pela inabilidade geral da humanidade em compreender qualquer coisa além das propriedades mais gerais de interesse. A segunda idade, a Idade do Bronze ascendente, ou era de aniquilação espacial que começou em 1700 e.C. e durará por 2.400 anos, é o período atual. Ajudando a humanidade a emergir da escuridão dos milênios precedentes, vai antecipar o redescobrimento da melhor substância atômica e forças eletromagnéticas necessárias para sobrepujar os obstáculos atribuídos por vastas distâncias.

Curiosamente, os eventos históricos desde 500 e.C. parecem refletir as características atribuídas a essas duas idades por antigos astrônomos indianos. O declínio do Império Romano, tipificada pela queda da ciência jônia e de Alexandria, deixou o mundo ocidental em um contíguo estado permanente de guerra e ignorância, longe de ser uma lembrança de sociedades passadas ou possibilidades futuras. Começando no início do século dezoito, os cientistas fizeram descobertas importantes sobre forças elétricas, magnéticas e cósmicas; ampliaram consideravelmente a compreensão de astronomia; inventaram o microscópio e desenvolveram teorias revolucionárias referentes à refração de luz. Tecnologias adicionais para superar as limitações de espaço prontamente foram desenvolvidas e utilizadas em uma escala global. Atualmente, somente mais de trezentos anos na Idade do Bronze ascendente, temos televisão, telefone, rádio, trens, carros, aviões, satélites, foguetes, telescópios poderosos e internet – tudo projetado para superar constrições impostas por vastas distâncias.

Ciclo das Idades

De acordo com a Teoria do Ciclo, 11.501 a.e.C. marcou o mais recente começo de quatro idades descendentes, sinalizando o percurso da Terra para longe da emanação galáctica e a perda da humanidade da perspicácia intelectual e intuitiva. Este arco de degeneração lenta durou 12.000 anos, fazendo do ano 499 e.C. o ponto baixo em exposição para o magnetismo galáctico e o começo do período que os historiadores ocidentais chamam de baixa Idade das Trevas. Assim, a Teoria do Ciclo afirma que a perda do conhecimento da humanidade começou aproximadamente 12.000 anos antes da agressão notória da ciência e do aprendizado que culminaram na destruição das bibliotecas de Alexandria.

Em 4.100 e.C. a Idade do Bronze cederá à Idade da Prata ascendente, a era de aniquilação do tempo que durará 3.600 anos. Durante a Idade da Prata, a humanidade aprenderá a controlar o *prana*, uma essência extrafina fundamental que fundamenta os átomos totais e é responsável por um universo baseado na capacidade vibrátil que manifesta as leis da natureza em dimensões variáveis de tempo. Simultaneamente, o magnetismo sutil emitido do centro da galáxia e responsável pelo estímulo cerebral também vai se tornar mensurável.

Finalmente, a Idade do Ouro ascendente, que começará em 7.700 e.C. e durará 4.800 anos, marcará a verdadeira idade da iluminação para a raça humana e aniquilação dos limites para o conhecimento científico e espiritual imposto por percepções de causa e efeito. Durante essa era, a melhor essência de idéias causais elementares subjacentes, a *prana*, será intuída, abrindo portas ao conhecimento difundido da essência do "eu". Filósofos indianos antigos chamavam a essência de verdade, existência, consciência e felicidade infinitas do "eu". Consideravam-na o Ser Infinito onipresente e onipotente dentro o qual o cosmos inteiro existe como somente a reflexão de uma idéia.

Em aproximadamente 12.500 e.C., ao término da Idade do Ouro ascendente, o ciclo de 24.000 anos atual do Sol estará completo, sinalizando o começo de um novo arco descendente pelas Idades do Ouro, Prata, Bronze e Ferro. Durante esse tempo de transmissão, o conhecimento do cosmos e do "eu" serão quase que completamente obliterados da memória da humanidade. Tal conhecimento, ao que parece, é reunido, portanto, não no serviço de sociedades em constante desenvolvimento, mas sim para prover a expansão e expressão do sentido do "eu".

Tão difícil quanto imaginar o progresso humano influenciado por forças que emanam do centro da galáxia, a Teoria do Ciclo pode ser testada parcialmente olhando para o conhecimento adquirido por sociedades que precedem o Império Romano e a destruição concomitante da Biblioteca de Alexandria. Em termos matemáticos, o sistema numérico de notação posicional que usamos hoje, completo com o zero, foi utilizado na Índia milhares de anos antes da ascensão do Império Romano. Atualmente, o Ocidente recorre aos números como números arábicos, mas na Arábia foram chamados de *al Arqan al Hindu*, números hindus. De fato, um matemático hindu, sacerdote Védico Baudhayana (C. 800 a.e.C.), enunciava o chamado Teorema de Pitágoras mais do que dois séculos antes de Pitágoras. Depois, os babilônios empregaram notação posicional, mas não entenderam o uso do zero até ser importado da Índia; além disso, as suas computações estavam baseadas no sistema sexagesimal de limitação. Assim mesmo, os babilônios eram matematicamente mais sofisticados que os gregos da Idade do Ferro descendente, enquanto os gregos, por sua vez, eram matematicamente mais sofisticados que os romanos posteriores, cujos cálculos estavam limitados pelos complicados números romanos.

As realizações matemáticas da Índia antiga foram comparadas por realizações científicas. Os avanços em astronomia tinham emergido de uma introdução da partição do zodíaco lunar e solar, da teoria de epiciclos, da divisão do dia em vinte e quatro horas e do circuito assimétrico do Sol.[4] Como Erastóstenes de Alexandria, os antigos indianos não consideraram a Terra plana – uma noção assumida por uma grande parte da humanidade durante a Idade do Ferro descendente – e também tinham conhecimento sofisticado de fisiologia humana, fonologia, farmacologia e psicologia. Assim, a datação relativa de realizações matemáticas e científicas no mundo antigo parece substanciar a Teoria do Ciclo.

De uma perspectiva mais ampla, a Teoria do Ciclo explica por que as sociedades se degeneraram em todos os lugares. Por exemplo, embora alguma sociedade desconhecida que precede a cultura egípcia antiga deva ter propiciado conhecimento aprobativo de como construir tais triunfos arquitetônicos como as pirâmides e a Esfinge, a maior parte da história de quase quatro mil anos do Egito antigo legou estagnação e decadência; sua degeneração começou no século vinte e cinco a.e.C. de acordo com muitos historiadores. Por volta do século dezesseis a.e.C., o Egito era praticamente uma civilização morta, embora tivesse durado quase dois mil anos. Por volta de 499 e.C., o ponto mais escuro no modelo da Teoria do Ciclo, a sociedade egípcia, havia sumido, não deixando pista decifrável referente à sua civilização fundamental.

Outra sociedade que reflete a degeneração de uma idade declinante é a de Rapa Nui (Ilha de Páscoa). Quando descoberta em 1722 pelo almirante holandês Jacob Roggeveen, os habitantes polinésios de Rapa Nui não tinham habilidade de esculpir estátuas gigantescas, porém, quase mil estátuas desse tipo cobriam a ilha inteira. Eles também não tinham capacidade para navegar nos mares, outra das realizações dos seus antepassados. Em uma fase degenerada, a superpopulação e a superexploração de recursos tinham conduzido a guerras, canibalismo e um declínio em conhecimento e ordem social. Os habitantes da ilha, alegou o historiador Arnold Toynbee, tinham "produzido em cada geração uma descendência mais rude e mais incompetente".[5]

A cultura Maia sofreu um destino semelhante. Apesar de sua herança rica em conhecimento e tradições dos antigos Olmecas, possivelmente teve sua origem no segundo milênio a.e.C., e sofreu um aumento fixo em população e em princípios hierárquicos durante a parte mais escura do ciclo. Os maias tinham erguido imensos edifícios públicos no coração de cidades-países magníficos e superaram em astronomia e matemática, construindo observatórios e desenvolvendo um sistema numérico vigesimal, inclusive o zero. O seu abrangente calendário, provavelmente influenciado pelos Olmecas, rivaliza com o nosso e é atualmente o mais sofisticado e preciso de toda a Mesoamérica. Mas como a Idade das Trevas avançou e a guerra aumentou, a civilização maia não pôde sobreviver ao caos, ao aumento e subseqüente perda dramática da maioria de sua população e à destruição de seu ecossistema de floresta tropical. Com a elevação do poder de sacerdotes que controlavam cada vez mais aspectos da sociedade, o sacrifício tornou-se preponderante, junto com derramamento de sangue e outros rituais infundidos com medo de forças sobrenaturais.

O declínio da civilização romana conduziu a um fracasso semelhante na ordem social e por fim à expansão do Cristianismo em todo o Império Romano. Filósofos-regentes, como Marco Aurélio, deram pouca atenção ao culto Cristão enquanto a sociedade ainda estava forte. Toynbee escreveu que o historiador Greco-romano "diagnosticaria tanto a Igreja Cristã e guerreiros bárbaros como distúrbios mórbidos que só apareceram no corpo da Sociedade Helênica depois que seu físico foi arruinado permanentemente pela Guerra de Hannibalic".[6] Nesse ponto, os bárbaros, assim chamados, foram injustamente escravizados por uma sociedade que se degenerava, enquanto o Cristianismo, negado no mundo e ameaçado pelo inferno, espalhou-se exponencialmente depois que Constantino aparentemente considerou útil restabelecer a ordem e a estabilidade. Toynbee assim concluiu: "A Atenas de Péricles diminuiu para a Atenas de São Paulo".[7]

Quando a história humana é vista levando em conta esse modelo antigo de progresso, ela convida a avaliações não só de conhecimento matemático e científico, mas também de sistemas teológicos e filosóficos. Por exemplo, o pensamento hebraico referente a uma vida após a morte se degenerou de uma ênfase em conduta social para a promessa de uma beatitude eterna unida com a doutrina de martírio e ressurreição produtora de violência. Essa doutrina, que apareceu no segundo século a.e.C., durante a Idade do Ferro descendente, substituiu a ênfase da Idade do Bronze em um código moral não associado a um paraíso eterno pelo qual as pessoas têm de matar e morrer.

Outro exemplo de degeneração em escatologia pode ser achado nas doutrinas da Índia de castas e renascimento. Na Índia antiga, a casta devia ser determinada por conduta e caráter, mas com o tempo veio a ser determinada pelo nascimento, promovendo uma atitude utilizada para justificar a opressão social. E enquanto a doutrina de reencarnação tinha sustentado uma evolução espiritual progressiva, esta se degenerou a ponto de apoiar o sistema de casta decadente pela justificativa de que a evolução ascendente nem sempre ocorria. Conseqüentemente, um indivíduo nascido camponês, sem educação, permanecia assim, privado de estudar os Vedas como resultado de nascimentos anteriores; o indivíduo era considerado afortunado por não ter nascido como um inseto, planta ou demônio. Nos dias atuais, os sábios hindus de pensamentos livres estão tentando retificar o sistema de castas diante da oposição considerável daqueles que ainda se beneficiam dos privilégios sociais que esta confere.

O Buda, ensinando aos seus companheiros ascetas durante a Idade do Ferro descendente, procurou revitalizar a antiga tradição da yoga, desafiar os abusos eclesiásticos e oferecer uma abordagem universal à espiritualidade. Alguns séculos depois, o Imperador Asoka normalizou o Budismo, concedendo às massas um darma eclético e acessível, um padrão de conduta sócio-espiritual. Conforme a Idade das Trevas prosseguia, o Budismo se espalhou pela Ásia Oriental, onde a mensagem de Buda foi mais tarde distorcida e até negada. Agora, no Ocidente, a técnica e disciplina ascética de Buda são muitas vezes mal interpretadas por uma cultura de consumo criada no Monoteísmo, e a formação de aliança entre o Budismo e a psicologia oferece aos seguidores um caminho não para a universalidade, mas para a autoconcentração ampliada, na qual os efeitos da psicoterapia estão equivocados para a iluminação.

Na China, a degeneração gradual do Confucionismo chegou com total expressão em 213 a.e.C., quando o Imperador Shih Huang Ti, da dinastia Ch'in, queimou os livros das "cem escolas", representando liberdade de pensamento. Dessa forma, o passado, tão reverenciado por Confúcio, que tinha tentado restabelecer a herança sócio-filosófica dos antigos, foi rejeitado. Neste ponto o humanismo de Confúcio não poderia mais oferecer uma solução social ao conflito sem fim de situações feudais de guerra. A bondade da natureza humana apresentada pelo filósofo Meng-Tzu foi substituída pela visão de Hsun-Tzu de seres humanos contaminados pela violência, egoísmo e materialismo. Com esse triunfo dos Legalistas, o pragmático Han Fei-Tzu, que valorizava o estado acima do indivíduo e considerava até mesmo o relacionamento entre pais e filhos corrompido por ambições egoístas, instituiu um remédio social em aderência estreita às leis baseadas na recompensa e punição – uma abordagem vigente ainda hoje. Tentativas de retornar ao Confucionismo durante a dinastia Han foram frustradas pela fanática *New Script School* (Escola Nova Escrita) que, paralelamente ao tratamento de Jesus da igreja primitiva, deificaram Confúcio e produziram falsificações de seus ensinamentos para conseguir riqueza e poder.

Muitas culturas de transferência do passado reconheceram o declínio que estavam sofrendo. As escritas primitivas chinesas aludem com grande admiração ao conhecimento dos antigos e sua perda gradual; o *Mahabharata* da Índia antiga fala das tecnologias poderosas e do vasto conhecimento das gerações védicas primitivas; mesmo os primitivos gregos e hebreus mantinham vivas as lendas de um antigo estado utópico, como nas histórias da Atlântida e do Éden. Mas embora essas e outras antigas culturas experimentassem elas mesmas uma idade de decadência, historiadores modernos sabiamente não lhe aplicam o termo "Idade das Trevas", devido à grande quantidade de conhecimento e talvez devido a uma crença incorporada que a aquisição do conhecimento progride linearmente – uma conclusão apoiada por séculos recentes de avanços científicos rápidos. Ainda, de acordo com a Teoria do Ciclo, na avaliação do avanço do conhecimento não se pode separar conhecimento material do autoconhecimento, posto que a conscientização da humanidade se estende sobre ambos igualmente. A ignorância predominante de interesse nuclear durante a Idade das Trevas, por exemplo, assemelha-se à miopia espiritual global.

Alguns filósofos, como historiadores, também adotam uma expectativa de avanço linear aos eventos históricos. Georg Wilhelm Friedrich Hegel, por exemplo, sustenta que o Monoteísmo cristão era o auge do pensamento religioso. Por oposição, a Teoria do Ciclo revela que o Monoteísmo e a exclusividade que ele promove são produtos de degeneração intelectual e espiritual, com o Cristianismo consolidando-se durante o período mais escuro da recente história humana. Assim, parece que a perda de conhecimento científico e teológico durante a Idade do Ferro descendente imprimiu a humanidade com uma expectativa de linearidade que o progresso científico reforçou.

Também parece que junto com a perda de conhecimento, a própria Teoria do Ciclo se degenerou durante a Idade do Ferro descendente. Deturpadas nas fontes da Índia primitiva, Babilônia e Extremo Oriente, versões inexatas da teoria emergiram nas escritas de Platão, Virgílio e Shelley. Uma versão da Idade do Ferro que aparece no Oriente muito provavelmente alimentou a crença popular hindu e budista de que o mundo atual permanece em uma fase de degradação que possivelmente dure dez ou centenas de milhares de anos – um quadro muito diferente do apresentado pela imaculada Teoria do Ciclo, na qual o último arco descendente terminou em 499 e.C.

Essa distorção persiste, embora o conhecimento da humanidade esteja avançando na forma científica associada a uma Idade do Bronze ascendente. Talvez, influenciados por séculos de ignorância, muitos estudantes do Hinduísmo e Budismo concluem que as guerras atuais, o corporativismo e o consumismo provam que estamos em uma Idade das Trevas estendida. De preferência, tais características sociais poderiam facilmente resultar da implementação das tecnologias ascendentes da Idade do Bronze que fazem a miopia prolongada da Idade do Ferro mais aparente e destrutiva. Da mesma forma, os problemas ambientais atuais derivam provavelmente de avanços científicos ultrapassando os avanços espirituais – outro fenômeno de se esperar nos primitivos séculos de uma Idade do Bronze ascendente, durante a qual relativamente poucos cientistas servem como guardiões da maioria do conhecimento material da humanidade. Tendo emergido recentemente da Idade das Trevas, estamos em uma encruzilhada: contaminamos a biosfera com emissão de carbono e mercúrio, por exemplo, mas estamos atentos aos perigos devido ao nosso conhecimento expandido de meteorologia e bioquímica.

Não obstante, o século vinte e um parte radicalmente da Idade do Ferro descendente com sua maior ênfase em magia, pseudociência e projeções teológicas etnocêntricas. Tão óbvios são os próprios avanços e esperanças de um amanhã melhor, que em sociedades cientificamente progressivas ao redor do mundo, gerações mais jovens vêem o conservadorismo, em face da mudança promissora, como estagnado e velho. Sinais de progresso equilibrado incluem o seguinte: a grande quantidade de conhecimento acumulado por meio de método científico em um período de tempo relativamente curto, o interesse ampliado de viver em harmonia com o mundo natural, tendências recentes para desafiar verdades religiosas passadas, preocupação com a situação de mulheres ainda oprimidas pela religião, e luta por outros direitos humanos, como também proteção de animais. Simultaneamente, o domínio da religião organizada segregadora está enfraquecendo à medida que o ideal de um sentido global do "eu" se fortalece; formas progressivas de medicina estão ficando mais populares; a ciência já não é prejudicada pelo papismo; e as filosofias de povos antigos estão sendo amplamente exploradas e respeitadas.

O conhecimento que a humanidade precisa para um mundo científico e espiritualmente avançado parece ter surgido de novo e simplesmente precisa ser colocado globalmente disponível por meio de uma forma progressiva de educação que não contenha nada sagrado a não ser a procura pela verdade. Mesmo que a humanidade tenha um longo caminho a percorrer até que esteja livre da ignorância passada, valorizando um estado incompleto de nosso conhecimento, sinaliza o progresso sobre a certeza de crenças religiosas.

A Teoria do Ciclo, enquanto oferece uma abordagem interessante ao estudo da história, deixa muitas perguntas sem resposta. Por exemplo, à parte de referências textuais científicas antigas, observatórios megalíticos e pirâmides que se erguem em lugares suficientemente quentes para ter sustentado a vida humana durante a era do gelo, por que há pouca evidência material de tecnologia da idade superior? O *Mahabharata* recorre a ofícios transitórios, descritos como remanescentes de uma tecnologia aniquiladora de espaço e tempo. Mas se a humanidade da Idade do Ouro tivesse tido tal tecnologia, esperaríamos achar sinais físicos disso hoje. Algumas pessoas poderiam ressaltar que a Teoria do Ciclo explica civilizações avançadas tais como Atlântida, onde a habilidade da humanidade para voar tornou-se lendária, mas sem evidência firme a possibilidade contrária também poderia ser verdadeira – que as lendas dessas sociedades antigas eram fantasias nascidas da Teoria do Ciclo.

Comparar aspectos da Teoria do Ciclo com teorias da ciência moderna desperta outros assuntos. Os paleontólogos David Raup e Jack Sepkoski descobriram que as taxas de extinção parecem subir radicalmente a cada 26 milhões de anos, à medida que a Terra é atingida por cometas e asteróides. O astrofísico Richard Muller teorizou ainda que as extinções periódicas possam ser causadas por uma estrela, a qual ele nomeou de Nêmesis, que gira com nosso Sol em ciclos de 26 milhões de anos e afasta a Terra de seu cone normal de proteção contra cometas e asteróides, tornando o planeta vulnerável a eventos de nível de extinção.[8] Igualmente, a Teoria do Ciclo propõe a existência de uma estrela binária, mas em vez de girar em ciclos de 26 milhões de anos e causar destruição, diz-se que gira com o precessional e cada mil revoluções anunciam um novo dia de Brahma. Isso colocaria a estrela binária do nosso Sol mais perto do Sistema Solar do que Nêmesis. Encontrar a referida estrela anã pode ajudar a confirmar a Teoria do Ciclo, e possivelmente explicar a variação gravitacional encontrada em nosso Sistema Solar.

Talvez a comparação mais surpreendente entre a Teoria do Ciclo e a ciência moderna refere-se à asserção da Teoria do Ciclo de que a radiação emitida do centro da galáxia afeta a evolução da vida inteligente em todos os sistemas solares. Visto que os antigos indianos que propuseram essa radiação sutil não disseram que ela foi emitida esfericamente, eles podem ter acreditado que era irradiada ao longo do plano galáctico, explicando possivelmente por que eles compararam o centro da espiral galáctica ao umbigo do deus *Vishnu*. Se essa fosse a sua compreensão, poderia ser compatível com a medida científica moderna que mostra que nosso Sistema Solar fica extraordinariamente perto do plano galáctico, com uma precisão de ,001 graus – o que contribui a intervalos de um magnetismo que estimulou os sistemas nervosos de formas de vida na Terra ou o desenvolvimento de nossa estrutura cerebral sofisticada. Nesse caso, a proximidade do Sol ao plano galáctico e a presença de vida inteligente na Terra estão diretamente relacionadas, o que torna a humanidade ainda mais rara e preciosa.

Outras comparações entre a Teoria do Ciclo e a ciência moderna são mais problemáticas. Por exemplo, por muito tempo, o cálculo matemático da Teoria do Ciclo está aparentemente em conflito com cálculos modernos para o movimento de precessão. Seu modelo de 12.000 anos de eras de degeneração e evolução perfaz 24.000 anos de movimento de precessão; em contraposição, a taxa do movimento de precessão atual resulta em um ciclo de mais ou menos 26.000 anos. Essa discrepância levanta perguntas se a taxa do movimento de precessão muda ao longo do tempo e, nesse caso, os elementos que se decompõem em tal variação.

A consideração da relação entre a Teoria do Ciclo e a Teoria da Evolução levanta preocupações adicionais. Será que a Teoria do Ciclo implica que a ponte entre o intelecto do homem moderno, *Cro-Magnon*, e os macacos deve ser encontrada não em uma espécie perdida, mas em impulsos evolutivos periódicos? O intelecto humano recebeu impulsos evolutivos das idades ascendentes ou foi estimulado por um estilo de vida mais ativo, resultado de temperaturas em declínio causadas pelo resfriamento do Sol? Embora tais perguntas intrigantes não possam ser respondidas com certeza, colocá-las abre as portas da possibilidade e aumenta a nossa perspectiva sobre o progresso humano por meio do tempo.

Apesar de suas limitações, a Teoria do Ciclo oferece uma explicação da evolução e degeneração humana que não é baseada nem nos caprichos de deuses vingativos nem em completo acaso. As pessoas que a propuseram estavam procurando causas globais para explicar uma desintegração mundial de sociedades humanas e forças galácticas que contribuem para a evolução de vida inteligente em qualquer sistema solar. Isto é, eles estavam buscando conhecimento geral fazendo várias perguntas pequenas, diferentemente de teólogos da Idade das Trevas que fizeram perguntas grandiosas e chegaram a respostas provincianas. Nesse sentido, a Teoria do Ciclo ostenta o pensamento de caráter científico e destaca contrastes absolutos entre o passado distante da humanidade, sua recente história sombria e seu potencial para mudança positiva. Como tal, a teoria realmente pode ajudar na avaliação do progresso científico e espiritual da humanidade.

O uso do modelo de progresso da teoria fornece *insights* no domínio contínuo da religião organizada apesar do grau para o qual escapa em oposição a predileções contemporâneas pela investigação científica e de pensamento livre. Em primeiro lugar, a religião organizada continua nutrindo crenças da Idade das Trevas em magia e superstição que impõem um medo de questionar dogmas degenerados, tais como a Transubstanciação, doutrina católica romana em que o pão e o vinho são convertidos no corpo e sangue de Cristo durante a Eucaristia. Além disso, a religião organizada consolida o poder em indivíduos "seletos", confiando em fé proselitista e incontestada para disseminar suas crenças. Como a maioria das pessoas hoje se identifica com uma religião das tradições hindu-budistas, baseada nos Vedas ou em tradições judaico-cristão-islâmicas da Bíblia Hebraica, muitas outras doutrinas teológicas e sociais degeneradas continuam a existir, inclusive o martírio e a ressurreição, assim como também sistemas de castas opressivos. A Teoria do Ciclo nos informa que tal decadência continua porque essas religiões dogmáticas – formadas, ironicamente, ao redor de filósofos-místicos como Buda e Jesus, que desafiaram a superstição religiosa – têm um inimigo comum: as ciências materiais e intuitivas que concedem aos indivíduos a liberdade de desafiar todas as verdades aceitas. A religião organizada, ao que parece, permanece dominante nesta era científica porque saber como operar dispositivos tecnológicos como computadores, carros e celulares não inspira uma investigação ativa das crenças.

A religião organizada resiste principalmente por condições sociais comoventes e preconceitos culturais sistematizantes. Os grupos religiosos organizados atuais floresceram onde outros falharam porque se adaptaram às necessidades sociais dinâmicas de seus seguidores, freqüentemente inculcando crenças no povo por meio de incentivos sociais, educação ideológica e coerção. Enfocaram também a necessidade comum de um sentido de propósito e posição no mundo, ajudando os seguidores a se definirem em relação aos outros, marcarem ritos de passagem e assegurarem sobrevivência econômica. Mas ao longo do tempo enfraqueceram o espírito de questionamento.

Como a raça humana continua evoluindo na aquisição de conhecimento, a esperança de Sagan pela mudança social e espiritual pode ainda se realizar. Fazendo um comentário sobre nossa habilidade estrutural para desenvolver nossas instituições, Sagan observa: "Cerca de dois terços da massa do cérebro humano está no córtex cerebral, dedicado à intuição e à razão... Deciframos brilhantemente alguns dos padrões da Natureza". Descrevendo o desafio diante de nós, acrescenta: "Nossa sociedade global está claramente à beira do fracasso na tarefa mais importante que enfrenta: preservar as vidas e o bem-estar dos cidadãos do planeta. Não deveríamos, então, estar dispostos a explorar vigorosamente, em cada nação, mudanças principais nos modos tradicionais de fazer as coisas, um *re-design* fundamental de instituições econômicas, políticas, sociais e religiosas?".[9]

Sagan deixa bem claro que visto que a raça humana herdou tanto o conhecimento como a ignorância, o proveito ininterrupto da ignorância do passado é um destino modificável. Da mesma maneira que os matemáticos já não se limitam aos numerais romanos, mas usam a antiga notação posicional, a humanidade precisa não se restringir a religiões provincianas organizadas, mas poder explorar sua herança de ideais espirituais universais. A Teoria do Ciclo pode sugerir que a evolução da vida inteligente depende de forças galácticas; mas também enfatiza que o conhecimento é o maior objetivo da vida, concluindo que a religião organizada é um produto não de algum Ser Supremo perfeito, mas de seres humanos falíveis que eram relativamente ignorantes do funcionamento do cosmos e de sua própria autoconsciência.

Embora a ciência tenha progredido acentuadamente desde os dias em que Copérnico revolucionou as percepções do mundo e do "eu", sugerindo que o Sol era o centro do Sistema Solar, é possível que nossa geração nunca possa confirmar ou negar que um magnetismo emanado do centro da galáxia possa estimular o *cerebrum*. Felizmente, a Teoria do Ciclo não precisa ser provada por isso para inspirar perguntas oportunas que incitam soluções práticas para um mundo religiosamente dividido. Desafiado pelas visões radicais da teoria do mundo e do "eu", podemos começar a satisfazer nossas necessidades sociais e pessoais de modos mais integrativos.

De Volta à Idade das Trevas

Os meios pelos quais vivemos se distanciaram
Dos fins para os quais vivemos.
Nosso poder científico ultrapassou nosso poder espiritual.
Encaminhamos mísseis e desencaminhamos homens.
Martin Luther King

O reexame constante de padrões tradicionais de pensamento favoreceu o progresso espiritual e social da humanidade. Faz sentido, então, que questionar hipóteses nascidas na Idade das Trevas e reunir conselhos oriundos de compreensões embutidas na Teoria do Ciclo poderia nos ajudar a solucionar conflitos nas instituições políticas, econômicas e religiosas atuais. O conhecimento equilibrado do átomo infinitesimal com o conhecimento da essência infinita do "eu" pode também ter um longo caminho pela frente voltado para a desaceleração da nova capacidade da humanidade para a autodestruição.

Em séculos recentes, os humanos adquiriram uma compreensão de forças eletromagnéticas e começaram a dissolver a barreira do espaço. Anteriormente, as pessoas eram relativamente incapazes de atravessar grandes distâncias ou até mesmo imaginar um avião, rádio ou míssil, embora existissem os materiais necessários para tal. Além disso, faltava aos indivíduos interações com as culturas ao redor do globo, tornando difícil sua identificação com elas. Às obstruções impostas pelo grande espaço eram acrescentadas as tentativas conflitantes das religiões organizadas de controlar os paraísos, podendo assim controlar a imaginação dos fiéis, freqüentemente projetando um cosmos povoado por uma multidão de anjos divinos que cantam louvores a Deus.

Atualmente, a corrida é novamente para controlar os paraísos, desta vez com armas de combate e instrumentos de vigilância. Nosso alcance militar para vastas distâncias ultrapassou nossa habilidade de viver em paz com culturas diversas. E ainda, a harmonia mundial estaria ao alcance, com nosso sentido de identidade estendendo-se além da gama do armamento moderno. Assim, parece que enquanto a superação das limitações de espaço tem o potencial para conseqüências militares opressivas, o domínio do espaço também dissolve as barreiras da comunicação entre as culturas. De fato, em contraste com a sombra assomando armas poderosas e satélites de espionagem, movimentos de base já estão utilizando tecnologias como a internet para reunir as pessoas e compartilhar informações. Quanto melhor é a compreensão entre as pessoas, mais o eu pode se expandir, já que o mundo inteiro está apenas distante por um telefonema, uma viagem de avião ou um *click* do mouse.

O sentido expandido do eu, por sua vez, está apto a moldar a implementação de novas tecnologias, completando o ciclo de *feedback*. E, uma vez que os indivíduos possam se identificar com todas as pessoas, inclusive com futuras gerações, usos de tecnologia, naturalmente refletindo esta base de responsabilidade ampliada, não mais ameaçarão a sobrevivência da raça humana.

Outro uso potencialmente valioso de tecnologia que aniquila

o espaço está na criação de programas de natureza privada que oferecem aos jovens adultos de todas as culturas a oportunidade de ver o mundo e trabalhar lado a lado por longos períodos com pessoas de todas as nações para promover a paz mundial. Viajar livremente também poderia encorajar as crianças a ampliar a consciência interna em vez de passar anos fitando a tecnologia que aniquila o espaço que hoje em dia está em primeiro lugar: a televisão. O entretenimento excessivo pode entorpecer o intelecto, desencorajar o aprendizado, e dificilmente pode definir o "eu" por padrões de sucesso material refletidos nos estilos de vida de artistas populares que têm foco em dinheiro, fama e *sex appeal.*

Além disso, para incutir a harmonia global, as sociedades poderiam concordar em unificar medidas e modos de comunicação. Por exemplo, as pessoas de todas as culturas poderiam concordar na importância de implementar o sistema métrico e uma moeda corrente global, além de promover um idioma universal como um segundo idioma. Como o uso de inglês já é difundido, os cidadãos de países ricos que o utilizam como um idioma principal poderiam tanto financiar a instrução do inglês ao redor do mundo como promover o estudo de outros idiomas no país. Filantropos ricos que buscam encorajar a paz mundial pela expansão do sentido do eu também poderiam ajudar os estudantes a tomar conhecimento de todas as culturas para uma maior consciência da história e diversidade étnica.

A adoção de um calendário universal contribuiria enormemente. Enquanto o tempo do dia foi unificado mundialmente e ajustado de acordo com um relógio mestre de césio, atualmente os judeus, católicos romanos, cristãos ortodoxos orientais e muçulmanos têm todos calendários diferentes baseados em eventos históricos locais, vidas de indivíduos notáveis ou a criação do mundo de acordo com o seu sistema de crença particular. Um calendário baseado na precessão equinocial poderia ajudar a universalizar a passagem do tempo, visto que esse ciclo não pertence à religião, nação ou raça alguma, e é cientificamente ajustado ao mais universal parâmetro – o movimento dos corpos celestes. Em vez dos termos em sânscrito, poderíamos nomear nossas idades e numerar nossos anos pela Estrela Polar variável, um evento astronômico universalmente aceito.

Durante a Idade das Trevas, a inabilidade de acordar sobre um calendário universal foi o resultado em grande parte de sectarismo político, cultural e religioso, refletindo freqüentemente um falso sentido de superioridade. Arnold Toynbee escreve que a Igreja Cristã "sucumbiu à ilusão egocêntrica... de tratar a transição de uma [sociedade] para a outra como o momento decisivo de toda a história humana".[10] E, apesar de outras religiões criarem calendários que refletem suas crenças, nenhuma teve êxito em fazer valer globalmente o seu sistema de aplicar a data. Por conseguinte, as passagens siderais do Sol são numeradas de acordo com o nascimento de um personagem enigmático em quem a Igreja Cristã projetou esperanças e medos irracionais. Mas contrariamente a culturas passadas que produziram esses calendários, o nosso requer interações com outras culturas; na realidade, a sobrevivência hoje é *dependente* de trocas pacíficas entre todas as pessoas do mundo. Um calendário universal nos impulsionaria nessa direção, ajudando-nos a ampliar o sentido de "eu", lembrando-nos de que somos todos parte da mesma família humana e mantendo-nos focados em ideais mais amplos de progresso e maior harmonia de propósito.

Além de um calendário universal, voltar à Idade das Trevas requer uma relação nova com seus mitos e outras invenções. Os povos antigos viveram aparentemente sem ter que planejar pontos de referência pessoais. De acordo com a Teoria do Ciclo, não há começo ou fim para o cosmos, visto que a essência do Universo está completa, refletindo uma existência panteísta eterna continuamente em movimento de fluxo e refluxo como o ritmo de um dançarino. Em contraposição, a humanidade da Idade das Trevas, amedrontada por um cosmos que gira em ciclos contínuos, deu historicidade de criação formando mitos sobre um começo limitado e um fim de tempo. Etnocentricamente colocando-os no centro de um cosmos criado por Deus, principalmente para humanos, pode tê-los ajudado a contemplar na imensidade do céu noturno sem se horrorizar pelo espaço quase vazio. Esses mitos definiram Deus como um criador separado das formas decaídas da criação e consideraram o propósito da existência humana como uma aspiração para recuperar a generosidade de Deus e a presença divina para uma futura ascensão. Situações proféticas do fim dos tempos, tais como o Dia do Julgamento, a ressurreição dos mortos e o Armagedon para subjugar o mal, após o qual um Deus vingativo e os íntegros triunfariam, refletiram a necessidade da Idade das Trevas por pontos de referência estáveis para marcar o fim do suposto exílio da humanidade.

Assim, enquanto culturas de idades superiores do mundo antigo observaram ciclos terrestres e estelares de nascimento, morte e renascimento como rotações que propiciam tudo da vida, a oportunidade de se expandir a Idade das Trevas gerou mitos do mundo como uma fase para uma batalha cósmica entre a luz e a escuridão, com almas humanas em jogo. Na tradição Cristã, a crença de Paulo em um fim iminente para o mundo não só moldou doutrinas da primitiva igreja, mas ainda influencia negativamente os cristãos que rezam pela segunda vinda de Cristo.

Foram retratados freqüentemente mitos de historicidade em condições totalmente dualísticas, tais como luz e escuro ou bem e mal. Uma das primeiras religiões a alertar seus seguidores sobre o conflito percebido entre o bem e o mal era o Zoroastrismo, uma religião persa fundada no sexto século a.e.C. pelo profeta Zoroastro. Possivelmente, tomando emprestada a idéia dos arcos de doze mil anos de degeneração e regeneração da Teoria do Ciclo original da Índia antiga, a religião afirmava que Zoroastro nasceu no momento decisivo de uma batalha em que as forças do bem conseguiram vantagem. Após doze mil anos adicionais de batalha, Saoshyant, o salvador, viria e libertaria o mundo das trevas. Os seguidores de Zoroastro acreditavam que o seu nascimento, e não os cálculos astronômicos, anunciou o começo das idades ascendentes da bondade. Mas o dia da vitória de Saoshyant marcou o último dia da história.

Outras religiões seguiram esse modelo. Rejeitando a idéia de ciclos eternos, cultos formaram-se no Oriente Médio ao redor da esperança de que a ação humana poderia apressar a chegada do Dia glorioso de Deus, até mesmo se aquela ação significasse matar os hereges e infiéis que bloquearam o caminho. Esses cultos se desenvolveram em religiões monoteístas, cada uma das quais determinava que seus seguidores eram os mais queridos por Deus e que seus esforços eram os mais frutíferos, voltando para um estado de graça. Judeus, afirmando ter feito um pacto com Deus, e esperando pela vinda do seu Messias prometida por Malaquias, compuseram orações de louvor a Deus que aparentava ser um rei ilusório. Cristãos pretendiam compartilhar de um novo pacto com Deus, por meio do sangue de Jesus Cristo cultivaram liturgias para inspirar a fuga da humanidade da influência do pecado original e de eventual retorno à beatitude. Os muçulmanos, que professavam ter o mensageiro final da palavra de Deus, Maomé, dividiram o mundo em fiéis e infiéis para converter a raça humana ao Islamismo.

A Teoria do Ciclo tornou-se uma fonte particular de ansiedade para as tradições do Extremo Oriente que a herdaram. Alguns manipularam o ciclo para girar em torno da vinda de indivíduos fantásticos que iriam colocar um fim ao mal. Para os budistas, o salvador é Maitreya, que promete sobrepujar o mal da humanidade com amor; para os tibetanos, Maitreya surgirá de Shambala durante um tempo de caos para, de forma concisa, prenunciar na Idade de Ouro; para os Hindus é Kalki, que virá no fim do mundo e vencerá a morte, as trevas e outras dualidades. Muitas religiões do Oriente determinaram que o melhor recurso era escapar deste mundo arruinado e renascer em um mundo melhor, tal como Shangri-La, a Terra Pura, Krishna loka, ou o paraíso, em vez de perseverar em uma busca exterior pelo conhecimento do mundo e uma busca interior do autoconhecimento. Os criadores desses mitos falharam em analisar a motivação humana e tomar ciência de que onde a vida é retratada como relaxada, poucos esforços são feitos, mesmo na busca da verdade.

Tanto o Ocidente como o Oriente entraram na Idade das Trevas desvalorizando o seu mundo de bilhões de anos. Paralelos impressionantes entre as suas profecias do fim dos tempos mostram que enquanto civilizações de idades superiores reduziram as forças dualísticas do bem e do mal a um jogo relativo da natureza e respeitaram a capacidade do Universo de funcionar de acordo com o conjunto de leis da natureza, eles mesmos viam o mundo chegar a um fim e o mal instantaneamente ser eliminado. Além disso, suas atitudes revelam que o sentido cosmológico de tempo da sociedade está integrado no seu sentido de moralidade. Em ambos hemisférios, a crença em modelos do fim dos tempos promovia medo do mal e absolutismo moral, depreciação do mundo natural e escatologia desagregadora, sendo que todos interromperam a sobrevivência harmoniosa da raça humana.

Na idade progressiva atual, exigindo respostas mais sofisticadas e universais às questões da vida, os estudiosos espirituais negligenciam a tendência da Idade das Trevas para inventar esquemas de tempo etnocêntricos, lugares lendários e indivíduos fantásticos segurando a chave para a salvação humana, preferindo reinterpretar mitos do passado como meras parábolas para a iluminação pessoal. Também reconhecem que as teologias do bem-versus-mal e outros modelos do fim dos tempos falham em servir os melhores interesses da humanidade. Os mitos perigosos que assombravam as mentes secretas podem ser excluídos, observando o cosmos sem projeções religiosas, expondo-nos a um quadro maior da evolução e degeneração humana, aprendendo a aceitar os ciclos do tempo como cultivados na prática da técnica 7.

TÉCNICA 7

Uma Meditação em Ciclos

Meditando em ciclos aprendemos a aceitá-los e a mudar nossa percepção de tempo, ampliando nosso sentido do "eu", ao mesmo tempo em que fazemos com que os intervalos de tempo longos pareçam mais curtos. Por fim, aprendemos a nos ver em termos universais e transcendemos ativamente os condicionamentos prevalecentes de nossa era, uma realização significativa, considerando que até mesmo os pensadores como Platão e Aristóteles estavam sujeitos às suposições e superstições de sua era.

Para começar, sente-se em uma posição de meditação com os olhos fechados e a atenção focada na testa, mentalmente atento a sua respiração, que representa o ciclo de existência que começou com seu nascimento e terminará com sua morte. Conforme você inspira oxigênio e expira gás carbônico, perceba que a vida e a morte estão no corpo e que a respiração nasce de ambos. Respirar é um ciclo que aceitamos como parte do microcosmo humano.

Enquanto "observa" a respiração com a atenção focada em sua testa, permita que outros ciclos venham à mente, tais como o dia e a noite, a lua e as marés, as estações do ano, o zodíaco e os equinócios. Calcule sua data de nascimento em termos da Teoria do Ciclo (2000 e.C. equivale aproximadamente a 300 da Idade de Bronze). Ganhe uma perspectiva de seu tempo de vida dentro do arco ascendente atual. Explore o que o conceito de ciclos infinitos significa em relação à sua vida finita e como ele desafia o seu sentido do "eu".

Conforme continua observando sua respiração, imagine-se em uma astronave que se aproxima da velocidade da luz, a única absoluta neste mundo de mudança. Você está na cadeira do capitão atento que a cada respiração os anos estão passando para o resto da humanidade. À medida que você vai mais rápido, quase se tornando um raio de luz, imagine um milhão de anos na Terra passando a cada respiração.

Em seguida, contemple a idéia de que o tempo relativo é uma função não apenas de velocidade, mas de mente. Para começar, regule sua respiração fazendo inspirações longas, completas e lentas pelas narinas, prendendo a respiração por alguns momentos e exalando depois pela boca. Enquanto estiver regulando sua respiração, imagine-se atingindo a velocidade da luz, acelerando sua mente em quietude de concentração, para que suas respirações possam conter intervalos de tempo progressivamente vastos. À medida que a sua mente se torna cada vez mais focada, imagine que a cada respiração uma hora passa, depois um dia e finalmente um mês de atividade humana.

Vire sua atenção da coluna para o cérebro enquanto inspira e, depois de prender a respiração por alguns momentos, enquanto exala, focalize a testa, depois a coluna até chegar ao cóccix. Ao mesmo tempo, imagine que a cada respiração um ano se passa: seis meses com a inspiração e mais seis com a expiração. Você consegue imaginar galáxias nascendo com sua inspiração, sustentadas por bilhões de anos conforme você prende a respiração, e gradualmente morrendo com sua expiração? Quando sua respiração desacelera dramaticamente e sua mente começa a fundir-se em concentração perfeita na testa, horas podem parecer momentos e você pode experimentar eras inteiras indo e vindo com suas respirações.

A ciência antiga da intuição comparou a coluna humana e o cérebro às quatro idades, com os plexos cerebrais e medulares representando a Idade de Ouro, os plexos cervicais e dorsais representando a Idade de Prata, os plexos lombares e sacros representando a Idade de Bronze, e o plexo coccígeo representando a Idade de Ferro (veja a ilustração "Anatomia da Intuição" na página 126). De acordo com esses cientistas, os humanos com o controle destreinado da energia que flui na coluna e no cérebro podem saber somente o que é ditado pela idade na qual eles vivem. Assim, eles inventaram técnicas tais como esta apresentada aqui para dirigir energia nervosa ao cérebro e estimular o cérebro e sua camada exterior, o córtex cerebral, permitindo aos praticantes ver o Universo por meio dos olhos de um ser humano da Idade de Ouro.

Uma vez que você deixa de lutar contra o tempo e começa a aceitar os ciclos da vida e as mudanças que eles trazem, pode ampliar seu sentido do "eu", imaginando-se expandido pelo Universo com respirações lentas e regulares, que refletem ciclos de existência fenomenal. Finalmente, se você centrar sua atenção no *cerebrum*, reduzindo gradativamente a influência de tempo à medida que aumenta sua capacidade intuitiva, você pode ir além do que imaginava possível nas imposições que o tempo coloca em suas faculdades de percepção.

O reconhecimento de padrões cíclicos ilumina uma diferença fundamental em panos de fundo culturais entre as religiões orientais com base nos Vedas e nas religiões hebraicas do Ocidente baseadas na Bíblia, e ajuda a explicar o interesse crescente no pensamento oriental entre ocidentais no período progressivo atual. De forma interessante, embora a Índia Védica anteceda a tradição hebraica por vários mil anos, aquele breve lapso de tempo falou da diferença entre uma idade superior e uma idade obscura. E embora o Hinduísmo e o Budismo tenham se formado e declinado gradualmente milhares de anos depois, os seus fundamentos na idade superior de Vedas podem explicar por que essas religiões estão recebendo mais atenção agora no Ocidente e como elas criaram culturas mais contemplativas do que sociedades européias.

Também é intrigante o fato de que enquanto perseguições espirituais do Oriente de idades superiores se degeneraram durante a Idade das Trevas em métodos de meditação de entorpecimento mental, rituais exteriores e rendição infame ao destino de uma pessoa, guerras de fé raramente acontecem no Ocidente. Na realidade, os chineses conseguiram colocar o Budismo, o Confucionismo e o Taoísmo pacificamente lado a lado. O clímax de antagonismo entre o Hinduísmo e o Budismo ocorreu no nono século a.e.C., nas escritas de Adi Sankara que, vendo a degeneração a que o Budismo tinha chegado, trabalhou para incorporar de volta os budistas na comunidade de Vedanta, a filosofia antiga ensinada por Buda. O conflito entre o Hinduísmo e o Budismo ajudou a preparar o aparecimento de um dos maiores filósofos do mundo, sugerindo que, embora as duas religiões divergissem e tivessem degenerado, suas raízes na idade superior de Vedas inspiraram um potencial para uma resolução pacífica no Oriente.

Em contrapartida, guerras de fé rapidamente se espalharam no Ocidente monoteísta, precipitando violência e conflitos infinitos.

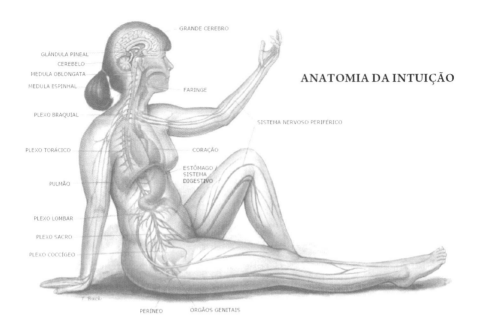

ANATOMIA DA INTUIÇÃO

Nem mesmo os ideais universais de Jesus puderam impedir a participação do Cristianismo nas Cruzadas, a Inquisição, as expedições dos conquistadores, as tendências anticientíficas, o colonialismo, as campanhas missionárias desrespeitosas, a escravidão, os massacres e o Holocausto, e duas guerras mundiais. O Islã, por sua vez, promove o jihad dividindo formalmente o mundo em reino de fiéis e de guerra. Os antagonismos contínuos desencadeados por essas religiões são previsíveis, considerando que as suas raízes se desenrolam não na idade superior de Veda, mas na Bíblia Hebraica da Idade das Trevas, um livro que relata a ambição de um deus de guerra tribal para ser considerado como Deus do Universo.

Com os anos 700 a.e.C. a 499 e.C. marcando um tempo de degeneração de sociedades de acordo com a Teoria do Ciclo e com os registros históricos, as religiões estabelecidas durante aquele tempo devem ser examinadas cuidadosamente e devemos analisar se podemos aceitar as suas verdades. Devido aos perigos que a humanidade está enfrentando atualmente como resultado de sua perpetuação, a falha em questioná-las é equivalente a consentir o assassinato. A aceitação cega de situações de fim dos tempos, para uns, transforma essa trama em profecias auto-realizáveis.

Da mesma maneira que a ciência rapidamente apagou séculos de antagonismo religioso pela investigação científica, a espiritualidade também pode, quando abordada metodicamente, remover rapidamente a escuridão de mitos religiosos. Se a Teoria do Ciclo estiver certa, a responsabilidade por rejeitar essa escuridão foi colocada em nossos ombros; e, apoiados por um despertar global à capacidade de expansão do "eu", teremos realizado o que gerações anteriores não puderam. Se a Teoria do Ciclo estiver defeituosa, ainda podemos adotar efetivamente sua promessa como nossa própria profecia auto-realizável expansiva.

Vias para o Conhecimento

Diz-se que o desejo de conhecimento
Nos fez perder o Éden do passado;
Mas se isso é verdade ou não,
Vai nos dar certamente o Éden do futuro.
Robert G. Ingersoll

Antes de a humanidade embarcar em sua próxima atualização equilibrando o conhecimento material com o autoconhecimento, o pesquisador espiritual poderia ter em mente algumas perguntas de orientação: O que é conhecimento? As crenças, informações sensoriais e pensamentos constituem o conhecimento? O que distingue autoconhecimento do conhecimento material? A mente pode desvelar o significado da existência e outras verdades absolutas? O exame rigoroso exercitado enquanto estiver enfrentando essas perguntas corrói gradualmente a fé religiosa e ajuda a construir, em seu lugar, uma base para investigar as vias aparentemente divergentes para o conhecimento material e o autoconhecimento.

Um bom modo para começar a investigar a natureza do conhecimento é por meio de uma revisão histórica do conhecimento adquirido no Ocidente. O método científico moderno nasceu no quinto século a.e.C., na Jônia, onde as influências egípcias e indianas antigas inspiraram uma onda de investigação filosófica e científica. Estimulados pela diversidade cultural jônica, libertação da submissão e alfabetização difundida, juntamente com a inclinação de seus cidadãos para desafiar as idéias, os filósofos gregos declararam que é possível conhecer o cosmos pelo intelecto humano. Quando a ciência jônica começou a mostrar sinais de declínio na obra de seus antigos exemplares, os seus discípulos, a magia, a religião organizada e a pseudociência ganharam base. Os filósofos como Platão separaram espírito de matéria. A escola pitagoreana preferiu pensar sobre os paraísos em vez de observá-los, uma tendência ecoada depois por teólogos cristãos que consideraram Aristóteles e o Novo Testamento como autoridades em astronomia. Enquanto Pitágoras e Platão avançavam na ciência, eles também comprometeram as investigações científicas suprimindo fatos que não se ajustavam às suas teorias, projetando mundos perfeitos que discordavam com evidências empíricas e privaram-se de experimentação objetiva.

O começo da Idade das Trevas prenunciou uma incapacidade para avaliar criticamente declarações autoritárias que se tornaram tão intensas que a razão logo foi menosprezada, a fé cega exaltada, e inconsistências teológicas santificadas como mistérios divinos. Respostas à pergunta *O que é Deus?* se originaram na fé, deixando pequeno espaço para a perseguição imparcial do conhecimento para sua própria causa. Os teólogos, desatentos às suas motivações, desenvolveram modelos etnocêntricos que descrevem o funcionamento do mundo e o lugar da humanidade no cosmos, e muitos ainda retêm a sua autoridade. Modelos teológicos expressavam implicitamente que há mais significado para a existência material da humanidade do que os órgãos sensoriais por si podem verificar; estimularam no mundo a crença degradante de que o universo material e os seres humanos efêmeros são imperfeitos e que um significado imutável deveria ser buscado à parte da matéria. Poucos teólogos acolheram a possibilidade de que pode haver mais significado para a matéria contextual do que simplesmente se vê ou que a matéria pode surgir do mundo invariável do ser infinito, ou seja, Deus.

No século quinze, a crença na magia começou a abrir caminho para um renascimento do espírito jônico da ciência, destruindo a cabana em que a religião tinha sido colocada. Os cientistas descobriram mundos escondidos na matéria, teorizando uma simplicidade e uma unidade inerentes na natureza e rejeitando a tendência teológica de visualizar forças naturais como projeções de um deus local. Viajando pelas margens passadas do mundo conhecido à procura de maiores verdades universais, os cientistas se focalizaram em investigações imparciais, em contraste com teólogos que defendem modelos bíblicos pela fé.

Atualmente, séculos depois desses conflitos entre ciência e religião organizada, ainda existem controvérsias. Apesar de recentes sucessos científicos ao revelar as mecânicas do cosmos, as religiões organizadas, as tradições místicas popularizadas e os movimentos espirituais da Nova Era amplamente rejeitam o método científico: religiosos tendem a procurar uma fé sem dúvidas; os entusiastas do misticismo confundem freqüentemente particularidades mistificadas, exercícios extáticos e catárticos, e linguagens codificadas com vias ao conhecimento infinito; e os partidários da Nova Era habitualmente romantizam o exótico e o esoterismo, constituam eles conhecimento testado ou não.

Ao mesmo tempo, existe razão para questionar o método científico, pois ele repetidamente confirma as limitações do intelecto em percebendo o cosmos absoluta e diretamente. Não só é o conhecimento baseado em dados sensoriais incapazes de fornecer um veredicto final relativo à essência do cosmos, como o intelecto finito não pode compreender uma verdade absoluta, tornando impossível para a ciência material dar um significado permanente e universal para a existência humana. Em outras palavras, tão tentador quanto pode ser considerar a descoberta de uma constante universal como o equivalente do conhecimento direto do Universo, informações sobre *como* o cosmos opera não deveriam ser equivocadas. O melhor que a ciência pode oferecer na busca pelo significado universal da vida humana é um ponto de interrogação. Ainda assim, a ciência ajuda efetivamente a analisar os dados para extrair informações úteis, predizer eventos, explorar buscas tecnológicas e examinar crenças defendidas por religiões organizadas.

Igualmente, humanistas seculares tiveram papel significativo em criticar modelos teológicos. Comparando avanços na ciência, filósofos como François-Marie Voltaire, Robert Ingersoll, H. L. Mencken e Bertrand Russell, repelidos pelo dogma de instituições religiosas, usaram o pensando crítico para levantar perguntas importantes sobre o significado da existência. E, apesar dos esforços das religiões em suprimir suas obras, esses e outros humanistas seculares parcialmente deturparam o monopólio na espiritualidade da religião. Contudo, devido à sensibilidade dos fiéis à crítica, tolerância inapropriada para crenças religiosas, cultura de lazer prevalecente e baixos padrões educacionais, poucas pessoas foram expostas a esses desafios filosóficos, e a religião permaneceu como raiz da bondade e da verdade.

Eventualmente, embora a Igreja Católica tenha lutado contra remotos avanços científicos ameaçando a validade de sua visão mundial, o aparecimento de tecnologias incontestadas prometeu um mundo novo futurístico. Em resposta, a humanidade começou a interessar-se mais no conhecimento material do que no autoconhecimento, pois estava obstruída pela predominante perspectiva da Idade das Trevas afundada na ganância. Para pessoas influenciadas pelo "por quê" de teologias aviltantes, superstição e sistemas de crença excludentes, a tecnologia transformou sua versão moderna de magia capaz de satisfazer desejos e solucionar problemas. Mas as deficiências em autoconhecimento conduziram a aplicações míopes desta tecnologia, resultando freqüentemente em maquinaria de assassinato que causou crises crescentemente mais difíceis de serem solucionadas. Foram feitas muitas aplicações com conveniência e lucro em mente. Preferiu-se a desmatamento das florestas ao invés do cultivo de cânhamo; medicamentos farmacêuticos foram promovidos como curas milagrosas; energia elétrica para as cidades e combustível para o transporte foram despachados sem levar em consideração o impacto ambiental, causando catástrofes e desperdiçando recursos em tecnologias perigosas ou sem perspectiva que beneficiavam uma elite de poucos. Devido ao fato de que os cientistas mais influentes nesses programas freqüentemente lutavam como "mercenários contratados" em uma zona de guerra econômica de tecnociência, a implementação da ciência para propósitos de autoconhecimento expansivo de avanço não foi realizada.

Em vez disso, a humanidade do século vinte e um herdou a luta da miopia religiosa da Idade das Trevas que faz um último esforço para afirmar o mundo como o reino de Deus e o raciocínio recentemente desperto de humanistas seculares que vêem Deus na humanidade. Mas com o atual armamento avançado, os fundamentalistas de todas as partes podem ter a capacidade para decidir se o mundo será o reino de Deus ou nada.

Essa luta global reflete-se na América, um microcosmo que luta sua própria guerra ideológica, onde o humanismo secular de Thomas Jefferson penetrou os corações e as mentes de milhões, enquanto os seguidores do fundamentalismo religioso ainda sonham em ganhar culturalmente a guerra civil contra a espiritualidade permanente de Lincoln. Contudo, todos os norte-americanos podem ganhar a batalha contra a mesquinhez ganhando autoconhecimento e usando-o para inspirar idéias humanitárias de Deus e do país. O autoconhecimento aumentado, manifestado globalmente, poderia guiar novas aplicações da ciência, e então oferecer um significado universal à existência humana que esteja de acordo com a razão e a capacidade inata do coração para identificar-se com tudo da vida.

O primeiro passo para investigar a via para o autoconhecimento é rejeitar preconceitos e recusar-se a aceitar qualquer coisa sobre autoridade. Quando crianças, adquirimos informações iniciais sobre o mundo a partir das idéias dos pais, colegas, professores e líderes religiosos. Enterradas dentro do depósito dessas informações limitadas estão as crenças que nos foram transmitidas como verdades. Conforme envelhecemos, idéias equivocadas do eu se tornam firmemente arraigadas e usadas para avaliar visões introduzidas com o passar do tempo. Enquanto isso, o mundo enganosamente confirma nossas idéias simplesmente porque nós as usamos para interpretar dados sensoriais. Para contrariar essas antigas influências e questionar a natureza do "eu", é necessário adquirir uma perspectiva mais ampla da natureza humana, cultura e história. Por exemplo, se você deseja focalizar na idéia de Deus, o auto-estudo começa com uma investigação nas muitas idéias de Deus que a humanidade desenvolveu. Semelhantemente, ao lutar com a idéia de mortalidade, o auto-estudo exige observar a vida antes de decidir as crenças sobre a morte. Com questionamento sincero, o auto-estudo revela que idéias do eu têm suas raízes em condicionamento e noções de finitude.

O segundo passo para explorar a via do autoconhecimento é diferenciar a intuição dos instrumentos cognitivos empregados para reunir conhecimento do mundo, tais como os sentidos, os sentimentos e o intelecto. As informações sensórias adquiridas sobre um objeto, por exemplo, assumem um sentido individualizado do eu observando o mundo, mas são incapazes de revelar qualquer coisa sobre a essência subjacente do "eu". Os sentimentos estabelecem a consciência de um mundo que reflete crenças de um eu individualizado. O intelecto interpreta os dados sensórios, como fazem os sentimentos, embora eles possam sobrepujar a resposta intelectual e colori-la. Mas enquanto cada geração de cientistas constrói sobre o trabalho de seus antecessores, um milhão de gerações de cientistas que confia nos cinco sentidos, nos sentimentos e no intelecto seriam insuficientes para adquirir conhecimento significativo de um eu infinito. Até mesmo se a essência do eu fosse quantificável, suas medidas teriam de atravessar os sentidos, sentimentos e intelecto; mas os sentidos registram pouco do mundo, nem os sentimentos nem as crenças que eles refletem constituem conhecimento direto dos objetos que os inspiram, e o intelecto interpreta aqueles dados escassos de acordo com uma idéia condicionada do "eu". Os dados sensórios, então, até mesmo quando ajudados por microscópios e telescópios, fornecem pouca informação para que o eu faça qualquer determinação final relativa à natureza de sua própria cognição ou presença no cosmos. Por outro lado, a intuição penetra o sentido do eu para derivar conhecimento da essência infinita do "eu".

O terceiro passo na avaliação do autoconhecimento é reconhecer, por meio da razão, que o autoconhecimento infinito representa um potencial humano que transcende o conhecimento finito de um eu expansivo que se identifica com toda a humanidade. Enquanto os passos anteriores na via para o autoconhecimento podem ampliar a idéia do eu além de codificações históricas de preconceitos religiosos, raciais e culturais, eles não nos podem ajudar a perceber a essência infinita do eu por trás de todos os aparentemente "eus" individualizados, visto que estão compreendidos na base de faculdades finitas. Guiados, ao invés disso, pela intuição, movemo-nos além de um sentido expansivo do "eu" e começamos a nos identificar com a essência infinita do eu subjacente ao cosmos.

Esses três passos revelam gradualmente que nem a fé religiosa nem o mundo sensorial são suficientes para designar um significado absoluto e universal à existência humana. Os significados baseados na crença mostram uma forte contradição com a razão, o sentido da justiça e o ideal do eu expansivo. Os significados tirados de dados sensoriais não podem ser transmitidos em confiança com objetividade porque o sentido condicionado do eu precede e naturalmente interpreta percepções dos sentidos. Cada um de nós, seja como for, alimenta-se da árvore do conhecimento do bem e do mal – o sistema nervoso ramificado contém o fruto dualístico dos dados sensoriais

– e nós somos incumbidos em temperar esse conhecimento relativo enganoso inerentemente.

Uma vez que a mente retém o condicionamento e decifra os dados sensoriais dentro dos parâmetros de espaço e tempo, nossas idéias do eu e nossos julgamentos de outras idéias são em grande parte estabelecidos sobre padrões autocodificados finitos. Somente desenvolvendo intuição – uma via não finita para o conhecimento – podemos distinguir esses padrões do conhecimento real da essência do "eu". Caso contrário, as informações subseqüentes que chegam pelos sentidos, sentimentos ou intelecto vão continuar a reforçar a aderência a uma ou outra idéia finita do eu. A fábula de Esopo *O leão e a estátua* ilustra esse ponto:

> Um homem e um leão discutiam a força relativa de homens e leões em geral. O homem sustentou que ele e a sua raça eram mais fortes que leões por causa da sua maior inteligência. "Venha agora comigo", ele gritou, "e eu vou provar que estou certo". Assim, ele levou o leão para os jardins públicos e lhe mostrou uma estátua de Hércules derrotando o leão e rasgando a sua boca em duas. "Está tudo muito bem", disse o leão, "mas não prova nada, visto que foi o Homem que fez a estátua".[11]

Os seres humanos interpretam as informações de acordo com os preconceitos, os desejos e os quadros de referência limitados. Os rótulos e as estátuas, assim como os símbolos religiosos, teologias e filosofias, podem nomear e definir aspectos da vida, mas nunca revelar diretamente qualquer coisa sobre a existência, tal como a equação $2 + 2 = 4$, que é uma definição matemática relativa mais do que o conhecimento absoluto. Até mesmo em circunstâncias extremas, essa aritmética se decompõe. De acordo com a teoria da relatividade especial de Albert Einstein, a velocidade da luz é uma barreira infinita, e quando a colisão de duas astronaves se aproxima dela, a velocidade relativa dessas astronaves não mais derivada da soma de suas velocidades individuais, seria quase refletida na computação 2 + 2 = 2. De forma semelhante, ao perceber o "eu infinito", estátuas, nomes e definições finitos do mundo tornam-se inúteis.

Contemplar a Deus eventualmente revela que o eu se projeta em cada decisão, crença e ação. E a menos que o eu seja questionado, o condicionamento continuará a programá-lo e mantê-lo pequeno. Por meio de perguntas emergindo do eu finito, é impossível perceber um eu infinito, mas questionar *O que é Deus?* leva à pergunta *O que é o eu?* à medida que o inquiridor examina o seu sentido flutuante de identidade e intui o seu eu universal subjacente. Conseqüentemente, passos avançados ao longo da via para o autoconhecimento já não podem estar baseados no exame de ídolos do mundo idealizados pelo homem, pois fazê-lo, na melhor das hipóteses, somente desvelaria o eu que os fez e o eu que os está examinando. Uma vez que os buscadores da verdade aprendem a utilizar a via sofisticada da intuição, investigações externas serão integradas com realizações internas progressivas e positivas da essência do eu.

Embora a ciência não possa prover o conhecimento absoluto do cosmos, o progresso para o autoconhecimento é compatível com o método científico que emprega a razão, a imaginação e o reconhecimento de que todas as teorias são invariavelmente testadas de acordo com as suposições associadas com um sentido do eu. Como mostraram muitos cientistas proeminentes, para ser grande na busca pelo conhecimento, os estudiosos devem desafiar o que outros admitem como certo, adotar o valor da intuição e nutrir um sentido expandido do eu. Para questionar verdades aceitas sobre o mundo, cientistas célebres ponderariam intimamente os dados acumulados em experiências de laboratório. Johannes Kepler, por exemplo, utilizava tais dados para desafiar suposições feitas pelo eu de Aristóteles limitado por idéias de perfeição planetária. Kepler chegou à sua segunda lei do movimento por meio de *insight*, mas como a sua habilidade matemática não era suficientemente sofisticada para prová-la, ele não entendeu por que era verdade. Semelhantemente, Einstein chegou à sua teoria da relatividade especial sentindo-a visceral após desafiar um teorema aceito; percebendo-o internamente, ele o comprovou matematicamente. O gênio Newton também refletiu uma liberdade da tradição e preconceito que lhe permitiram ver o mundo de forma diferente e presentear a ciência com o cálculo que poderia calcular a velocidade.

A investigação do conhecimento material complementa a procura pelo autoconhecimento porque essencialmente ambas têm a mesma meta: o conhecimento. Independentemente da via para o conhecimento, a palavra *Deus* nobremente representa o conhecimento de tudo, embora, ironicamente, seja muitas vezes usada para indicar o desconhecido ou esconder a ignorância da crença. O conhecimento que cientistas e estudiosos espirituais buscam quando perguntam *O que é Deus?*, somente difere na orientação: a aquisição de conhecimento material deriva da observação externa, enquanto o conhecimento intuitivo resulta da observação interior. Onde Deus é o cosmos para o físico, Deus é o eu do cosmos para o estudioso espiritual.

Além disso, os estudiosos materiais e espirituais igualmente desenvolveram ferramentas para ampliar a gama dos sentidos ao fazerem descobertas. Devido a telescópios e aceleradores, os cientistas materiais podem estudar tudo desde vastas galáxias até partículas subatômicas. De forma semelhante, os antigos buscadores espirituais desenvolveram técnicas para encontrar respostas para *O que é Deus?* sem limitações sensoriais focalizando nos instrumentos usados para adquirir conhecimento: sentidos, sentimentos e intelecto, e intuição do eu. Enquanto os cientistas usam essas faculdades para estudar o mundo, os pesquisadores espirituais as estudam para entender como o eu e o mundo são construídos. O resultado é o conhecimento fundado não em dados sensoriais condicionais, mas em mecânicas de um sentido do eu aparentemente individualizado a partir de um eu do cosmos. Tecnicamente, essas mecânicas envolvem a capacidade intuitiva do sistema nervoso, que é estimulado de tal forma que o eixo cérebro-espinhal não mais se apóie em dados sensoriais, sentimentos ou intelecto para alcançar o conhecimento do eu. E o desenlace da conscientização permite que o eu intuído abranja a essência fora da qual o mundo físico é erguido.

Os buscadores espirituais e os cientistas também vêem o mundo físico quase da mesma forma – como se fosse pelos olhos de um físico. Alguns indólogos e físicos modernos descobriram que as antigas investigações intuitivas encontradas nos Vedas provavelmente foram consideradas pelos seus autores como trabalhos na física de um cosmos composto de uma essência extra-fina. E enquanto os físicos teorizam sobre as essências além dos confins do espaço cotidiano e do tempo por meio da penetração profunda da matéria, os pesquisadores espirituais abrangem os fenômenos materiais como subprodutos da essência infinita do eu pela compreensão intuitiva.

Para o buscador espiritual, uma espécie de cientista intuitivo, a autoconsciência infinita inclui uma consciência da matéria, embora seja muito diferente da consciência colhida pelos sentidos. Ao mesmo tempo, a essência do eu não se qualifica como espírito puro, o que implicaria na existência de um mundo espiritual "lá fora" separado deste total. Para começar a ganhar consciência das mecânicas que governam a formação de um sentido do eu, pede-se geralmente que os estudantes de práticas intuitivas observem os fenômenos pessoais totais dos quais eles estão cientes, tais como respiração, pensamentos, emoções ou fluxo da energia nervosa, o tempo todo desenvolvendo uma compreensão individualizada de que o eu é supremamente físico, embora de uma composição mais sutil do que átomos e ondas de *prana*. Como adeptos avançados, eles podem concluir que a essência do eu é a base do universo físico. Ou, reciprocamente, se a essência do eu foi designada como não física, o que é certamente razoável, então o Universo também pode ser considerado imaterial apesar de evidência sensorial para o contrário.

Considerando que os empenhos espirituais têm muito em

comum com as indagações científicas, parece estranho encontrar tão poucos cientistas intuitivos em nossa idade científica. Uma razão para a atual carência de cientistas intuitivos é que com as sensibilidades científicas e crenças religiosas ainda em conflito, a ciência genuína e a espiritualidade permanecem não integradas com os indivíduos. Outra dificuldade é a inabilidade dos sentidos, sentimentos e intelecto, por si sós provarem ou contestarem qualquer teoria, deixando até pessoas cientificamente instruídas vulneráveis a um sentido do eu tão limitado que permaneça desavisado de uma preponderância de contradições inerentes. Um físico teórico fundamentalista cristão pode não ter problema algum com relação à queima de combustíveis fósseis para abastecer seu carro, usar madeira petrificada para suportes de livros, ou levar a filha a um museu de esqueletos de dinossauro, acreditando que o mundo só tem alguns milênios de idade. É provável que as inconsistências relativas contrariem o progresso espiritual humano até que seja descoberto que o corpo humano, como anfitrião do sentido do eu, é o laboratório definitivo, porque todo o conhecimento depende dele.

Assim, enquanto a ciência material e a espiritualidade intuitiva se compararem uma à outra no quadro maior do progresso humano, para os indivíduos elas funcionam como vias divergentes para o conhecimento, e o desenvolvimento em uma, não implica o avanço na outra. Para que ocorra o progresso ao longo de ambas as vias, um indivíduo precisaria sistematicamente equilibrar o conhecimento científico e o autoconhecimento, baseando-se em descobertas científicas passadas e intuitivamente percebendo que o corpo humano hospeda um sentido do eu que está substancialmente conectado aos eus de todas as coisas. Declarar que os átomos se organizaram em padrões que permitem aos humanos sentir, perceber e pensar não explica coisa alguma nem dá significado permanente à existência. Mas questionar as mecânicas do sentir, perceber e pensar pode revelar a ciência da intuição, a essência do eu subjacente a uma identidade humana aparentemente individualizada e o unificador "por que" a humanidade busca saber.

A visão do progresso humano proporcionada pela Teoria do Ciclo revela a urgência de pressionar além dos constrangimentos da Idade das Trevas, nossas investigações espirituais. Com isso em mente, o equilíbrio das duas vias para o conhecimento exige uma missão semelhante a de Kepler, Einstein e Newton. Da mesma forma que eles questionavam e rejeitavam as hipóteses científicas passadas, os indivíduos podem questionar as hipóteses sobre a sua existência. Quanto mais aprendermos sobre o eu interior, em vez de confiar em explicações intelectuais superficiais ou dogmas religiosos, mais perto chegaremos de um conhecimento expansivo que ilumina tanto as formas quanto as forças do cosmos e a sutil essência do eu.

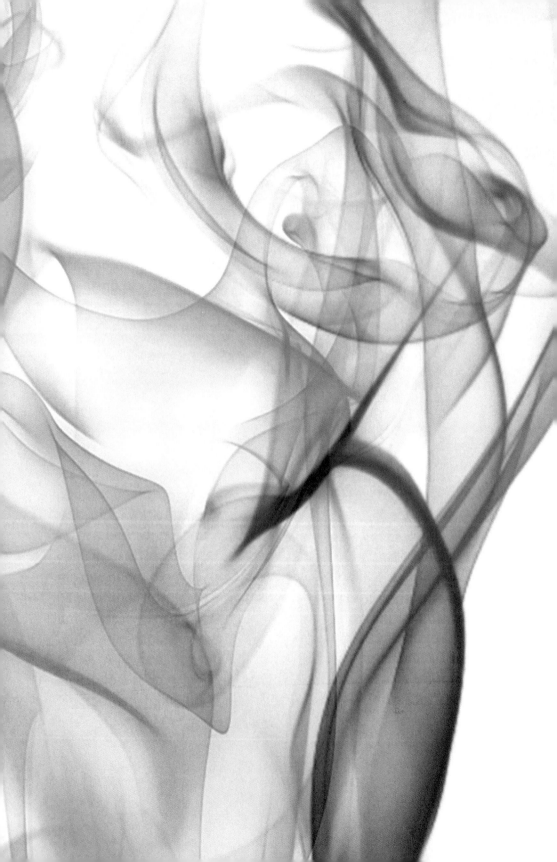

três

uma alternativa para a religião organizada

Uma teoria do eu
Indo até Deus por meio do controle de energia
O eu em sociedade
Um novo mito para estimular a reforma social

Uma Teoria do Eu

Os homens procuram refúgio para si mesmos no campo,
À beira-mar, nas montanhas...
Mas tudo isso é não filosófico até ao último ponto...
Quando você pode a qualquer momento se refugiar em si mesmo.

Marco Aurélio Antonio

A humanidade hoje enfrenta o desafio de investigar o caminho do conhecimento intuitivo para um conceito mais unificador do eu. Chegar a uma teoria abrangente do eu, entretanto, é difícil, visto que o sentido do eu influencia todas as formas de investigação, e é, por natureza, tendencioso. Outro dilema é que, enquanto os filósofos do passado como Georg Wilhelm Friedrich Hegel e Karl Marx propuseram teorias da história humana, uma teoria do eu humano deve levar em conta suas pesquisas, assim como descobertas científicas e outros conhecimentos atuais. Ironicamente, um bom lugar para começar a procurar uma teoria do eu pode estar nas visões dos antigos relativas ao cosmos e ao eu, perspectivas não influenciadas pelas complexidades sociais atuais e talvez capaz de nos ajudar a encontrar uma alternativa para a religião organizada.

Os antigos observaram que os seres humanos, assim como todas as outras coisas vivas, são levados a alcançar a infinidade, como visto na esperança difundida de uma vida após a morte, desejo pela progênie e instinto de autopreservação; na busca infinita pelo conhecimento e maior consciência; e no anseio pela felicidade duradoura. Essa observação incitou a teoria simples de que a base do Universo era a existência infinita, consciência e felicidade, e de que as compulsões humanas refletiam a presença de uma essência subjacente do eu, motivando os indivíduos a alcançarem um sentido mais expansivo do eu e, por fim, uma espécie de imortalidade.

Atualmente, para o bem e para o mal, vivemos em um mundo que tende a não ver o impulso para perceber uma existência infinita, consciência e felicidade como uma força motivadora primária. Mas um sentido expansivo do eu sem esperança de uma apoteose infinita não promete imortalidade pessoal, Deus onipotente algum para nos amar eternamente, chance alguma de nos reunirmos com familiares falecidos, ou qualquer glória que não seja trabalhar pelo amor da humanidade durante uma breve expectativa de vida. Seja devido ao egoísmo ou a um impulso inerente pela infinidade, a maioria das pessoas não está contente em viver por toda a humanidade, com a morte assegurando o esquecimento eterno. Desejando desesperadamente uma fuga da finitude e mortalidade, buscam promessas de paraíso eterno, reencarnação ou iluminação para motivá-las emocional e espiritualmente. Para satisfazer esse desejo ardente, muitas adotam crenças religiosas. Apesar disso, até mesmo se as futuras recompensas da religião fossem reais, o desejo humano pela infinidade permaneceria não realizado no *aqui e agora*. Como resultado, tanto os que se identificam, como os que não se identificam com promessas da religião organizada continuarão buscando infinidade de várias formas – de abordagens bastante propícias que não têm nenhum benefício para outros, como em restaurações cosméticas de juventude, para outras mais destrutivas, que prejudicam os outros, tipo domínio político ou econômico.

Talvez o modo mais destrutivo para buscar infinidade seja por meio de crenças excludentes que limitam o sentido do eu, incutem sentimentos de superioridade e justificam ambições tirânicas. Longe de satisfazer o impulso para a infinidade, promessas exclusivas de imortalidade exacerbam a dificuldade de desenvolver um sentido expansivo do eu fornecendo aos crentes uma razão para exploração e violência contra os outros.

Para o progresso da sociedade, as instituições religiosas que seduzem o impulso pela infinidade com promessas perigosas devem ser substituídas; porém elas não podem simplesmente ser removidas, porque nenhum resultado de descondicionamento e reeducação vai extirpar o impulso pela infinidade do que pode abolir a mortalidade. As religiões devem ser substituídas por algo que possa satisfazer o impulso para a infinidade e universalmente possa incutir um sentido maior de identidade. Enquanto a filosofia de um eu finito expansivo não concede satisfação completa, os buscadores que investigam uma via para o conhecimento intuitivo poderiam vir a conhecer a fonte do eu finito e subseqüentemente encontrar gratificação dirigindo o seu impulso para infinidade interna.

Embora o eu finito se manifeste em corpos físicos, sua fonte ilude os estudiosos, que invariavelmente acabam lutando com a pergunta milenar de como os corpos podem ter consciência sensorial, seja qual for o grau, do cosmos do qual emergiram. Ao longo da história, os cientistas tentaram postular como a matéria se organiza para pensar, acreditar, sentir e agir. Descobriram que a vida é dependente da presença de energia nervosa, sugerindo que a vida do corpo não está em órgãos totais de percepção, mas em movimentos sutis de energia e consciência. Dessa perspectiva, o aparato sensorial de um ser humano seria considerado morto, se não fosse pela energia que flui por meio dele e a faculdade de interpretar dados sensoriais. Os sentidos, então, são necessários para a consciência do mundo perceptível e de uma experiência do eu circunscrita pela consciência do corpo, mas a consciência sensorial não pode ser a fonte do eu finito quando não é nem mesmo sua própria fonte. Nem mesmo o sentido do eu pode ser sua própria fonte, pois se fosse, não estaria em fluxo constante.

Enquanto a energia que flui para os sentidos a partir do eixo cérebro-espinhal conecta o cérebro ao mundo sensorial, o sentido do eu humano pode teoricamente sobreviver sem faculdades sensoriais, pernas e braços, órgãos genitais, e até mesmo órgãos internos, contanto que os plexos nervosos da coluna e do cérebro permaneçam funcionais, pois danos excessivos para a coluna e o cérebro conduzem à morte do corpo. Em efeito, tanto a vida quanto o sentido do eu dependem da coluna e do cérebro e são inseparáveis, mesmo durante o sono ou um coma. Entretanto, a ciência moderna descobriu que o eu finito não é meramente um subproduto fisiológico da coluna e do cérebro, indicando que enquanto o sentido do eu se apóia na coluna e no cérebro, a autoconsciência não pode se limitar a eles. O que é, então, a fonte do eu finito?

Essa perplexidade foi tratada por uma teoria do eu que derivou dos antigos Vedas e eventualmente – pelas filosofias de Samkhyn, Vedanta e Yoga – evoluiu para a ciência da intuição. De acordo com a teoria, a coluna e o cérebro operam como um jogo receptor, intuindo um sentido do eu; já o eu baseia-se no aparato cérebro-espinhal para manifestar que não é um subproduto. Essa teoria esclarece por que toda a tradição espiritual e religiosa enfatiza a importância de se render ao infinito: porque o eu humano individualizado é meramente uma localização de um eu infinito indivisível, significando que a satisfação depende completamente do reconhecimento de sua natureza infinita, em oposição à sua aparentemente natureza finita.

Tecnicamente, as ramificações dessa teoria são vastas. Em primeiro lugar, de acordo com suas premissas, o cérebro não poderia ser completamente responsável por conceber pensamentos; em vez disso, armazenaria impressões brutas que contribuiriam para padrões de linguagem eletrofisiológica, e o eixo cérebro-espinhal, em sua totalidade, abrigaria outros padrões que extraem um sentido intuído do eu. Em outras palavras, em vez de articular diretamente os pensamentos da mente, a coluna e o cérebro intuem a mente como um atributo do sentido individualizado do eu. Ao mesmo tempo, inúmeras vezes um pensamento considera registros de um padrão eletrofisiológico no eixo cérebro-espinhal que, informando a capacidade intuitiva, ajuda a definir o sentido do eu. Também parece que embora o pensamento complexo pressuponha uma linguagem complexa composta de impressões registradas no cérebro, a linguagem não poderia transmitir diretamente os pensamentos. Os sons mentais ou pronunciados poderiam intimar os pensamentos, mas suas articulações somente se aproximariam de seu significado, e em outra mente os mesmos sons poderiam evocar pensamentos diferentes.

Isto é, somente quando o magnetismo da coluna e do cérebro de alguém apóia a intuição de um sentido particular do eu, um pensamento correspondente surgiria na mente. Com efeito, não podemos compartilhar pensamentos diretamente por meio de articulação; poderíamos compartilhar somente magnetismo, e isso seria expresso em nossos padrões de pensamento, assim como em nossas palavras, crenças, sentimentos e ações. Não é de se admirar que os antigos ascetas preferissem a companhia dos seus mestres à dos livros, que somente poderiam sugerir o magnetismo envolvido em sua composição. Desta perspectiva, a intuição não poderia mais ser chamada de "sexto sentido", mas sim ser considerada como a única via para o conhecimento, que quando dirigido para o exterior, divide-se em correntes que alimentam os cinco sentidos e pelo qual todo o conhecimento é uma forma de autoconhecimento.

Essa teoria do eu tem repercussões nos mundos orgânico e inorgânico, indicando que a habilidade de intuir o sentido do eu não é limitada aos seres humanos. E realmente, aproximadamente cem anos atrás, o físico da Índia Oriental Jagadis Chandra Bose descobriu que as plantas têm um sistema nervoso equipado para intuir um sentido limitado do eu e são capazes de reagir ao seu ambiente e ter uma vida emocional. De acordo com Bose, embora os seres humanos tenham geneticamente uma maior consciência e capacidade de pensamento devido ao poder intuitivo da coluna e cérebro humanos sofisticados, todos os animais e plantas têm sistemas nervosos que podem intuir um sentido do eu, e até mesmo um pedaço de lata tem um eu de tipos que reagem de diversas maneiras a estímulos externos e requerem descanso periódico. Bose concluiu que apesar de abrigar um número aparentemente infinito de eus diversos, o cosmos contém a promessa de unidade indivisível.[1]

Ver o eixo cérebro-espinhal como instrumento receptor complexo também nos permite imaginar como o movimento de energia nervosa em nosso corpo determina onde focalizamos nossa atenção e onde os padrões fisioelétricos resultantes produzem ímãs de consciência que definem o sentido do eu e a consciência acompanha, onde quer que a energia nervosa seja direcionada, por meio de pensamentos, crenças, sentimentos ou ações. Em outras palavras, o que uma pessoa pensa, acredita, sente ou faz causa transferências de atenção que determinam o sentido do eu do indivíduo. E da mesma maneira que algumas estações de rádio transmitem somente canções de um gênero específico, diferentes áreas de freqüência do rádio cérebro-espinhal podem intuir somente certas extensões de pensamentos. Certamente, a energia que inunda os sentidos promove a consciência sensorial e desperta o pensamento e a memória que surgem de padrões prévios de condicionamento, por exemplo, a energia surgida por meio dos órgãos sexuais desperta a consciência sensorial.

Para testar como vários aspectos do eu são afetados pelos padrões eletromagnéticos, observe a sua consciência expandida de partes do corpo que têm contato com suas mãos no seguinte exercício. Primeiro, junte as palmas da mão no tórax, e deixe-as como se estivessem em oração, com os dedos estendidos como antenas, aumentando a receptividade do coração emotivo; no devido tempo, pode emergir um sentido do eu infundido com sentimentos exaltados. Coloque as pontas dos dedos nas têmporas como se estivesse se preparando para pensar, naturalmente impulsionando receptividade do plexo cerebral que corresponde ao intelecto. Pressionando suas palmas juntas no centro da testa, onde é comum franzir a testa quando se está em concentração, você pode ser capaz de experimentar um sentimento intensificado de foco. Finalmente, coloque suas palmas, uma em cima da outra, em seu abdômen para aumentar um sentido de poder ou impulso. Enquanto estiver praticando este exercício, você pode descobrir diretamente como cada plexo recebe uma diferente área de freqüência do eu, que juntas contribuem para um sentido equilibrado que contém todas essas características.

Tão fascinante quanto esta antiga teoria do eu, sua utilidade depende de sua habilidade de satisfazer o impulso da humanidade pela infinidade, bem como sua universalidade. Primeiro, é importante entender que as trocas na consciência, igualmente, obedecem aos princípios do eletromagnetismo. Isso significa que, da mesma maneira que as correntes de eletricidade que se movem produzem magnetos em uma usina hidroelétrica, correntes de energia nervosa que se movem longe do plexo cérebro-espinhal produzem magnetos fisiológicos no corpo. Tais magnetos são formados focalizando a atenção nos sentidos, por exemplo, ou em hábitos e traumas do passado, o paladar e estômago, os órgãos genitais, desconfortos e desejos, reações emocionais e intelectuais a estímulos ou recordações. Esses magnetos fisiológicos de consciência, externos aos centros de intuição na coluna e cérebro, condicionam e definem minuciosamente os pensamentos de uma pessoa e o sentido do eu inconstante.

É por causa dessa gama restrita de informações transmitidas ao receptor cérebro-espinhal que o sentido individualizado do eu interpreta mal os dados sensoriais e identifica erroneamente o corpo como a fonte de seus pensamentos e identidade. Então o eu limitado poderia fazer tais coisas como apropriar-se, roubar, consolidar poder ou afirmar a autoridade divina para trazer prazer e felicidade para um eu circunscrito pelo corpo – tudo em uma tentativa equivocada de alcançar a infinidade. De acordo com a antiga teoria do eu, entretanto, os refletores dos sentidos e outras faculdades de satisfação finita podem ser direcionados a focar em sua fonte interna de consciência e assim ampliar o sentido do eu. Uma vez que o poder do receptor cérebro-espinhal é estimulado por esse fluxo de energia nervosa ao longo da coluna, a área de freqüência do eu se expande e o indivíduo intuitivo, não mais se identificando somente com o corpo, percebe a fonte infinita do eu. Desse modo, a antiga teoria ajuda a satisfazer o impulso pela infinidade. E seu modelo do organismo humano como um "corpo elétrico", abrigando os magnetos fisiológicos da consciência, liberta o estudo do eu de preconceitos culturais, filosóficos e teológicos, e coloca-o em um contexto maior de fisiologia e física – tornando a teoria universalmente aplicável e viável.

A efetividade da teoria depende do sucesso em ajudar os praticantes a estabelecerem um imã fisiológico dentro dos centros intuitivos na coluna e *cerebrum*. Com tal imã funcionando, a consciência, concentrada nos plexos altamente sofisticados e longe do condicionamento dos sentidos e faculdades que fluem fora da cognição, compele o cérebro a intuir a "transmissão" da essência infinita do eu que está inerente a várias substâncias cósmicas. Nesse contexto mais amplo, a antiga teoria do eu pode ser adotada em nossos dias e expressa como segue: *Faculdades intuitivas estimuladas no cerebrum produzem um autoconhecimento não-finito no qual o sentido individualizado do eu é reconhecido como indivisível da essência infinita do eu.*

Esse aspecto da teoria foi, de fato, testado em práticas de ascetas de todas as religiões. Uma prática consiste manter o corpo imóvel para ajudar a estabelecer um imã cérebro-espinhal, minimizando o fluxo de energia em partes externas do corpo. Visto que as posições em repouso foram consideradas desencorajadoras para a magnetização da coluna, os ascetas de muitas tradições começaram a regular correntes de energia nervosa na coluna em uma posição vertical imóvel. Essa posição de meditação comum persiste hoje, embora seu propósito planejado de magnetização cérebro-espinhal seja geralmente negligenciado.

Outra prática pela qual os ascetas religiosos controlam energia é o jejum. Em um nível fisiológico, privar-se de comida economiza enormes quantias de energia nervosa que podem, então, ser interiorizadas por meio de oração ou outros métodos de concentração para magnetizar os centros intuitivos na coluna e cérebro. O jejum, um modo de morrer um pouco para o corpo e os sentidos, naturalmente introverte a consciência diminuindo a atividade dos sistemas nervosos simpáticos e parassimpáticos.

Uma terceira prática que os ascetas usam para conservar a energia é respeitar o silêncio. Fisiologicamente, a fala ativa pequenos músculos que consomem mais energia nervosa que os grandes músculos. A conversa também consome energia, pelos atos de escutar, responder intelectual e emocionalmente, e formar memórias eletrofisiológicas no cérebro. Assim, o silêncio tem sido invocado tradicionalmente para criar um divisor entre o mundo sensorial e o sentido do eu do aspirante espiritual.

Além do silêncio, a noite também é vista como uma ajuda para as práticas intuitivas. Os ascetas freqüentemente ficam acordados à noite, visto que a escuridão naturalmente introverte a atenção e assegura um ambiente menos ativo. Embora os seres humanos e os animais possam estar dormindo próximos, seus padrões de energia são considerados submergidos na coluna inferior, além disso, ajudam os ascetas a voltarem sua própria atenção para o interior. Permanecendo acordados e disciplinados, a noite facilita a superação de hábitos e direciona a energia nervosa da coluna para buscas espirituais.

Ao longo da história, os ascetas perceberam a necessidade de desalojar os velhos padrões, especialmente os condicionados pela sociedade, para criar novos canais de energia para o desenvolvimento do sentido expansivo do eu. Rumi, o célebre poeta Sufi, descreveu em cores vivas este princípio quando aconselhou aos leitores que não permitissem que a cobra de um hábito se tornasse um dragão impossível de ser parado por preguiça, falta de disciplina, companhia inquieta ou indiferença, sendo que todos têm conseqüências fisiomagnéticas. Um hábito, dessa perspectiva, é um padrão de energia no corpo e cérebro. Enquanto um hábito fraco – a cobra – é fácil de ser desalojado, um hábito que se torna poderoso por repetição – o dragão – não é.[2]

Para remover ou prevenir novas formas de condicionamento social, os ascetas se viram freqüentemente para a solidão. Eles descobriram que a proximidade ao magnetismo dos outros afeta seu sentido do eu até mesmo na ausência de comunicação direta. Os ascetas do passado permaneciam freqüentemente sozinhos porque os interesses românticos distraíam a sua atenção e o sexo usava energia nervosa considerável. Em contrapartida, a vida solitária livrou os ascetas da influência dos padrões de outras pessoas de pensar e viver.

Atualmente, tais práticas geralmente são seguidas em retiros. A vida agitada forja uma discrepância entre as exigências diárias e os ideais de uma vida espiritual, e para o devoto de todas as tradições, os retiros oferecem um ambiente que aumenta a introspecção e meditação, minimizando distrações. Retiros periódicos em locais isolados também são benéficos para indivíduos acostumados a ter a sua energia nervosa e atenção atraídas para fora pela televisão, rádio, internet, trabalho, escola, amigos e família. Entretanto, tais fugas são supérfluas para um asceta de *boa fé* cujo poderoso imã cérebro-espinhal permite a retirada imediata de consciência dos sentidos em qualquer colocação.

O avanço em introversão sensorial é atingido pelo cultivo complementado de componentes psicofísicos pertencentes à teoria do eu, que muitos sistemas de crença evitam. Por exemplo, a teoria do eu postula que o foco em imagens universais de Deus direciona a energia aos centros intuitivos na coluna e *cerebrum*. Os adoradores que adotam imagens exclusivas e desagregadoras de Deus são incapazes de tamanha introspecção porque as suas imagens de Deus são tingidas com ambições mundanas, medo ou outras preocupações externas. Em contrapartida, místicos, acostumados a focalizar internamente, adotaram tradicionalmente ideais mais universais de Deus. Na realidade, grandes místicos de todas as religiões se referiram a Deus como o eu infinito, porque intuitivamente não acharam outro Deus senão a essência infinita do eu que tudo permeia. Até mesmo a doutrina budista não-teísta da ausência do eu confirmou a essência indivisível do eu negando sua aparente individuação.

Os religiosos que colocam toda a sua fé na oração, cantando e lendo as escrituras, poderiam considerar como os exercícios ascéticos puramente psicofísicos baseados na ciência da intuição podem aumentar o conhecimento de Deus. Embora a oração devocional extraia impulsos de energia nervosa, quando o ponto focal utilizado para concentração interna é uma imagem superabrangente de divindade, ela pode afastar tal energia dos sentidos e voltar-se à coluna. Em outras palavras, embora a oração seja amplamente considerada um rito religioso íntimo, de fato é uma atividade psicofísica fazendo com que a energia nervosa flua em padrões de sentidos de introversão – outra descoberta esclarecedora do passado distante. Isso significa que os devotos, assim como os ascetas ambiciosos, que não tem a intensidade de devoção necessária para sentar durante horas em concentração em uma imagem de Deus, podem, praticando técnicas psicofísicas de intuição, juntamente com modestas expressões de devoção, atingir o mesmo nível que São Francisco e outros grandes devotos de Deus. Os dois processos representam essencialmente o mesmo esforço dedicado na auto-análise concentrada e resultam no mesmo sentimento de intimidade com o eu maior, intuído interiormente. Quando o anseio ardente pela imortalidade está em questão, as considerações psicofísicas sobrepujam quaisquer rituais codificados pela tradição e história.

Outras antigas práticas ascéticas psicofísicas negligenciadas entre a intenção de adeptos religiosos em exteriorizar suas imagens de Deus são técnicas de respiração para focalizar a atenção interior. De acordo com a teoria do eu, a técnica mais sofisticada para revigorar e magnetizar a coluna é a regulação da respiração aliada à atração ativa da energia nervosa em direção aos plexos cérebro-espinhais. As técnicas de respiração foram planejadas para criar correntes rotativas de energia nervosa que magnetizavam a coluna, extraindo das energias que normalmente alimentam a respiração, o coração, os sentidos e a inquietude mental; centralizando, portanto, totalmente a atenção na coluna e no cérebro.

Os ascetas do passado, consciente e inconscientemente, ponderaram o mérito de suas práticas avaliando o efeito psicofisiológico de cada uma na coluna e no cérebro. Atualmente, podemos, da mesma maneira, avaliar o valor de rituais religiosos com relação a um parâmetro cérebro-espinhal, substituindo aqueles que falham em estimular a atividade cérebro-espinhal. Tudo o que pensamos, sentimos e fazemos – até mesmo dar uma olhada em um jornal ao lado do caixa de uma mercearia – contribui para um padrão de energia na coluna e no cérebro, que influencia o sentido intuído do eu. Ascetas aspirantes, como aqueles do passado que ganharam conhecimento na ciência da intuição, podem aperfeiçoar práticas semelhantes para ajudar a centralizar a atenção na coluna e no cérebro, conforme descrito na técnica 8.

TÉCNICA 8

Asceticismo de Sentido Comum

Os antigos desenvolveram métodos para controlar gradualmente as energias do corpo, abordando o asceticismo como um meio para aproveitar a energia nervosa. No entanto, na Idade das Trevas, muitos desses métodos sofisticados foram abandonados, ao que os ascéticos tenderam para comportamentos extremos, vestindo camisas de silício, realizando autoflagelamento e automartirização. Como resultado, a palavra *asceticismo* evoca atualmente imagens de santos que sobrevivem em águas e datam de cinqüenta anos, monges que vivem em mosteiros e comem apenas migalhas de pão, faquires que deitam em camas de pregos, anacoretas que vivem em cima de pilares ou dervixes que permanecem acordados continuamente.

Ao passo que os religiosos do passado glorificavam freqüentemente os ascetas que davam suas vidas a Deus de maneira radical, atualmente somos sabiamente incentivados pelo ideal de viver em equilíbrio. Na realidade, poucas pessoas fora da religião organizada estão interessadas em asceticismo, encarando-o como uma negação à vida. Com a ausência de uma teoria viável do eu, elas não reconhecem como é possível viver uma vida equilibrada incorporando práticas ascéticas de sentido comum para minimizar o esforço e a tensão e crescer espiritualmente.

As seguintes práticas, provenientes de tradições ascéticas de cada religião, proporcionam regulações equilibradas existentes para três necessidades: alimentação, fala e sexo. Moderar o uso dessas necessidades permite que você aproveite as energias liberadas e canalize-as de volta à coluna, desde que não esteja abusando delas para encontrar qualquer "felicidade duradoura" que elas não podem proporcionar. A moderação consiste essencialmente em controlar as quantidades, tornando-as menores do que as desejadas, a fim de que o corpo e a mente aprendam gradualmente a viver com menos, evitando o comportamento desequilibrado que surge com a indulgência excessiva e interrompendo a obstrução da expansão do sentido do eu.

Limitar a ingestão de alimento começa com a adoção de uma dieta que exclui o consumo de produtos animais. Essa prática restringe quantidades enormes de energia nervosa gastas na digestão e limpa o corpo de produtos residuais excessivos, evita recorrência de agressões encontradas em animais que caçam e comem outros animais, e promove a saúde e longevidade.

A moderação de ingestão alimentar também inclui jejum periódico. Pesquisas mostram que o jejum não só tem vantagens para a saúde, mas também, ao liberar energia nervosa normalmente usada para digestão, coloca práticas intuitivas efetivamente em ação. Para um benefício ideal, o jejum periódico inclui a ingestão de fluido suficiente, e dura de um a três dias, poucas vezes ao mês. Outros jejuns requerem somente a ingestão de frutas, verduras folhosas e nozes (opcional) por uma semana ou duas a cada estação, ou a ingestão de comida padrão, mas apenas uma ou duas refeições por dia durante vários dias numa semana. Depois de anos de jejum regular, você poderá ser capaz de se manter confortavelmente com menos comida mesmo quando *não* estiver jejuando.

A moderação da fala, outro aspecto de uma vida equilibrada, libera a energia nervosa normalmente usada no pensamento e na articulação. Enquanto a prática do silêncio contribui para a paz da mente, o ato de não falar, mantido sem raiva ou sentimentos de mágoa, atrai a energia liberada em padrões crescentemente restritos de irritação ou sensibilidade. Inicialmente, o silêncio pode ser praticado diariamente durante doze horas, a partir de algumas horas antes de dormir até algumas horas depois de se levantar, ou durante um dia inteiro uma vez por semana. Períodos prolongados de silêncio, junto com introversão de sentido, ajudam no cultivo de uma mente intensamente focalizada, bem como capacidade de aproveitar pensamentos inquietos e canalizar sua energia de volta à coluna em busca do autoconhecimento.

O silêncio praticado em combinação com a solidão traz benefícios espirituais ainda melhores, tais como: liberdade da influência de uma companhia que pode inibir o desejo de questionar padrões de crença, desarraigamento de hábitos e avanço intuitivo. A solidão é abordada moderadamente de uma forma melhor no início, permanecendo em um lugar quieto durante algumas horas num dia da semana. Com o passar do tempo, a solidão pode ser observada por algumas horas todas as manhãs ou noites. Durante períodos mais prolongados de solidão, devem ser tomadas precauções especiais para evitar catarses violentas. A solidão prolongada praticada sem eficiência em técnicas de concentração, com a eliminação de referências confortáveis, pode causar padrões de desvanecimento que podem sobrecarregar a psique antes de finalmente se transformar em correntes de energia para serem canalizadas para a coluna.

O celibato, terceiro aspecto da vida equilibrada, foi praticado historicamente por ascetas com o intuito de atingir a liberdade de limitações sensoriais. No entanto, o celibato levado a extremos pode ser muito prejudicial. Cientistas sociais descobriram que as atitudes puritanas com relação ao sexo, impostas pela religião organizada ou sociedade, freqüentemente conduzem diretamente à violência, misoginia e dificuldades psicológicas, bem como preocupações com pornografia e formas fanáticas de comportamento sexual indevido.

Os candidatos ao celibato em moderação são, portanto, pessoas com uma atitude equilibrada com relação ao sexo. As crianças e adolescentes que recebem bastante amor e afeto físico como apoio para seu crescimento emocional têm mais probabilidade do que seus correlativos com esta carência de desenvolver libidos sexuais saudáveis e normais posteriormente em vida. Semelhantemente, em famílias em que não há proibições contra prática de sexo antes do casamento existe menos probabilidade de associação de sexo com emoções violentas.

Apesar de opiniões contrárias, se você tiver uma atitude saudável com relação ao sexo, períodos de celibato podem melhorar sua vida sexual, suscitar maior respeito por seu parceiro e conservar energia para um foco interior. Você pode começar a praticar celibato durante uma semana por mês, talvez durante o ciclo menstrual. Com o passar do tempo, você poderá observar dezesseis ou mais semanas de celibato ao ano. Adicionalmente, os homens poderiam levar em consideração ejacular com menos freqüência quando a gravidez não é desejada.

O ponto importante para se ter em mente enquanto se desenvolve o asceticismo de sentido comum é que as necessidades vitais são simplesmente isso – necessidades. Realizá-las muito ou pouco nutre desequilíbrios. Conforme sugere a teoria do eu, quantidades enormes de energia estão disponíveis quando as necessidades são reguladas pelo fato de nunca satisfazê-las completamente, contudo não as ignorando. Com relação ao sexo, por exemplo, a energia conservada por meio do celibato pode ser facilmente gasta em frustrações sexuais resultantes de abstinência excessiva. As regulações em práticas que envolvem alimentação, fala e sexo garantem de mesmo modo a lenta remoção de hábitos de vida insatisfatórios e promovem uma vida equilibrada que encoraja a busca espiritual.

Os buscadores da verdade que aceitam esta teoria do eu em vez de projetar a sua espiritualidade externa para uma religião centralizada descobrirão que a variação de padrões de energia ativada interiormente através de pensamentos, crenças, sentimentos e ações pode ser centralizada junto à coluna para maior acesso ao conhecimento intuitivo. Então, o corpo torna-se a casa de Deus e o eixo cérebro-espinhal o altar. Os buscadores que adotam essa teoria do eu podem descobrir que apesar de um desejo inerente pela imortalidade pessoal, qualquer esperança por seu surgimento é irracional: o corpo falece e retorna aos elementos, e nenhuma crença em ressurreição, paraíso, ou Dia do Julgamento pode possivelmente reconstituí-lo. Ao mesmo tempo, visto que a divisão na essência infinita do eu é uma idéia causal anterior, a eventual dissolução de uma planta, animal ou ser humano não afeta seu sentido individualizado anterior do eu, que ainda poderia ser intuído por outro corpo. De fato, todos podemos intuir eus em constante expansão que foram previamente intuídos pelos sistemas nervosos de outros corpos. Enquanto isso, a imortalidade pessoal, que por definição excede o alcance de eus individualizados com duração limitada, é garantida, não pela esperança, mas pela essência transpessoal do eu que permanece sempre livre de divisão. A satisfação do aqui e agora é proporcionada pelo conhecimento intuitivo desta infinidade ao invés de meramente compor o eu mortal constituído de dados sensoriais.

Além do domínio de idéias causais, nunca houve um eu individualizado, nem poderia haver qualquer coisa a não ser a essência infinita e indivisível do eu. O cosmos, assim como um iceberg de *prana* com uma ponta visível de substância atômica flutuando em um mar de idéias causais, em que o mar e o iceberg são constituídos da mesma essência infinita do eu, pode se conhecer somente como um ser indivisível apesar de seus aspectos múltiplos para os nossos sentidos. Conseqüentemente, do ponto favorável da teoria do eu, a doutrina do eu individualizado, embora útil como modelo, não é viável, deixando-nos com o desafio de imaginar uma realidade muito mais ampla e sensata do que qualquer outra que ofereça a promessa de imortalidade pessoal.

Indo Até Deus por Meio do Controle de Energia

Em algum ponto, inseparáveis, o corpo e a mente
Tornam-se fundamentalmente cientes e convencidos
De que a energia pela qual o corpo é penetrado
É igual àquela que ilumina o mundo
E mantém vivos todos os seres.

Joseph Campbell

Em antigas tradições místicas, a intuição era uma ciência altamente cautelosa, suas técnicas não foram tão inventadas em qualquer local, mas sim continuamente redescobertas e comunicadas de tempos em tempos e de lugar para lugar. As técnicas envolviam acesso ao atalho para o cérebro pela coluna por meio do controle das energias do corpo. Na época em que o Bhagavad Gita foi escrito, em torno do quinto século a.e.C., as técnicas de intuição indianas já eram antigas. Atualmente, a ciência da intuição é chamada *pranayama*, que significa controle (*yama*) da energia (*prana*) no serviço de introversão de sentido, o nome que adequadamente lhe foi dado pelos iogues indianos que codificaram suas técnicas.

A Índia, lar da mais antiga civilização contínua na Terra, foi a meca para os estudiosos do conhecimento no mundo antigo. Os arianos da Índia Védica sistematizaram muitas ciências espirituais e seculares após investigarem exaustivamente a mente humana pelas lentes da espiritualidade, fisiologia e psicologia, conforme pode ser observado na riqueza do sânscrito de nomenclatura técnica. Tão extenso é esse corpo de conhecimento que cerca todo o sistema místico conhecido pela humanidade, e *pranayama* foi a pérola inestimável dos iogues indianos, sua ciência espiritual por excelência.

No desenvolvimento do *pranayama*, os iogues estudaram a relação entre padrões de energia nervosa e de consciência, utilizando eventualmente a respiração para canalizar a energia nervosa para a coluna e perceber o conhecimento intuitivo. A regulação sistemática da respiração que eles desenvolveram, permitiu aos humanos intuir um eu mais expansivo. De fato, os termos utilizados para respiração, ar, espírito e alma são os mesmos em muitos idiomas, refletindo sua íntima conexão.

Por meio de uma perspectiva mais abrangente, *pranayama* torna-se uma abordagem científica para a busca da vida e da verdade. Com base nos princípios universais de eletromagnetismo no lugar de crenças locais ou ideais místicos, sua prática e crenças não requerem qualquer afiliação particular, dízimo ou intercessão. Considera o corpo humano o único templo de Deus, ou laboratório espiritual;

a essência infinita do eu, a única fonte de conhecimento absoluto. Ao contrário das religiões, pranayama não possui qualquer fundador ou autoridade reconhecida para validar seu poder; nem promove desagregação, exclusividade ou interesses políticos e econômicos partidaristas. Assim como com outras ciências materiais, somente a experiência sincera pode provar sua eficácia.

O pranayama capacita os buscadores espirituais oferecendo técnicas que aumentam a receptividade e o conhecimento intuitivo. Os genuínos iogues, cientes de sua natureza experimental, dão orientações gratuitas dessas técnicas. Eles crêem que não é ético afirmar que sua teoria só pode ser verificada pela prática e, então, cobrar para ensiná-la. Tais considerações éticas, combinadas com a necessidade sentida de diminuir as indulgências materiais, provavelmente deram origem ao modelo de perfeição indiana do modo de vida ascético.

O objetivo do pranayama é a libertação do sentido intuído do eu a partir de sua dependência ao condicionamento sensorial. Esse objetivo emerge diretamente da teoria da afirmação do eu de que os seres humanos carecem de aparato sensorial para registrar o cosmos como essência infinita. Certamente, não importa quão fortalecidos ou purificados os órgãos sensoriais sejam, eles podem registrar somente formas finitas totais e forças evidentes, sendo todas interpretadas pela mente. Como resultado, a idéia do eu derivada de interações com o mundo fenomenal é talhada para se adequar aos parâmetros dos dados sensoriais de entrada e as suas interpretações condicionadas da mente.

Percepções de sentidos são limitantes adicionais porque sugerem que o mundo é absolutamente real, induzindo compreensões que restringem a probabilidade de intuir uma identidade expansiva. Os sentidos retratam um mundo que consiste em categorias de fenômenos, tais como florestas e oceanos, amigos e estranhos, estrelas e planetas, prazer e dor, horas e anos. O jogo constante entre o eu individualizado e os sentidos, conforme mediado pela mente, incita infinitas frações do drama humano, rendendo um sentido do eu em constante hesitação. No entanto, enquanto o mundo pode parecer real aos sentidos, a teoria do eu declara que nada lá fora é sólido a não ser a essência infinita do eu registrada pela limitação reduzida dos sentidos humanos como um cosmo finito fragmentado em frações de tempo e espaço. Para o cientista intuitivo, a eternidade emerge a partir do momento em que os sentidos são retirados e as ilusões de espaço, tempo e individualização feitas pela mente são eliminadas. Junto à eternidade da essência vem a consciência de um sentido do eu em constante expansão.

Uma terceira dificuldade de uma visão global exclusivamente composta de dados sensoriais é que se pode conduzir as obsessões com instintos de sobrevivência, ganância material, ganhos em curto prazo, prazeres momentâneos e exploração de pessoas e recursos naturais. Por outro lado, o conhecimento obtido por meio da dissociação periódica a partir da absorção sensorial revela que a consciência é infinita e onipresente independente da realidade finita, circunscrita, retratada pelos sentidos. Além disso, esse conhecimento superconsciente, ao invés de criar sabedoria consciente obtida pelos sentidos, proporciona acesso a uma perspectiva mais ampla no significado da existência, que intensifica sensibilidades espirituais. As condições atuais do mundo, entremeadas por guerras, injustiças extremas e sectarismo, indicam uma necessidade urgente de se integrar em ambições humanas com uma compreensão maior de vida oriunda do conhecimento superconsciente.

As diferenças entre percepções sensoriais e conhecimento superconsciente podem ser ilustradas pela seguinte analogia: suponhamos que você se mude para uma pequena cidade montanhosa e enquanto dirige nas proximidades, você localiza uma igreja local. Entrando lá, você se familiariza com os membros da congregação. Algumas semanas depois, conhece vários casais que são indiferentes com relação a igrejas, vivendo na cidade simplesmente de acordo com a época para desfrutar seu tempo e visões. Meses depois, encontra pessoas que estão se rebelando contra as campanhas proselitistas fanáticas da igreja que estão rompendo a paz da cidade. Guiado por suas percepções sensoriais, você começa a identificar-se com o grupo que de perto reflete suas crenças e condicionamento sensorial passado.

Agora, imagine que você se mudou para a mesma cidade como alguém receptivo ao conhecimento superconsciente. Enquanto explora, você nota um edifício adornado com emblemas religiosos tradicionais e torna-se familiarizado com as pessoas que congregam ali, um grupo seleto aparentemente unido por um fisiomagnetismo compartilhado que se manifesta na avaliação dos símbolos e crenças que eles representam. Algumas semanas depois, você conhece vários casais que são indiferentes a tais encontros, preferindo voltar-se para a natureza pela sua capacidade de liberar padrões de estresse e oferecer uma forma de rejuvenescimento incondicionalmente disponível a qualquer um. Meses depois, você encontra a população da cidade, cujas idéias da batalha do eu tentam dividir seus concidadãos entre aqueles que encontram ou não sustento nos símbolos religiosos. Seu conhecimento superconsciente lhe permite identificar-se com todos na cidade visto que são uma parte de seu eu expansivo. Ao mesmo tempo, você nota que ao passo que os devotos equipararam o eu eterno com o seu sentido religioso finito do eu, os rebeldes, professando expansibilidade, interpretam mal os devotos por seu sentido religioso limitado do eu. Enquanto isso, os amantes da natureza confundem o eu eterno com o rejuvenescimento por meio da natureza. Em todos os exemplos, incluindo sua situação pessoal, você reconhece o mesmo eu que busca sua essência infinita – demonstrando certo grau de conhecimento superconsciente.

O pranayama busca liberar o sentido estreitamente intuído do eu convertendo pensamentos, sentimentos e ações para pontos de foco internos de concentração que conduzem ao conhecimento superconsciente. Cada forma de meditação, adoração, oração e regulação da respiração que canaliza a energia nervosa a um plexo cérebro-espinhal vem sob a rubrica do pranayama. Até mesmo sentar-se em oração com as mãos cruzadas no peito é pranayama, visto que isso aproveita a energia nervosa, desenvolve magnetismo no plexo dorsal da coluna atrás do coração e altera a consciência de percepções sensoriais finitas para compreensões intuitivas infinitas do eu.

Mesmo assim, a eficácia do pranayama varia de uma técnica para a outra. A oração é geralmente uma forma extremamente fraca de pranayama, uma vez que as preocupações sensoriais e de memória tendem a impedir a concentração, inibindo a retirada de energia nervosa da coluna para ampliar o sentido do eu. A meditação que utiliza declarações repetitivas, tais como mantras ou perguntas incontestáveis, pode ser um pouco mais forte. O pensamento profundo, observação filosófica interior e introspecção dos parâmetros do eu normalmente oferecem um apoio mais vigoroso para ir além do conhecimento material. Exercícios de concentração como observar a respiração são ensinados habitualmente a iniciantes, enquanto técnicas que utilizam um objeto externo de concentração desenvolvem-se em métodos mais avançados de escuta interna a um plexo cérebro-espinhal. Os métodos que combinam tensão localizada, concentração nos plexos, regulação e controle moderado da respiração são consideravelmente mais potentes. As técnicas mais potentes são aplicadas, uma vez que a respiração foi controlada, os sentidos inibidos, e a consciência centralizada, sem esforço no eixo cérebro-espinhal.

A aplicação mais importante do pranayama é a estimulação das faculdades intuitivas do cérebro, assim os adeptos podem identificar-se com a essência infinita do eu. Embora o cérebro esteja em grande medida adormecido, o investimento de mais e mais energia nervosa desperta suas faculdades intelectuais e intuitivas, tanto que a energia nervosa canalizada para os músculos vai formá-los e flexioná-los. O pranayama exercita o cérebro especificamente por meio da regulação da energia nervosa responsável por pensamentos, emoções e desejos, respostas motoras, consciência sensorial, respiração, batimento cardíaco e pulsação – capacitando os adeptos a ativar e desativar os sentidos à vontade. Com a energia nervosa canalizada na coluna e no cérebro, o sentido do eu dependente da identificação com o corpo é desalojado e a consciência intuitiva cerebral é despertada.

Os seres humanos praticam inconscientemente formas de pranayama enquanto bocejam, riem e dormem. Bocejar temporariamente enche o corpo de energia. Quando a boca se abre amplamente, a garganta se expande, permitindo que mais ar entre para os pulmões e os músculos na parte superior do pescoço que cercam a medula oblongata se enrijecem, conforme a pessoa que boceja momentaneamente prende o fôlego antes de expirar. Semelhantemente, as técnicas de pranayama envolvem a entrada de ar com expansão da garganta, manutenção da tensão localizada na medula oblongata e retenção da respiração. A principal diferença entre bocejar e essas técnicas é o seu extremo fortalecimento da coluna e do cérebro resultante da regulação de quantidades muito maiores de energia nervosa. Enquanto bocejar protege contra a sonolência, as técnicas de pranayama combatem o sono da ignorância espiritual.

Paralelos de risada com pranayama são igualmente surpreendentes. Durante a risada, o corpo começa a expirar instintivamente de um modo agitado, semelhante a técnicas de pranayama que empregam exalações múltiplas para expelir resíduo corporal na forma de dióxido de carbono, resultando no aumento da vitalidade e longevidade. Sorrisos que acompanham risada produzem tensão no couro cabeludo, orelhas e crânio, canalizando energia para o cérebro e induzindo um sentimento de alegria e bem-estar. Igualmente, as práticas de pranayama utilizam tensão para canalizar grandes quantidades de energia para o cérebro, ativando seu potencial intuitivo quase sem limites e concedendo felicidade infinita da essência do eu.

O sono compartilha ainda outras características com o pranayama. Enquanto o sono relaxa os sentidos submergindo a consciência do corpo em subconsciência, o pranayama garante um descanso para os sentidos dissolvendo a consciência do corpo em superconsciência. No primeiro caso, a energia nervosa é canalizada à coluna inferior, onde o indivíduo é subconscientemente lembrado do eu infinito livre de deveres diurnos e desejos físicos; no segundo, a energia nervosa é centralizada na coluna superior e no cérebro, fornecendo conhecimento superconsciente direto do eu infinito. Durante o sono, o corpo também produz menos perda de carbono a ser eliminado por inalação de ar rico em oxigênio. De igual modo, o pranayama reduz a eliminação de carbono por imobilidade, então inunda o corpo com a energia nervosa liberada de absorções sensoriais, eletrificando o sistema e acalmando a respiração, visto que o desperdício de carbono é eliminado.

Até mesmo animais praticam rotineiramente formas de pranayama. Os felinos enrolam e estendem suas línguas para manterem-se frescos no verão, semelhante a uma técnica de pranayama na qual os adeptos desenvolvem uma respiração refrescante inalando por meio de um "tubo" criado pela língua enrolada. E enquanto os olhos daqueles que dormem se inclinam para baixo, os olhos das criaturas mortas olham para cima, como as técnicas de pranayama de olhar fixamente para cima usadas para induzir estados de tranqüilidade conducentes à recepção de conhecimento superconsciente. Além disso, muitos animais hibernam reduzindo sua freqüência cardíaca e respiratória por períodos prolongados de tempo sem sofrer lesão cerebral ou morrer. Os ursos, por exemplo, canalizam simultaneamente o movimento da energia nervosa em seus corpos, de forma muito parecida com técnicas de pranayama que acompanham regulação de respiração projetadas para superar a abundância sensorial. Quando os adeptos do pranayama alcançam um estado comparável de animação suspensa, a respiração torna-se tranqüila e a consciência do superconsciente é mantida. Da mesma maneira que as pessoas não se preocupam em morrer durante sono, embora estejam respirando menos, os adeptos do pranayama também não se preocupam em morrer quando acalmam a respiração e o coração.

Um princípio central que distingue o pranayama das práticas inatas de humanos e animais é a magnetização deliberada. Correntes de energia nervosa que atravessam a coluna e o cérebro produzem fisiomagnetismo. As técnicas que aumentam a saturação de oxigênio no sangue a quase 100 por cento convertem o excesso de oxigênio em uma corrente de nervo poderosa capaz de regenerar e magnetizar os plexos cérebro-espinhais. Os adeptos iniciantes canalizam essa corrente para a coluna por meio de concentração, regulação da respiração, retenção da respiração, posturas que aumentam a pressão craniana e tensão localizada por meio de selos de energia, conforme descrito na técnica 9. A princípio, a corrente é fraca, produzindo um imã espinhal fraco, mas com a prática, aumenta-se sua intensidade, levando por fim ao conhecimento superconsciente de um eu infinito.

TÉCNICA 9

Formando Selos de Energia

Os selos de energia bloqueiam a energia nervosa do corpo para os músculos ao longo do eixo cérebro-espinhal que, quando tensos, estabelecem o potencial para consciência intuitiva. Um número infinito de selos são teoricamente possíveis, a partir dos gestos populares com a mão da dança oriental que produz um padrão psicofisiológico de consciência até expressões faciais que causam um padrão psicológico. Os adeptos que usam esta técnica para marcar a energia no cérebro tornam potenciais um caminho longo e direto para Deus por meio de faculdades intuitivas.

Para começar a trabalhar com selos de energia, sente-se em uma cadeira com sua coluna ereta, queixo paralelo ao chão, mãos nas coxas, tórax para fora e olhos e boca fechados. Enquanto respira normalmente, focalize-se no movimento de seu abdômen. Após alguns instantes, com seus olhos ainda fechados você poderá notar seu olhar sendo alterado para a direção inferior para seguir seu foco de atenção. Nesse caso, canalize a energia da atenção em sua coluna até chegar ao cérebro, erguendo suavemente seu olhar e focalizando no ponto entre suas sobrancelhas. Esse ponto, na origem do nariz, tem uma conexão polar à medula oblongata[3], a parte do cérebro que regula as funções autônomas associadas à respiração, freqüência cardíaca e contribuição sensorial (veja a ilustração "Anatomia da Intuição" na página 126). Observe a respiração como se você estivesse inalando e exalando a partir desse ponto da sobrancelha. Erguer o olhar ajuda a canalizar a energia para cima, marcando-a no cérebro e ganhando controle sobre atividades da medula oblongata. Os antigos chamavam essa barragem de Selo de Consciência de Shiva, diziam que o adepto ficava parecido com Shiva (deus que representa o brâmane, o eu infinito e o símbolo do iogue perfeito) quando estava meditando.

Outra prática para formar um selo de energia enquanto se observa a respiração envolve tocar a ponta da língua no palato mole superior. Com a língua nessa posição, continue observando a respiração do ponto de vista da sobrancelha. Isso cria tensão na base do crânio, prendendo novamente energia na medula oblongata.

Um terceiro selo emprega as mãos para impedir que a energia deixe o cérebro e gere inquietude no corpo. Devido ao fato de usarmos freqüentemente nossas mãos, elas são capazes de manter nossa atenção até mesmo quando estamos relaxados. Para formar este selo, coloque suas palmas no tórax, com os dedos estendidos para cima, enquanto mantém a concentração na sobrancelha. Essa técnica cria uma barragem de consciência no plexo dorsal, impedindo o fluxo de energia nervosa na parte inferior da coluna.

Uma vez que um selo de energia encontra-se em seu foco, os sons do mundo externo começam a desaparecer e aqueles das atividades interiores do corpo, e mais tarde do corpo elétrico, tornam-se audíveis. Neste momento, você pode mudar sua atenção de observar a respiração para escutar como esse zumbido interno hipnotizante que suprime os sons do mundo sensorial. O zumbido, produzido pelo movimento da energia nervosa na coluna, libera a consciência das flutuações de uma mente ocupada que interpreta em espaço e tempo e absorve o som suavizante da água de um rio. Na realidade, histórias de ascetas que escutam os sons de um rio podem simbolicamente representar cientistas intuitivos que escutam as correntes de energia na coluna.

Para formar um selo de energia capaz de amplificar esses sons elétricos na coluna, junte as omoplatas como se fosse uni-las. Mantenha essa tensão por aproximadamente dez segundos, escutando os sons da coluna e da medula oblongata. Libere e forme de novo o selo de energia enquanto mantém os selos de energia descritos anteriormente. No devido tempo, os sons internos ficarão altos, estimulando cada vez mais sua atenção. Eventualmente, a concentração nesse rugido interno fará com que a energia nervosa que alimenta sua respiração, coração e sentidos se retirem da coluna e coloquem seu corpo em animação suspensa. Esse estado de dissociação descansa e recarrega o corpo, promovendo uma boa saúde.

É possível mudar novamente o centro de concentração – desta vez para a verdadeira essência do eu – percebendo que o sentido de expansão do eu é intuído de movimentos de energia na coluna e no cérebro. Os estados de desassociação para expansão infinita marcam graus de controle sem esforço que aumentam as energias que normalmente alimentam esse movimento. Quanto mais controle você manifesta, maior será a capacidade intuitiva de sua coluna e do cérebro, e mais sólida sua identificação com a essência do eu que se tornou o cosmos. Com a prática contínua, seu sentido do eu pode estender-se além das movimentações de energia intuídas em sua coluna e cérebro para unir-se com a própria dispersão, incluindo uma consciência de toda a prana, autoconhecimento total e felicidade da essência infinita do eu.

O caminho direto para Deus por meio de práticas de pranayama pode ser descrito conforme segue. Quando a energia que alimenta os sentidos é liberada para interiorizar-se novamente, a coluna acumula quantidades enormes de energia nervosa, energizando todas as células. Em resposta, as células param de produzir eliminação de carbono; a respiração reduz a velocidade; o coração descansa, já não precisando mais bombear tanto sangue e, por sua vez, os sentidos são desativados ainda mais, extraindo energia nervosa adicional para a coluna. Eventualmente, a energia nervosa que previamente alimentou a respiração, o coração e os sentidos, sobe da coluna para o cérebro. Uma vez que a energia é marcada no cérebro, unindo-se com a essência infinita, o conhecimento intuitivo supre o mundo de tempo e espaço, o limitado sentido do eu se dispersa e o superconsciente prenuncia uma experiência de felicidade eterna ou consciência direta de Deus.

A partir de uma perspectiva psicológica, as práticas de pranayama nutrem um ego mais saudável, reforçando a teoria do princípio básico do eu de que a essência do ego finito é igual à essência infinita do eu. Inicialmente, o ego pequeno é cercado por preocupações, medos e inseguranças; é facilmente ofendido e apreensivo com desafios; estreitamente identificado, defende-se sem introspecção, evita encarar visões diferentes e exibe freqüentemente comportamento culto. Sua felicidade é dependente da satisfação sensorial e emocional. No entanto, por meio de métodos de pranayama projetados para induzir catarse, tais como exercícios oculares, respiração profunda e métodos de relaxamento de tensão (técnica 11), o ego pequeno desaloja trauma, culpa, solidão, raiva, baixa auto-estima e outros padrões eletrofisiológicos que têm obstruído a consciência intuitiva.

Com respeito às práticas mais avançadas, incluindo aquelas que requerem a concentração em um determinado ponto, o ego torna-se mais saudável. Identifica-se com grupos maiores de pessoas, ganha confiança e adquire um interesse no questionamento, na exploração do desconhecido e autodescobrimento. Visto que as correntes nervosas retrocedem de modo crescente a partir dos sentidos, por meio da concentração interior e da investigação filosófica da natureza humana, o ego começa a equilibrar a satisfação de desejos sensoriais com as necessidades de outros, e as ambições exteriores com a felicidade interior.

Métodos sofisticados de pranayama despertam faculdades

intuitivas, encorajando o ego a se colocar a serviço da humanidade, em afirmações positivas e auto-análise. Esforçando-se um pouco mais, a vida e a morte são vistas sem medo como circunstâncias semelhantemente incondicionais, identificando-se com a grande maioria da humanidade, questionando tudo de bom grado, não aceitando qualquer verdade sagrada com base em autoridade e recorrendo a menos bens materiais. No desenvolvimento de uma consciência intuitiva da felicidade eterna do infinito, o ego aumentado atinge a felicidade principalmente a partir de percepções e realizações internas.

Um ego mais altamente desenvolvido é o superego de um asceta realizado com o conhecimento expansivo e controle da energia. O superego, livre da maioria do condicionamento, confia principalmente em percepções do superconsciente para determinar os parâmetros do eu. No entanto, ainda faltando conhecimento absoluto da essência do eu e sujeito às interpretações de uma mente, vê o cosmos por uma lente de tempo e espaço.

O ego mais altamente evoluído, o ego cósmico que emerge da consciência do cosmos inteiro, é possuído por indivíduos com autoconhecimento infinito e, portanto, conhecimento intuitivo direto de Deus. É um ego tão colossal que não só se identifica com todas as coisas, mas se vê em todos os lugares e não tem idéia alguma de mente ou divisões de tempo e espaço.

Do ponto de vista da teoria do eu, o ego ou a autoconsciência, não apresenta nenhuma obstrução ao longo do caminho espiritual. Pelo contrário, é o canal direto para o eu infinito. Como tal, é preferível um ego grande a um pequeno, contanto que seja verdadeiramente grande e inclusivo, e não simplesmente agindo exageradamente para compensar as insuficiências. Quando o ego finito parte, o ego cósmico de Deus aparece. Um "Eu sou" cósmico – um resultado direto de dirigir-se diretamente para Deus por meio do controle de energia – é a apoteose imortal do eu de todo mundo.

O Eu em Sociedade

Conhecer o homem é ser sábio.
Conhecer a si mesmo é ser iluminado.

Lao-Tzu

De Leste a Oeste, alguns dos maiores pensadores tentaram agrupar os aspectos formadores da existência humana – a moralidade, a psique e o comportamento social – sob a cobertura de um único sistema de pensamento. Por exemplo, Hegel acreditou que o mais alto desenvolvimento da raça humana seria adquirir uma compreensão de condicionamento e usar esse conhecimento para reduzir a história humana a uma ciência. A teoria do eu, por sua vez, afirma que esses três aspectos do eu na sociedade podem ser entendidos dentro do contexto da fisiologia. Adequadamente, o impacto da ciência da intuição na ética, na psicologia e na sociologia, uma vez explorada, poderia ajudar a substituir as religiões que assumiram as posições de autoridade nesses domínios.

A relação entre ética e religiões organizadas é precária. Por um lado, as religiões organizadas são consideradas freqüentemente a raiz do comportamento moral, por outro elas distorcem a moralidade. Por exemplo, certa época, para os norte-americanos era normal escravizar os africanos; de acordo com muitos colonos europeus, desarraigar e matar os "selvagens" nativos norte-americanos era divinamente sancionado; durante o Holocausto, as autoridades da igreja consideraram desnecessário falar contra o genocídio que acontecia na Europa; e os extremistas de todas as crenças ordenam a morte de incrédulos que aparecem para ameaçar rotineiramente sua segurança religiosa ou socioeconômica. As perversões de certo e errado ocorrem quase sempre em religiões centralizadas com projeto de códigos morais sobre a sociedade para o seu próprio bem-estar social e político.

Um segundo problema com os sistemas morais de religiões centralizadas é que eles atrofiam a capacidade dos sectários de sentir intuição por uma identidade maior. Tal degeneração acontece porque os sistemas impõem limites artificiais no sentido do eu, que cria um medo de incorporar maior expansibilidade. No processo, os seguidores são doutrinados com códigos morais que representam não um sistema ético inclusivo, mas as ambições de autoridades religiosas que tiram seu poder de uma humanidade dividida, ligada ao sentido.

Outra ramificação de moralidade religiosa centralizada é que ela propaga os éditos comportamentais na forma de verdades imutáveis, irrevogáveis. Enquanto um Deus ou essência imutável podem ser considerados uma base eterna para o certo e o errado, os veredictos temporais só podem ser determinados momento a momento porque são dependentes do contexto, resultado e consensos culturais. Por exemplo, enquanto o controle de natalidade é censurado pelas religiões, chamar isso para sempre de imoral ou "pecaminoso", poderia levar a um grande sofrimento já que a superpopulação é uma fonte reconhecida de violência, escassez, guerra e ignorância. Designar qualquer coisa como eternamente boa ou ruim neste mundo de relatividade, negligencia a natureza variável das circunstâncias humanas e os muitos perigos em predefinir uma "conduta correta" para todas as pessoas ao longo de suas vidas.

Ironicamente, na tentativa de erradicar o mal, impondo perspectivas fixas consoantes com visões mundiais antiquadas, o medo da retribuição divina e limitações estritas, bem como as polarizadas na conduta, os sistemas morais de religião forçam os seguidores a adotar extremos insustentáveis no comportamento. A maioria dos fiéis tenta estar de acordo com os padrões artificiais de bondade; e ao alcançar o bem rejeitando o mal, separam erroneamente os dois, escorregam em uma conduta indesejada, e perpetuam o mal temido, ao invés disso poderiam ter fixado suas ações na moderação. Ao não dar a liberdade às pessoas de experimentar e aprender com os seus erros, as autoridades religiosas podem estar cometendo o maior erro de todos.

Em contraste com as codificações de atos divinamente proibidos, aderidos por religiões organizadas, a ciência da intuição recomenda adotar um sistema fisiológico de éticas que é canalizado internamente. Os antigos místicos descobriram que o comportamento ético e não-ético é registrado no corpo, capacitando os indivíduos à introspecção para diferenciarem intuitivamente o certo do errado. Em vez de impor autoridades morais para evitar evocar a ira de um deus, os cientistas intuitivos focam, portanto, os seus esforços em olhar para dentro a fim de desvendar a idéia do eu. As sociedades antigas que praticavam esse método concluíram que o assassinato, por exemplo, não é ético porque desperta sentimentos de vingança e desespero, trazendo mais assassinatos, e uma comunidade muito infiltrada com padrões de represália e desânimo a funcionar harmoniosamente ou, mais importantemente, nutrir um sentido expansivo do eu. Os místicos chegaram a essa conclusão afirmando que tais padrões fisiomagnéticos são indesejados porque restringem os limites intuitivos de recepção à essência infinita do eu.

Com o sentido expansivo do eu estabelecido como modelo para a conduta ética, torna-se de responsabilidade de cada indivíduo agir de modo que favoreça essa expansibilidade e assim investigue os efeitos internos de seu comportamento – especialmente nas trocas magnéticas de consciência que geram uma idéia do eu. Em termos de conseqüências externas, a teoria do eu propõe que quanto mais energia uma pessoa focaliza no eixo cérebro-espinhal, ampliando o seu sentido de identidade, mais naturalmente ética ela será. O inverso também é verdade: quanto mais a atenção de uma pessoa é tirada dos centros intuitivos na coluna e no cérebro, restringindo o seu sentido do eu, mais não-ética ela é capaz de ser. O comportamento não-ético seria visto como um resultado de padrões fisiológicos causados pelo medo, preocupação, culpa, autodepreciação ou outras emoções reativas; hábitos de vida inquietos; falta de receptividade com relação às idéias de outros; ou descuido geral com os interesses sociais. Conseqüentemente, esses padrões seriam designados não-éticos não por causa de um decreto divino entregue somente a uma quantidade seleta, mas porque eles limitam fisiomagneticamente a capacidade intuitiva em uma pessoa, cuja consciência foi distanciada do eixo cérebro-espinhal, limitando mais o sentido de identidade do indivíduo e causando mais comportamento não-ético à medida que eles estão comprometidos. Adicionalmente, visto que o fisiomagnetismo de um indivíduo é interligado à sociedade adjacente, ambos os padrões violentos deveriam ser vistos como um rompimento social e um sintoma social, que ocorrem quando os padrões atrativos e as influências estão simultaneamente presentes no indivíduo e na sociedade.

Essa interpretação de "feedback" do comportamento criminal traz novas percepções para a prevenção do crime, baseadas na observação de que são os padrões, e não as pessoas, que requerem remoção da sociedade. Uma interferência é que os padrões fisiomagnéticos limitam o sentido do eu e podem não ser extintos por sentenças de prisão, sintomáticas de problemas de saúde da sociedade, visto que esses padrões prevalecem dentro e fora das paredes penitenciárias. Semelhantemente, as leis executadas por medidas punitivas podem falhar na prevenção de crimes porque elas, como as ameaças de religião de retribuição divina, infundem um padrão de medo sobre ser pego, aumentando paradoxalmente a probabilidade de atividade criminal discreta e sistemática. Mas se as pessoas aprenderem a mudar o seu centro de consciência por meio da regulação da respiração, tensão localizada e diálogo tranqüilo com os outros, especialmente quando as respostas violentas surgirem, os padrões que induzem aos crimes podem ser gradualmente desalojados do corpo.

A ofensa criminal da mentira leva a um significado interessante quando visto fisiomagneticamente. A mentira geralmente é considerada uma falsificação dos fatos, é um pensamento não-ético que gera desconfiança e destrói a confiança necessária para as sociedades funcionarem corretamente. Mas quando a mentira é abordada fisiomagneticamente, é considerada não-ética, pois se origina em um modo de identidade expansivo da expressão. Para um cientista intuitivo, as palavras faladas a partir da perspectiva dessa identidade maior representam a única verdade existente – a essência infinita do eu.

Considere o exemplo clássico de um nazista perguntando se os moradores sabem de algum judeu escondido e, na realidade, eles sabem. Se as respostas dos moradores forem influenciadas por padrões de medo, fanatismo ou apatia, os fatos que eles comunicarem refletirão a mentira de um sentido estreitamente intuitivo do eu. Mas se suas respostas emergirem sem medo, o suficiente para deixar os judeus no esconderijo, então até mesmo se os moradores falsificarem os fatos eles estarão expressando a verdade do eu maior.

A partir dessa perspectiva, suprimir a verdade do eu expansivo constitui um comportamento não-ético, enquanto falsificar, tornar fictício ou criar um mito, pode de fato entregar uma verdade que une todas as pessoas nutrindo magneticamente um sentido expansivo do eu. A distinção entre verdade e fato é geralmente negligenciada, provavelmente por causa da tendência em falsificar fatos a serviço do eu limitado e a expectativa de que os fatos não serão falsificados para outras finalidades. Mas visto que algumas vezes é necessário mentir a fim de proteger, especialmente para aqueles que vivem a mentira do eu limitado, falsidades não podem ser comparadas de forma simples com a mentira.

Assim como as falsidades não representam sempre a mentira e os fatos não representam sempre a verdade, a conduta ética não pode ser codificada todo o tempo, registrada em um livro e ditada à humanidade. De fato, a rígida adesão a algumas ordens bíblicas, tais como não dar falso testemunho, pode acabar colaborando para um estreitamento do sentido do eu e eclosões de violência associadas. Os padrões fisiológicos de fanatismo e outras manifestações de miopia espiritual, que não são expressas imediatamente na violência, tendem a impelir pensamentos não-éticos e hábitos que eventualmente culminam em violência.

Cientes desse perigo, os cientistas intuitivos fazem o melhor para garantir que seus pensamentos e ações emanem de um sentido expansivo do eu, sem levar em consideração as boas intenções, que segundo eles, promovem padrões fisiológicos limitados que podem ofuscar o conhecimento intuitivo – um fenômeno que se revela a cada momento quando alguém é considerado como tendo inconscientemente escondido uma conduta não-ética por trás de boas intenções. Até mesmo uma intenção nobre, tal como resolver salvar vidas, pode ser pervertida por um sentido limitado do eu, conduzindo ao salvamento de vidas somente com as quais a pessoa se identifica ou somente em nome de um ideal provisório, intenções. Boas intenções induzidas por um sentido limitado do eu freqüentemente conduzem aos mesmos resultados violentos de comportamento impróprio planejado, uma dinâmica vista em religiões organizadas que se esconderam historicamente atrás da moralidade enquanto conduziam atividades missionárias ou combativas.

No fim, as considerações éticas dependem se a atividade da pessoa é limitada ou não pelo condicionamento sensorial. A teoria do eu sustenta que a atenção voltada exclusivamente aos sentidos, sem dar importância aos centros mais sutis da intuição na coluna e no cérebro, estreita o sentido de identidade e leva a um comportamento não-ético. Em contrapartida, a prevenção de comportamento impróprio é atribuída ao controle de energia, que indica por que a antiga teoria do eu não fez distinção alguma entre ética e asceticismo. Imposições éticas que convidam a não-violência e em dizer a verdade funcionam como virtudes não em si próprias e de si próprias, mas sim porque *articulam regulações internas de energia e consciência*, ajudando os sectários a evitar padrões fisiomagnéticos digressivos e a voltar sua atenção para a intuição do eu maior, a real fonte de virtude.

As contribuições da ciência da intuição para preocupações éticas retratam um antigo sistema de éticas que, com base na teoria do eu, tem aplicações profundas, salientando não só a idéia de que a moralidade é fisiológica, mas que a prática da intuição é um imperativo ético. Por exemplo, conforme afirma a teoria do eu, se a essência do cosmos for a essência infinita do eu, então certo e errado teriam de ser determinados em relação a essa essência, porque o cosmos não nos oferece qualquer outra base incondicional na qual guiar a conduta. A expansão do sentido do eu, então, seria o único bem absoluto e o único ideal que erradica o absolutismo moral da experiência humana. Nas palavras de Einstein: "O verdadeiro valor de um ser humano é determinado pela sua capacidade de conseguir libertar-se de si mesmo".[4]

Este sistema ético também sustenta que o comportamento de alguém na sociedade adulta não afeta coisa alguma além do próprio sentido do eu. Quando um adulto prejudica o outro, o padrão de violência persiste dentro do ofensor, limitando sua capacidade intuitiva. O objetivo da violência, em contrapartida, é livre para decidir como responder, e é a resposta, não o dano corporal que determina tanto o sentido do eu quanto qualquer padrão fisiológico resultante do trauma. Por outro lado, um adulto que abusa de uma criança cometeu um crime terrível porque as crianças, cujas capacidades intuitivas e intelectuais ainda estão se desenvolvendo, reagem à violência interiorizando os padrões destrutivos.

Reforçar adicionalmente a significância do mundo interior é a noção do sistema de que as conseqüências de todo pensamento e ação são configuradas nos centros de consciência intuitiva na coluna e no cérebro. Aqui, pensamentos, ações e reações formam um efeito bumerangue ao configurar uma atração fisiomagnética para pensamentos, ações e reações semelhantes. Expressões como "Olho por olho" e "O que você planta, você colhe", reminiscências da antiga doutrina do carma, fazem-nos lembrar essas conseqüências comportamentais fisiomagnéticas. Os princípios que eles esclarecem sugerem que embora a essência infinita do cosmo guie toda a vida por meio da causa e efeito fisiomagnéticos para ampliar o sentido do eu, nós, como seres humanos, em virtude de nosso enorme potencial espiritual, somos obrigados a ampliar conscientemente nosso autoconhecimento intuitivo.

Ao voltar nossa atenção para o interior da dinâmica do eu, este sistema de ética descentralizado nos põe em harmonia com a "voz" da consciência, que ecoa o conhecimento intuitivo de certo e errado. Dependendo do grau de magnetização da coluna e do cérebro, a voz da consciência pode ser distorcida, abafada, mal interpretada, ignorada e depois modulada em culpa ou enganada por reflexos condicionados, mas ela nunca pode ser totalmente silenciada, nem mesmo em sussurros; suas articulações testemunham as oportunidades infinitas do eu individualizando para a expansão. Gradualmente, as expressões vocais mais pronunciadas – ouvidas quando a respiração reduz a velocidade, o mundo sensorial retrocede, a mente acalma e os períodos de tempo entram em colapso – substituem o dominador coro de autoridades centralizadas que freqüentemente propagam um comportamento não-ético.

Por esses e outros meios, o sistema de ética que surge da teoria do eu, diminui a capacidade de uma pessoa para julgar as ações de outros corretamente, já que as interpretações morais de comportamentos de outros são coloridos pela identificação do eu com eles. Por exemplo, enquanto tentamos moralmente denunciar a violência de estranhos, podemos facilmente negligenciar isso com amigos. Na falta de padrões absolutos de medida, podemos de repente perceber que não há isolamento dos padrões fisiomagnéticos, e, por conseguinte tudo está interligado. Julgar os outros é visto então como um exemplo de sentido limitado do eu, que rejeita o próprio potencial de crescimento, faz a pessoa esquecer de si mesma, dos outros, e ignorar a responsabilidade de que todos devemos ter para com nós mesmos e com a sociedade, uma chamada à responsabilidade que pode ser experimentada intimamente pela prática da técnica 10.

TÉCNICA 10

Apoiando a Conduta Ética

As conexões causais entre padrões mentais e emocionais, condições fisiológicas e potencial para ampliar o sentido do eu, tornam as práticas do pranayama exclusivamente vantajosas no apoio à conduta ética. Para compreender melhor como isso funciona, reconheça que cada padrão de energia tem um ritmo respiratório diferente que manifesta fisiologicamente e expande ou contrai o sentido do eu. Isso significa não só que os padrões mentais e emocionais afetam os ritmos respiratórios, mas que alterar sua respiração é um dos modos mais rápidos e fáceis de influenciar todos os outros padrões fisiomagnéticos do corpo. Respire como um indivíduo bravo, triste, feliz ou pensativo e você vai se tornar bravo, triste, feliz ou pensativo. Alternativamente, se você está bravo e a ponto de se comportar de uma forma não-ética, o modo mais eficiente para você parar é realizar respirações lentas, calmas e completas. Por tudo isso não é de se estranhar que em inglês a palavra *huff* refere-se tanto a um ritmo de respiração quanto a uma emoção.

Embora nenhum método sozinho possa garantir a conduta ética, visto que ela é um produto do eu expansivo, os ritmos de respiração que conduzem à expansão são benéficos. De acordo com os antigos filósofos iogues, a manifestação do eu infinito é caracterizada por uma cessação da respiração, tranqüilidade do coração e retrocesso da consciência dos sentidos. Felizmente, os ritmos de respiração de um sentido expansivo do eu são mais facilmente alcançados. Ao praticar a seguinte técnica duas a quatro vezes por dia você pode sentir sua atenção gradualmente afastada de padrões associados a desejos inquietos do corpo e uma personalidade estreitamente identificada.

Ao sentar-se na postura de meditação – com a coluna reta, queixo paralelo ao chão e palmas das mãos viradas para cima e descansando sobre as coxas – feche seus olhos, eleve seu olhar e concentre-se atentamente no ponto entre suas sobrancelhas. Expire pela boca com uma exalação múltipla parecida com "huh, huh, huuuuuh". Em seguida, feche a boca e inspire muito lentamente por suas narinas, permitindo gradualmente que seu abdômen se expanda enquanto conta mentalmente os segundos que se passam. À medida que você continua inalando, expanda seu tórax, mas pare antes que seus ombros se ergam. Prenda o fôlego durante 1 a 3 segundos enquanto se concentra profundamente em suas sobrancelhas, depois exale pela boca pela mesma duração que a inalação. Repita a técnica durante 10 a 15 minutos, então, sente-se quietamente em contemplação e focalize no ponto magnetizado entre as sobrancelhas conforme sua coluna e cérebro intuem um sentido do eu para o melhor de sua capacidade. Nessa tranqüilidade, você pode falar com sua imagem pessoal de Deus, praticar afirmações positivas ou escutar intimamente, o tempo todo voltando sua atenção para o centro expansivo da consciência da medula oblongata.

Essa técnica nutre o comportamento ético por causa de três características fisiológicas pronunciadas. Uma é que despertar exalações de consciência dura muito mais tempo do que inalações, resultando em respiração desigual que mantém a atenção no mundo finito ao canalizar energia nervosa para os sentidos e funções corporais autônomas. Ao reduzir a velocidade da respiração e igualar as inalações e as exalações, é possível conservar energia nervosa e canalizá-la para a coluna e o cérebro, aumentando sua consciência intuitiva do eu infinito.

Um segundo benefício fisiológico vem com a retenção de respiração, que ajuda a acalmar as flutuações incessantes da consciência. Até que o relaxamento sensorial seja alcançado, os padrões de energia e consciência que fluem no corpo produzem emoções e pensamentos inquietos. Prender suavemente a respiração detém parcialmente tal movimento, construindo magnetismo na coluna e no cérebro. Em estágios avançados de prática, é possível aquietar imediatamente a respiração erguendo o olhar e canalizando a energia nervosa sensorial e respiratória para a coluna e o cérebro.[5]

Terceiro, há uma vantagem fisiológica oculta à tranqüilidade alcançada enquanto se pratica esta técnica. Respirando lentamente ou focalizando no ponto magnetizado entre as sobrancelhas, você pode alcançar essa tranqüilidade na vida cotidiana, inspirando-o a buscar a felicidade no sentido expansivo do eu em vez de no mundo sensorial, para servir todos os outros, e de momento a momento ter uma intuição para uma conduta que sustenta uma identidade expansiva sempre nova.

Investigações sobre como a ciência da intuição tem impacto na psicologia poderiam prenunciar uma substituição de religiões organizadas nesta arena também. Sigmund Freud, o fundador da psicanálise, acreditava que os psiquiatras aliviariam os padres de seus trabalhos. No entanto, apesar de suas muitas contribuições, os estudos avançados de Freud sobre a psique conduziram a visões igualmente estreitas do potencial humano. Influenciada por Freud, a psicologia popular propagou sua própria idéia do eu bem equilibrado e gerou uma indústria de auto-ajuda que defende modos de tratar o eu e os outros. Ironicamente, esse eu bem equilibrado, que diz incorporar um equilíbrio de aspirações materiais e espirituais, mescla simultaneamente energia nervosa à consciência sensorial, limitando a capacidade intuitiva e potencial da pessoa para o sucesso espiritual. O modelo resultante do sentido do eu social é taxativo demais para beneficiar uma sociedade global.

Esse modelo limitado do eu tornou-se mais defendido na sociedade ocidental pelo tratamento de sintomas no lugar de padrões fisiomagnéticos que, de acordo com a teoria do eu, são as causas do desequilíbrio psicológico. Ao tratar os sintomas de um cliente, os psicólogos não podem ajudar, mas sim usar seu próprio sentido do eu como o padrão de medida. Portanto, o tratamento por um psicólogo cujo sentido do eu é circunscrito pelas expectativas da sociedade refletirá essas limitações. Se os psicólogos não desafiarem com vigor o modelo do eu endossado pela sociedade e, em vez disso, tratarem apenas o distúrbio interno, então, até mesmo os métodos mais progressivos reforçarão a sintomatologia. Em contrapartida, a teoria do eu afirma que tendo conhecimentode que os sintomas de saúde psicológica insatisfatória têm suas raízes em padrões que informam um eu intuitivo, então, embora um tratamento possa proporcionar alívio a curto prazo, os padrões fisiológicos de energia nervosa que inibem a intuição de um eu mais amplo devem ser eventualmente sublimados para a cura mais permanente.

Especificamente, os comportamentos considerados psicologicamente prejudiciais a partir de uma perspectiva fisiológica são aqueles que monopolizam os sentidos. Empregar o abuso de substâncias ou outras formas de vício, exibições ostensivas de riqueza ou atividades similares de absorção de sentidos é geralmente considerado doentio porque esses comportamentos são pessoalmente interpretados como prejudiciais e capazes de diminuir o rendimento produtivo da sociedade. No entanto, fisiologicamente, os padrões focalizados na satisfação sensorial impelem o comportamento indesejado porque estreitam a expansão intuitiva da região cérebro-espinhal. Qualquer atividade repetitiva ajustada com relação à absorção sensorial excessiva – seja pornografia, masturbação, horas e horas vendo TV, ou viver apressadamente destituído de reflexão interior – contribui para um sentido apático do eu preocupado com prazeres limitados e limitantes. A identidade do eu maior vem com a moderação da consciência sensorial ao se voltar para dentro da consciência intuitiva, o precursor do bem-estar psicológico.

Ciente das limitações da psicologia da antiga escola, alguns psicólogos ocidentais progressivos têm apresentado aos seus clientes variações no pranayama, incluindo técnicas de contemplação, regulação da respiração e métodos de relaxamento de tensão para promover a liberação catártica de padrões associados a distúrbios psicológicos. O seu trabalho confirma a importância subjacente da fisiologia, e eles andam descobrindo que algumas sessões de respiração regulada podem desarraigar padrões que poderiam requerer meses ou anos de psicanálise convencional.

Alterar o tratamento de psicanálise para respiração pressupõe que neuroses e psicoses podem ser abordadas como padrões de energia eletromagnéticos não saudáveis em lugar de desequilíbrios psicológicos ou bioquímicos, ambos os quais, de acordo com a teoria do eu, são causados por padrões ainda melhores de energia nervosa apresentados por meio de reações a traumas, ou por hábitos, ou hereditariedade. Por exemplo, um trauma no corpo é refletido em uma respiração agitada. Durante a prática de regulação da respiração, alterações no sentido do eu podem ser acompanhadas pela dor e respiração irregular, causadas pelo movimento de atenção longe de um padrão banal e pelo estabelecimento de um novo. A dor em tais exemplos tende a sinalizar a liberação de um hábito tenaz que contribuiu para o mesmo sentido do eu que tenta enfraquecer sua liberação. Visualizando hábitos como padrões de energia conectados a pensamentos e ações específicos, a teoria do eu pressupõe que até mesmo a idéia finita do eu é pouco mais que um hábito glorificado. E, devido ao eu socialmente condicionado ser altamente venerado na sociedade, é extremamente difícil seu questionamento. Como resultado, poucas pessoas apresentam alterações radicais no sentido do eu a menos que elas sejam provocadas por uma poderosa crise.

Uma alteração para métodos de relaxamento de tensão também surge, especialmente no tratamento de reações a traumas, hábitos contraprodutivos ou condicionamentos herdados. Os métodos de relaxamento de tensão funcionam com o princípio de que onde há energia no corpo há consciência. A energia nervosa, guiada por meio de tensão a várias partes do corpo, canaliza a consciência para esses lugares, despertando no adepto a presença ou ausência de um "canal" causado pela recorrência ou padrões de energia mantidos por muito tempo, os quais impedem a consciência intuitiva. Uma experiência de tensão consciente leva a energia nervosa para longe desses canais; e a cura acontece por meio de seu eventual deslocamento. O caminho mais rápido e mais fácil para canalizar a consciência para áreas do corpo com a necessidade de cura é aplicando a técnica 11.

TÉCNICA 11

Métodos de Relaxamento de Tensão

Durante uma crise ou qualquer momento posterior, a pessoa pode treinar o corpo e a mente para canalizar a consciência interiormente por meio da tensão e retirá-la por meio do relaxamento, resultando em tranqüilidade elevada e liberdade pela limitação de reações a traumas, hábitos e influências hereditárias. Os vinte e dois métodos a seguir podem ser praticados em posição sentada ou de pé, mantendo as costas retas e os olhos fechados e focalizados para cima. A menos que fixado de outra maneira, tensione e relaxe muito lentamente, permanecendo em cada posição de 3 a 6 segundos enquanto envia energia saudável à parte do corpo enrijecida ou simplesmente registrando como estimular sua atenção. Pratique cada método três vezes consecutivas antes de mudar para o próximo. A ordem que se segue foi inventada para estimular e relaxar polaridades específicas no corpo. Para melhores resultados, selecione os métodos que mais satisfaçam suas necessidades; organize-os em seqüência para energizar as polaridades do grupo muscular desejado; memorize sua rotina; e, então, pratique-os diariamente, modificando-os conforme necessário.

- Tensione a cabeça e a área da medula oblongata, a base do crânio, com uma leve vibração. Mantenha e então relaxe.
- Tensione o corpo inteiro, certificando-se de cerrar os punhos, comprimir os dedos do pé, contrair as nádegas e a face inteira para a ponta do nariz. Mantenha e então relaxe.
- Tensione a garganta, pescoço e a área da medula oblongata. Mantenha e então relaxe.
- Tensione as orelhas fazendo careta intensamente com a face e os olhos. Mantenha até enquanto permanecer confortável e então relaxe.
- Cerre os punhos firmemente. Mantenha e então relaxe.
- Tensione todas as partes do pescoço durante 1 a 3 segundos. Então incline rapidamente o queixo ao tórax com um salto enquanto extrai a energia.
- Tensione a coluna inteira e a cabeça, do cóccix ao *cerebrum*, esticando os ombros para trás e enrijecendo o abdômen. Mantenha até se sentir confortável e então relaxe.
- Tensione os pés, pernas e nádegas. Mantenha e então relaxe.
- Contraia o períneo comprimindo os músculos do esfíncter anal. Mantenha e então relaxe.
- Franza a testa no ponto entre as sobrancelhas, feche os olhos

e comprima as pálpebras, apertando-as suavemente. Mantenha e então relaxe.

- Tensione os braços a partir dos punhos até os ombros. Mantenha e então relaxe.
- Inflando o tórax, pressione as palmas das mãos juntas como em oração e tensione os ombros, tórax e coluna superior. Mantenha e então relaxe.
- Tensione o abdômen inteiro e sinta a tensão na área espinhal oposta à barriga. Mantenha e então relaxe.
- Tensione as nádegas e a coluna inferior. Mantenha e então relaxe.
- Comprima a face firmemente como se estivesse trazendo tudo à ponta do nariz. Mantenha e então relaxe.
- Tensione suavemente os olhos, movendo os globos oculares em um movimento circular para a direita e depois para a esquerda. Após seis rotações em cada direção, relaxe.
- Com a boca fechada, estique a língua para trás para tocar a úvula – o órgão parecido com uma campainha que fica pendurada na parte de trás da boca – ou o ponto mais próximo a este que você puder alcançar. Mantenha até permanecer confortável e então relaxe.
- Exale, coloque o queixo no tórax e se agache, abaixando a cabeça entre os joelhos. Mantenha até permanecer confortável e então relaxe e inale.
- Com a boca fechada, incline a cabeça ao tórax, tensione o pescoço e com tensão adicionada, estique a cabeça para trás até que a testa esteja com a frente para o teto. Em seguida, relaxe o pescoço, abra a boca e mantenha por até doze segundos. Então, erga a cabeça, repita a prática e relaxe completamente.
- Prenda o queixo ao tórax e, aplicando um impulso na parte de trás do pescoço, pressione o queixo firmemente no tórax durante vários segundos, então pressione o tórax contra o queixo durante vários segundos. Relaxe.

- Abra a boca, depois a feche com uma leve tensão, apertando os dentes suavemente. Mantenha de 1 a 3 segundos, e então relaxe.
- Faça uma exalação tripla pela boca, vocalizando: "Huh, huh, huuuuuuuh". Com a boca fechada, permita o corpo inalar sozinho. Realize essa exalação múltiplas vezes, descansando silenciosamente entre elas.

Tais modalidades efetivas como exercícios oculares, regulação de respiração e relaxamento de tensão parecem estar desafiando a relevância de tratamentos convencionais em psicologia. Há poucas razões para ir a um especialista de saúde mental quando esses procedimentos catárticos podem ser aprendidos sem custos e praticados em casa.

Outro desafio para práticas padrão da saúde mental vem do escritor de ficção científica L. Ron Hubbard, fundador da Igreja da Cientologia. Um antigo oponente da psiquiatria, Hubbard propõe um tratamento alternativo: sessões de "verificação" psicológica para alívio de alienígenas assombrosos. Os cientologistas acreditam que setenta e cinco milhões de anos atrás um soberano galáctico chamado Xenu lançou bombas de hidrogênio e assassinou bilhões de seres cujas almas drogadas agora habitam nossos corpos, necessitando que milhares de dólares sejam pagos a "auditores" até que todos os alienígenas sejam eliminados – um cenário rememorativo da crença de que comprando indulgências da Igreja Católica nós nos libertamos das conseqüências do pecado. As crenças da cientologia, assim como as da Igreja Católica, embora dê nomes relevantes à condição humana, não explicam nada sobre a psique e como ela opera na sociedade.

A hipótese de Hubbard sobre Xenu, partindo radicalmente da teoria psicológica, aplica-se a modalidades de tratamento de pranayama visto que as almas de alienígenas, mesmo se existissem, não teriam nenhum recurso além de manifestar-se em nosso corpo como padrões de energia nervosa. No entanto, um "auditor" da cientologia, característicamente empregando um detector de mentiras durante o tratamento, seria incapaz de dizer a diferença entre padrões influenciados pela educação, ambiente, reação a trauma ou os alienígenas de Xenu, sugerindo que a história de Xenu é supérflua à sublimação de hábitos prejudiciais. Longe de representar uma inovação na saúde mental, o sucesso financeiro dos métodos da cientologia, dizem os cultos peritos, é sintomático de uma doença social disseminada por um recurso *bait-and-switch* [N.T. tipo de fraude] que tira proveito da baixo-estima do religioso e altera o trabalho do psiquiatra não para o indivíduo, onde sempre foi seu lugar, mas para adeptos da saúde mental sem licença isolada por leis que protegem a liberdade de religião.

Igualmente desafiador, o impacto da ciência da intuição na sociologia pode ajudar a substituir instituições religiosas que assumiram autoridade nesse setor da sociedade. A teoria do eu afirma que as pessoas que freqüentemente interagem umas com as outras começam a compartilhar padrões fisiomagnéticos, dando origem à advertência de que a companhia é mais forte do que a força de vontade. A identificação com os outros em uma escala global, ou em uma nação tão grande e diversificada quanto os Estados Unidos, é improvável na presença de instituições sociais segregadoras. Para ajudar os cidadãos a se relacionarem com no mínimo um grupo possível, os governos federais podem fiscalizar somente os fatos de que todo mundo na nação se identifica. Por exemplo, devido à falta de sentido social monolítico do eu na América, um governo federal pequeno, preferível ao grande atual, poderia se encarregar apenas de defender o país, protegendo seus cidadãos e apoiando a vida em comunidade. As comunidades individuais, em reconhecimento ao fato de que o sentido social do eu varia de lugar para lugar, poderiam então ser incumbidas de fiscalizar os seus próprios sistemas de educação, serviços à terceira idade, cuidado médico, distribuição de arrecadação fiscal, bem como jurisdição moral e socialmente legal.

Os partidos políticos, especialmente aqueles com base em

ideologias extremas, também funcionam igualmente como as instituições religiosas, tornando difícil para os membros questionarem os candidatos visto que a lealdade a um partido substitui o compromisso de buscar a verdade. Além disso, cada um dos dois principais partidos políticos na América e em qualquer outro lugar reflete somente a metade da teoria da visão do eu objetivo de um governo. Na direita, as pessoas querem um governo pequeno e instintivamente sabem que o governo grande pode ser esbanjador e tirânico; na esquerda, as pessoas querem solidariedade social e instintivamente sabem que sem isso os indivíduos sofrerão nas mãos de políticos e economistas oportunistas. Ambos os partidos estão corretos; mas a comunidade, não o governo federal, é a melhor distribuidora de arrecadação fiscal porque seus membros podem identificar-se mais facilmente uns com os outros. As comunidades, praticando auto-gestão, também esperariam que os cidadãos tivessem um papel mais responsável em seu próprio governo; extraindo poder do governo centralizado e o favoritismo concedido ao abastado; e respeitando perspectivas e estilos de vida diferentes, aprendendo um com o erro do outro, e trocando idéias juntamente com bens e serviços.

Uma instituição social adicional que pode ser reavaliada a partir do ponto de vista da ciência da intuição é o matrimônio. As igrejas mostram considerável influência sobre o matrimônio, observando-o como uma instituição divina. No entanto, defender a santidade do matrimônio, freqüentemente traduz a santificação de uma visão fixa e parcial de matrimônio, afetando o sentido social do eu ao gerar padrões de estreitamento de culpa e falso moralismo. Uma vez que o termo "matrimônio" é compreendido como um acordo que exige reavaliação periódica para se ajustar a uma cultura em evolução, as atitudes da sociedade com relação a ele começarão a evoluir também. Por fim, quando o ideal do eu maior estiver funcionando, ditar quem pode casar com quem será desnecessário.

Por exemplo, a monogamia às vezes é vista como uma tentativa sociológica de regular o instinto de agressividade sexual que perpetuaria acasalamentos fora do par conjugal. No entanto, filósofos como Arthur Schopenhauer consideram inevitável para a maioria dos homens buscar diversas parceiras sexuais; igualmente, certas culturas, especialmente ao longo da costa do arquipélago do Alaska e em partes do Himalaia, praticam poliandria. Na análise final, a forma que um matrimônio toma é irrelevante ao sentido social emergente do eu, contanto que a configuração não cause tumulto pessoal para os adultos ou para sua prole. Na melhor das hipóteses, o matrimônio como instituição ajuda a ampliar o sentido do eu de um indivíduo para uma identidade de sociedade.

A oposição religiosa ao casamento do mesmo sexo ainda coloca outro fardo no sentido social do eu, porque falha em explicar os impulsos homossexuais que ocorrem naturalmente. Fisiologicamente, cada corpo humano possui pólos masculino e feminino, com personalidade e orientação sexual que refletem uma mistura de ambos e repertórios sexuais que estimulam as respectivas zonas eróticas. Exemplos de pólos masculino (positivo) e feminino (negativo) incluem os hemisférios direito e esquerdo do cérebro, os lados direito e esquerdo do corpo, o pênis/ânus e o clitóris/vagina/ânus, os plexos medulares e coccígeos, e a parte da frente e de trás do corpo. Como resultado desta bipolaridade, os movimentos de energia e consciência durante a atividade sexual são geralmente os mesmos, independente do gênero de um parceiro. E magneticamente, os corpos que apresentam atração sexual são heterossexuais, independente de sua genitália. Portanto, embora a teoria do eu desaconselhe excesso de estímulo sexual por causa da tendência em gastar energia considerável, ela não adverte contra a estimulação de um gênero específico. Em contrapartida, o preconceito social, conhecido como homofobia, reflete um medo religiosamente induzido de expressar nossos atributos masculino e feminino inerentes. Tão forte é esse medo em todo o mundo que milhões de mulheres africanas todos os anos sofrem pela mutilação genital religiosamente prescrita por causa de uma superstição que julga as partes masculinas de uma mulher, como o clitóris, uma impureza para a sua feminilidade.

As práticas sociais, como instituições sociais, têm um impacto forte no sentido do eu. A prática de comer carne vermelha, por exemplo, produz um padrão agressivo no corpo estimulando o sistema nervoso simpático.[6] Entre os seres humanos que não têm nenhuma outra fonte viável de proteína, este padrão é vantajoso para garantir a estimulação necessária para adquirir bastante alimento à sua sobrevivência. Contudo, entre os seres humanos que não precisam caçar a sua comida, o resultado é uma direção agressiva que se manifesta como ansiedade, problemas de saúde, envenenamento de proteína e violência física com relação aos outros – guerra, violência doméstica, ou práticas comerciais cruéis – e por fim com relação a si mesmo. Muitos eventualmente adotam uma dieta vegetariana por causa da matança desumana, problemas de saúde e tendências agressivas associadas ao comer carne, enquanto outros se tornam vegetarianos por causa do impacto ao ambiente e a anexação de enormes espaços de terra incorrida pela ingestão freqüente de carne. A motivação em cada exemplo pode ser guiada por um sentido expansivo do eu. Ambições mais radicais, tais como adotar o vegetarianismo para garantir ser um membro em um específico grupo, estabeleceriam um imã fisiológico que obstrui a consciência intuitiva. Na realidade, os cientistas intuitivos vêem-se menos como vegetarianos e mais como *"propertarians"*, pessoas que só comem o que é adequado para seus corpos. Para eles, essa escolha dietética é uma consideração tanto fisiológica quanto sociológica que surge do conhecimento intuitivo de um eu expansivo.

Uma prática social mais associada aos mandatos religiosos e que atualmente atrai debates tempestuosos é a oposição ao aborto. Os religiosos a favor da vida se opõem à prática por causa da santidade que eles projetam sobre a alma hipotética de um feto, fazendo-os comparar o aborto ao assassinato. Todavia, o assassinato implica a presença de pensamentos violentos e emoções reativas que estreitam o sentido do eu, desse modo, o aborto não pode ser chamado de assassinato a menos que a mãe aja sob padrões violentos para abortar seu feto e este de fato tenha uma alma. Outros entusiastas a favor da vida, que aprovam a idéia de uma alma fetal, comparam o aborto com o ato de matar, visto que requer descarte da matéria orgânica conectada à vida fetal. Mas esses indivíduos não vêem nada de errado em remover um tumor ou descartar partes da vaca, legumes ou outras formas de vida.

Por fim, a exatidão ao chamar aborto de ato de matar ou assassinato depende da afirmação teológica subjacente sobre se os fetos são seres humanos com almas humanas ou não. O conceito de almas humanas inumeráveis, que aparentemente surgem do nada na concepção, é supérfluo à teoria do eu, que postula que tudo intui um sentido do eu infinito de alguém, ou Deus, de acordo com sua capacidade. Nem a teoria do eu considera o feto um ser humano, porque ele não é capaz ainda de intuir um sentido individualizado do eu – a "marca registrada" do ser responsável pelas suas ações em um mundo de causa e efeito. Da mesma maneira que as sementes não podem ser chamadas de árvores até que elas germinem em seguida com troncos, galhos e folhas, a capacidade de intuir um sentido individualizado do eu depende da presença de respiração regulada por um sistema nervoso autônomo, algo que um feto não possui. Entretanto, um recém-nascido atinge um grau de individualidade com sua primeira respiração, simultaneamente assumindo as responsabilidades que vêm com a individualidade – o primeiro ser a continuar respirando. Em Gênese 2:7, Deus sopra o fôlego de vida nas narinas de Adão, dando a ele uma "alma viva", algo que ele presumivelmente não tinha antes. Além disso, *neshamah*, hebraico para a alma humana, vem do verbo *leenshom*, respirar; e a palavra hebraica *ruach* significa espírito e vento. A palavra *espírito*, do latim *spiritus*, é cognato com inspiração. E o sânscrito *prana*, que significa energia, é usado ao longo de antigos textos indianos para conotar respiração e espírito, cuja presença intuída nos plexos cérebro-espinhais é feita exteriormente por seu investimento de energia nervosa em respiração.

A teoria do eu irradia mais luz na prática social de oposição ao aborto ao sustentar que quando as vidas de diferentes seres estão igualmente em risco, favorecer aquele com mais capacidade intuitiva incita o potencial para a auto-expansão. Desse ponto de vista, a vida de uma mulher grávida seria mais valorizada do que a vida do seu feto. E ambos os pontos deixam claro que a teoria do eu coloca as considerações do aborto somente aos pés das mulheres, que para finalidade de auto-expansão têm de reter poder sobre seus corpos. As mulheres exclusivamente, ao que parece, são responsáveis por determinar todas as coisas que pertencem aos seus corpos, incluindo quando ter filhos, porque tais determinações influenciam o seu sentido do eu. Além disso, forçar qualquer mulher a mudar sua consciência de gerar uma criança não só é socialmente desestabilizadora, mas às vezes mortal.

Da perspectiva da ciência da intuição, qualquer instituição ou prática social pode potencialmente funcionar ou estreitar o eu, ativando padrões fisiológicos carregados com limitações impostas pela história ou cultura, uma característica dinâmica de cada articulação onde o eu encontra a sociedade. Por exemplo, suponhamos que um amigo no ambiente acadêmico tenta convencê-lo a obter uma graduação. Sua receptividade para esta alavanca fisiológica validaria a identificação com seu amigo e a glorificação de certificados acadêmicos. No entanto, apesar da promessa de um futuro abençoado com mais conhecimento e felicidade, se você se inscrever no programa de graduação, será requerido que você aceite a autoridade de uma instituição que exige seu respeito, qualifica-o como um indivíduo e subordina sua consciência a estudos específicos. Depois de se formar, você pode continuar limitando seus padrões de energia falando bastante sobre seus novos diplomas e tentar persuadir outras pessoas a adquiri-lo, até mesmo pode ser provável que os conduzam a dívidas.

O eu encontra a sociedade não só no ambiente acadêmico, que ativa o intelecto, mas em cultos que ativam as emoções, clubes sociais que ativam os sentidos, bem como partidos políticos e conscrição militar que ativam as forças da vontade. Em todas essas arenas potencialmente viciadoras, as forças sociais agem no sentido do eu por meio de um poderoso magnetismo – um "sociomagnetismo" – que pode facilmente fazer uma pessoa ser mais parecida a um produto do seu ambiente social do que um participante ativo.

Os padrões sociomagnéticos, como os fisiomagnéticos, ocupam residência no corpo onde eles produzem imãs de consciência que definem o sentido do eu.

Os indivíduos podem se libertar desse condicionamento de padrão sociomagnético ao gerar forças fisiomagnéticas de si próprios. A liberação a partir do sentido social do eu não só amplia a identidade da pessoa, como introduz a possibilidade de se tornar uma força formidável de mudança social. Por fim, os aspirantes espirituais que se opõem ao sociomagnetismo penetrante podem se tornar revolucionários sociais com liberdade de pensamento, por meio progresso facilmente obtido utilizando a técnica 12.

TÉCNICA 12

Do Sociomagnetismo ao Ativismo Social

Os ambientes sociomagnéticos obstruem o corpo com um fluxo constante de informações sobre como "se ajustar" – como manter pensamentos, sentimentos e comportamento alinhados com as expectativas necessárias e, portanto, em apoio ao *status quo*. Esses tipos de ambientes, sejam eles educacionais, médicos, corporativos, políticos, econômicos ou religiosos, são todos centralizados, seu poder e autoridade surgem de padrões fisiológicos abrigados por milhões de indivíduos. A entrada de qualquer um, invariavelmente, é repleta de dificuldades de ajuste e contribui para o desenvolvimento de um sentido social do eu, um estreitamento perverso da identidade pessoal.

Se você é fortemente influenciado por forças sociomagnéticas, provavelmente vai se tornar menos afortunado e eventualmente condicionado, sentindo-se distante do mundo natural. No entanto, por meio da prática da intuição, você pode substituir esse sociomagnetismo por um magnetismo pessoal refinado centralizando o poder em sua coluna. Uma vez que tenha construído o poder, a influência das instituições centralizadas desintegra-se e é vista pelo que ela é: energia cérebro-espinhal emprestada de indivíduos em uma escala volumosa. Melhor ainda, você vai se tornar um participante ativo em seu mundo, talvez até mesmo um defensor de pensamento livre de mudança revolucionária. Para medir seu progresso na evolução do sociomagnetismo ao ativismo social, localize seu nível atual de consciência de acordo com os nove passos seguintes.

1. Você se sente vulnerável às expectativas de outras pessoas, espiritualmente indefeso e muito desamparado para mudar as situações em relação às outras pessoas. Seu sentido do eu foi estreitado pelo condicionamento social.

2. Com consciência intuitiva aumentada, você descobre que o relacionamento de trocas entre seres humanos não é intelectual, emocional, materialista ou outros canais socialmente endossados, mas magnético.

3. Por meio da prática de controle da energia, asceticismo e introversão sensorial, você descobre um potencial inerente para ampliar seu sentido do eu.

4. Você começa a exercitar seu poder pessoal ao estender a idéia do eu que foi distorcida pelo condicionamento social. Para este fim, em vez de canalizar forças externas para uma minoria governante, você as canaliza para dentro, para sua coluna.

5. Você nota que ampliar intuitivamente seu sentido do eu minimiza a influência magnética de forças sociais em você e simultaneamente aumenta sua capacidade fisiomagnética de ajudar os outros na sua expansão de identidade.

6. Você visualiza instituições centralizadas, que tem intenção de promover um eu estreito, como obstáculos na jornada para uma identidade espiritual cada vez mais ampla para você e para os outros na sociedade.

7. Você conscientemente deixa de se distanciar de sua espiritualidade, observa a ampliação de seus interesses e percebe seu eu como o eu da humanidade.

8. Você escolhe um novo papel na sociedade, liberto pelo

conhecimento de que você não é mais gravado com a marca de nascença magnética de preocupações sociológicas e que o que se permuta com os outros é o magnetismo necessário para ter a intuição da essência infinita do eu.

9. Você reconhece que sua liberdade de condicionamento sociomagnético removeu qualquer vestígio remanescente de antagonismo percebido entre a natureza e a humanidade e revelou sua unidade subjacente de propósito: a expansão.

A afirmação dos antigos de que a intuição livra os seres humanos da existência condicionada é compreensível quando o condicionamento é percebido em termos de padrões eletrofisiológicos de limitação de consciência que foram registrados em resposta a estímulos sensoriais. Os métodos intuitivos rompem esses padrões e os reencaminham ao plexo cerebral mais sofisticado, desenvolvendo mais adiante a intuição e libertando o adepto do domínio de influências históricas e culturais, preconceitos de valor e outros efeitos de condicionamento finito que penetram na sociedade como a radiação. Finalmente, os impulsos de ativismo social surgem com a consciência de que é possível encorajar os outros na sociedade a adotar métodos para ampliar o sentido do eu – uma compreensão do eu na sociedade que só pode se desdobrar com um foco na espiritualidade separada da religião centralizada.

Um Novo Mito para Estimular a Reforma Social

Onde quer que vamos, tudo o que fazemos,
O eu é o principal sujeito do qual estudamos e aprendemos.
Ralph Waldo Emerson

Assim como um fluxo de mitos semeou a mudança social ao longo da história humana, um novo mito também pode revigorar a reforma social em nossa época. Para ter sucesso, tente formular e introduzir um novo mito que requeira uma compreensão de como a reforma social acontece e como as mitologias operam. Muitos mitos do passado persistem, moldando modos simplistas demais de pensar no mundo excessivamente complexo de hoje. Ao substituí-los, deve-se tomar cuidado para evitar propor soluções grandiosas que seriam igualmente impossíveis de se implementar.

As aplicações pragmáticas da teoria do eu sugerem que ela pode desempenhar vários papéis no fornecimento de um novo mito. Por exemplo, a teoria do eu afirma que os padrões fisiológicos da maioria das pessoas em qualquer grupo dominam sua paisagem geral. Em estados totalitários, onde ditadores ou partidos políticos extremistas impõem suas políticas por meio de falso patriotismo, sentimentos nacionalistas e advertências ao caos social, o sentido social do eu das massas é geralmente decifrado enigmaticamente com padrões de medo, fanatismo ou ganância. Devido a sua abundância, esses padrões regulam, dominando às vezes a determinação das poucas pessoas que resistem ativamente a políticas fascistas. Para ocorrer a reforma social, os indivíduos com forte magnetismo criativo precisariam mudar gradualmente o magnetismo da maioria por padrões de intrepidez, abrangência e sacrifício pela humanidade – padrões que provocam a descentralização do poder político, econômico, intelectual e espiritual. Considerando que o progresso depende do magnetismo combinado das massas, todos os tipos de mudança social são obrigados a levar uma abordagem de baixo para cima.

A teoria do eu propõe ainda que quando o padrão alcança uma massa crítica, a reforma social é inevitável. Por fim, isso significa que a reforma social reflete padrões alterados do pensar, interpretar e responder a circunstâncias, junto com um sentido social mais expansivo do eu. Por exemplo, onde uma maioria educada é constantemente oprimida, o resultado são padrões fisiológicos de privação e desespero alcançando uma massa crítica, desencadeando reformas violentas no sentido social do eu, que podem vir a se expressar por meio de execuções políticas, roubo e destruição de antiguidades culturais, como aconteceu durante as Revoluções da França, Rússia e China nos últimos séculos. Ao invés disso, a reforma deve ocorrer por meios não violentos, a massa crítica tem de se preparar gradualmente dentro da maioria, guiada pelo magnetismo expansivo de indivíduos que em vez de reagir cegamente à opressão, respondem a isso criativamente ao incorporar ideais espirituais expansivos tais como perdão, paciência e tranqüilidade.

Os reformadores socioespirituais que empregam a teoria do eu poderiam avaliar primeiro as forças opositoras de expansão e contração nos indivíduos, prestando atenção às forças míticas da religião que afetam diretamente a maioria. No último livro que concluiu em vida, *Inner reaches of outer space* [Extensão interior do espaço exterior], o estudioso religioso Joseph Campbell escreve: "Uma das primeiras preocupações dos antigos profetas e classes sacerdotais estabelecidas em sistemas mitológicos tribais ou institucionalmente orientados, sempre foi limitar e definir o campo de expressão permitido da faculdade expansiva do coração, mantendo isso em um foco fixo dentro do campo exclusivamente da mônada étnica, enquanto deliberadamente canaliza para fora todo impulso à violência".[7] Refletindo a expansibilidade da essência do eu, a tendência natural dos corações de todas as criaturas é ampliar. No entanto, como ressalta Campbell, em vez de encorajar os seguidores a ampliar o sentido de identidade além dos limites étnicos, os porta-vozes de religiões organizadas advertem freqüentemente contra isso.

Ao declarar que os antigos mitos que defendem a exclusividade sejam substituídos por uma nova visão do cosmos que reflete a tendência expansiva do coração, Campbell indaga: "Os deuses antigos estão mortos ou morrendo, e as pessoas os estão buscando em todos os lugares. 'O que deve ser a nova mitologia, a mitologia desta terra unificada a partir de um ser harmonioso?'".[8] Enquanto considera tal visão, Campbell dedica a discussão significativa à abordagem científica do pranayama e à prática transcultural. Ele teoriza que a espiritualidade humana gira universalmente em torno de uma batalha interna contra o eu limitado; ganha-se por retirar a energia do corpo, mente e sentidos para a coluna e até o cérebro, e que as guerras exteriores resultam quando o eu limitado governa inibindo a expansão do coração.

As interpretações de mitos religiosos salientam esta idéia. Por exemplo, os estudiosos muçulmanos progressivos afirmam que a *jihad* representa uma batalha interna contra o eu pequeno; contudo, outros explicam a *jihad* como a guerra contra os incrédulos. Um místico do sufismo que batalha contra o ego pequeno deixará de identificar-se com os ensinos segregadores porque eles causam contração intimamente. Igualmente, um estudioso espiritual rejeitaria a autoridade incontestada do Alcorão e outras escrituras bíblicas, reconhecendo que só a intuição, não livros impressos, pode revelar a natureza expansiva da essência infinita do eu. Campbell ecoa a teoria do eu em seu sentimento de que interpretações humanitárias e então universais de mitos religiosos, junto com uma compreensão de pranayama, desempenhariam um papel importante na nova mitologia que encoraja a reforma social global. Infelizmente, ele não diz como o pranayama poderia ser introduzido às massas.

Antes de tentar criar um mito capaz de inspirar a reforma social, é importante compreender como os mitos funcionam. Eles não são os responsáveis por eventos passados, mas sim noções de Deus, eu e o cosmos. Como tais, os mitos funcionam como metáforas para os desejos primários da humanidade com relação à vida infinita, consciência, conhecimento e felicidade. Os mitos são complexos, mas muitas pessoas lhes dão interpretações reducionistas, talvez porque elas estejam concentradas demais para perceber como até mesmo mitos rivais revelam semelhanças transculturais entre os seres humanos.

Os estudiosos religiosos usam o termo "verdade valorizada" para denotar o mérito universal de determinados mitos. No entanto, chamar um mito de verdade valorizada, pode desviar a atenção das superfalsidades e atitudes violentas que ele incorpora. Por exemplo, a figura do mito de Jesus como Cristo é apoiada como uma verdade supervalorizada porque serve como um modelo de busca universal da humanidade pela vida eterna. Embora oculto, sob esta marca está a insistência segregadora do mito que falha em empregar a imagem de Jesus como um foco de devoção que remeterá os incrédulos para um inferno eterno. Quando este aspecto exclusivo do mito permanece escondido, igualmente ocorre a limitação que acompanha o sentido social do eu que investe no mito a fim de adquirir uma identidade segura em um mundo amplamente precário.

Os mitos rivais, quando permitido coexistir, facilmente retêm o poder metafórico de suas imagens divinas. Isto é, se duas pessoas adotam histórias contraditórias de Jesus, ambas as imagens podem ainda servir como focos de concentração. Os detalhes históricos de competição falham em diluir o poder de uma imagem mítica porque eles são imateriais a ela. São Francisco e outros não tiveram sequer a necessidade de saber os detalhes da vida de Jesus para adorar a Deus na forma de Jesus. Nem detalhes históricos ou a falta deles necessariamente diminuem o tamanho de figuras como Cristo.

Os mitos não só funcionam como metáforas para as aspirações íntimas da humanidade, como também, espelhos que refletem a idéia do eu. Por exemplo, Maria Madalena foi retratada às vezes como uma mulher digna próxima a Jesus; em outros, foi descrita como prostituta, um modelo de impureza transformada em pura, pela graça de Jesus. Atualmente ela é interpretada como uma mulher justa, cuja imagem foi manchada por líderes misóginos da igreja. Não foi Maria que mudou, mas a tendência das pessoas venerarem ou insultarem sua mudança de imagem mítica – ou seja, seus modos de pensar sobre si próprias.

Outro mito quase transparente em relação a sua capacidade refletiva é o de Buda e suas Quatro Nobres Verdades. A primeira verdade declara que a existência humana é um dos sofrimentos; um investigador espiritual que trabalha com a teoria do eu poderia interpretar este sofrimento como um resultado direto do eu limitado com seus prazeres superficiais e alegrias passageiras que limitam a consciência humana às impressões sensoriais do corpo. A segunda, que o sofrimento é causado pelos desejos, poderia ser explicada conforme segue: visto que comer e tomar banho requer desejos, a única saída para todos os desejos seria se matar, o que por si só requer um desejo que levaria ao sofrimento. A terceira afirma que há uma saída do sofrimento; o estudioso espiritual poderia decifrar visto que esse é o desejo de um sentido limitado do eu que causa sofrimento, distinguir entre esses desejos e aqueles com um sentido expansivo do eu solucionará a contradição da segunda verdade de desejar ser livre do desejo. A quarta verdade, o Caminho dos Oito Nobres de Buda, poderia ser interpretada como significado do desejo espiritual de desarraigar o estreitamento de desejos e identidades e ampliar o sentido do eu. No entanto, ao decifrarmos o mito de Buda, a nossa interpretação depende da idéia do eu que estamos considerando no presente momento. Até mesmo nossa atração ou aversão, depende da questão de como pensamos em relação a nós mesmos.

O fato de que as três principais fés monoteístas – o Judaísmo, o Cristianismo e o Islamismo – adoram o mesmo Deus do ponto de vista das Escrituras, embora interpretem Deus tão diferentemente, sugere que as imagens míticas de Deus também reflitam idéias diversas do eu. Isso explicaria por que, apesar da crença em um Deus em comum, um adorador estreitamente associado a uma fé é incapaz de se identificar com alguém de outra fé. Por exemplo, o uso da imagem de Abraão para unir os muçulmanos e os judeus falhou porque os dois grupos não concordaram sobre os detalhes da vida de Abraão; e os detalhes contraditórios, escritos por diferentes idéias do eu, confrontam a mesma animosidade expressa nas situações da vida atual dos grupos. Os judeus dizem que os muçulmanos distorceram as histórias originais de Abraão, não percebendo que o mito de Abraão surgiu de um antigo sentido limitado de identidade, ao qual eles ainda se prendem. Quaisquer das imagens, seja de Abraão, Buda, Maria Madalena, Jesus ou Deus, podem ser interpretadas somente para adaptar-se ao eu dos intérpretes, que simultaneamente projetam suas idéias do eu sobre ele e tudo mais.

A criação de mitos como forma de projeção é uma atividade

penetrante: seres humanos, motivados por suas idéias do eu, convertem continuamente artefatos do passado em fatos usados para estabelecer a historicidade. E embora alguns fatos possam ser universalmente consentidos, a linha entre converter e subverter artefatos permanece sempre vaga. Ironicamente, teólogos que se empenham em tais conversões prestam pouca atenção à inevitabilidade de que muitos artefatos que eles moldam em mitos são mitos deles próprios gerados por teólogos anteriores.

Certamente, a história definida como uma crônica de eventos atuais é um termo incorreto. De forma interessante, o conceito de registrar eventos conforme eles aconteceram não foi completamente considerado até o século catorze, quando o famoso filósofo histórico árabe *Ibn Khaldun* escreveu *Kitab al-Ibar*. Antes disso, os eventos eram habitualmente transfigurados pelo sentido do eu do contador da história. Atualmente, até mesmo os historiadores assíduos admitem que a documentação histórica é um tipo de ficção visto que nenhuma retribuição escrita pode possivelmente abranger toda a perspectiva em todos os detalhes de cada evento.

Este processo de conversão ou transformação em mito, não só acontece enquanto se lê a Bíblia ou se analisa uma relíquia antiga, mas com cada lembrança que recordamos. E são essas imagens míticas de nós mesmos que formam nossa visão de mundo e nossas crenças. Estas, por sua vez, moldam nossa lembrança de eventos que aconteceram no passado, provocando um "curto circuito" em qualquer consciência de nossa identidade expansiva e na natureza sempre inconstante do sentido limitado do eu. O sentido aparentemente estável do eu que preside de fato sobre nossas recordações emerge do sentido limitado do eu que é por natureza capaz de se lembrar apenas de si mesmo.

Infere-se que as imagens de Deus, acreditadas por beneficiar um grupo de pessoas sobre outras, são simplesmente imagens projetadas do eu e nada mais confiável. Quando alguns indivíduos afirmam ter conversas com Deus, significando que é o Deus de todos em contraposição meramente a sua imagem pessoal da divindade, eles estão se referindo a um Deus mítico construído dos artefatos que informam uma experiência do eu. Na verdade, eles conversam consigo mesmo – uma ocupação que pode ser inofensiva ou até mesmo instrucional se sua intenção for focalizar a mente. Mas se suas mentes falam que eles são os próximos profetas ou líderes de guerra, eles invariavelmente profetizarão ou promoverão guerra contra uma reflexão de sua identidade e desejarão defendê-la, inundando as mentes dos seus seguidores com as mesmas idéias míticas.

Se tudo o que entendemos como verdade, inclusive Deus, é uma criação mitológica do sentido do eu, então o novo mito de hoje para acelerar a reforma social teria de ser o precursor de todos eles: *o sentido individualizado do eu*. Esta é a geradora de todos os mitos e imagens de Deus, arraigada na teoria do eu, que pode ser entendida como nossa própria auto-imagem com base nos artefatos de recordações e dados sensoriais, montados e moldados pela interpretação repetida, proporcionando-nos um sentido aparentemente estável de identidade. Paradoxalmente, quanto mais nos engajarmos com esse mito, mais voltados para ele nos tornamos, libertando-nos eventualmente de identidades limitadas na descoberta de que o sentido individualizado do eu que temos intuído só é estável dentro da realidade finita que construímos enquanto o cosmos, composto da essência infinita do eu, oferece apenas um eu ilimitável estável em uma realidade eternamente expansiva. Como nossa capacidade intuitiva aumenta, nosso sentido do eu transcende gradualmente as aparentes divisões nas quais o cosmos é baseado. Para nossos tempos, este novo mito responde, portanto, à necessidade histórica dos direitos e recursos compartilhados em uma época de globalização sem precedentes.

Historicamente, as culturas eram alienadas ao sentido individualizado do eu que informava suas projeções e conseqüentemente usava mitos para expressar as verdades locais como verdades valorizadas em um esforço para santificar seu passado e divinizar sua sociedade. Ao rejeitar a unidade essencial da raça humana, estes criadores de mito não consideraram que o cosmos claramente visto era suficiente para revelar a indivisibilidade do mundo. Ou talvez a essência infinita do cosmos fosse inacessível a eles. A verdade cósmica valorizada na atualidade, de acordo com o novo mito, é que Deus está em todos os lugares, desempenhando o papel de inúmeros eus nesta realidade dividida de tempo e espaço a qual os sentidos são privados. Diferentemente declarado, o nosso mundo é onde os incontáveis eus individualizados, humanos e não humanos, do eu infinito de uma pessoa percebem e projetam exclusivamente de acordo com o seu sentido do eu. Aqui, a idéia limitada do eu é a única fonte de ignorância; a idéia expansiva, a única fonte de conhecimento.

A partir dessa perspectiva, infere-se que ninguém verdadeiramente adora a Cristo ou qualquer outra imagem de Deus. Em vez disso, todos adoramos o mesmo eu infinito chamado Deus, na forma de nossos próprios eus. Embora esse eu infinito não possa ser provado como existente, o intelecto finito pode propor que uma essência do eu constitua a base de existência – uma proposição que pode ser testada repetidamente. Deste modo, descobre-se que embora um sentido do eu escape dos cinco sentidos, os indivíduos infalivelmente percebem vários graus de autoconhecimento. Também se torna evidente que todo mundo intuitivamente conhece um fragmento da essência infinita do eu e nada mais, visto que a consciência é autoconhecimento, uma forma de conhecimento baseada em si mesmo.

A educação é então auto-educação, com a humanidade como a fonte instrutiva primária. E a verdade valorizada aplica-se somente a mitos que são universais e unificantes. Os indivíduos que concordam com esses princípios já não serão controlados pelos esforços das religiões organizadas em santificar mitos segregadores que carecem de um fundamento na razão, ciência e justiça social.

Se Campbell e os antigos têm razão e o pranayama conduz à auto-educação, seu novo mito unificante ainda é difícil de perceber, visto que os mitos por sua natureza não são compreendidos universalmente, mas são predominantemente criados e interpretados para unificar um grupo em oposição a outros. Curiosamente, os colonos europeus cristãos, embora se considerassem pessoas escolhidas em relação aos americanos nativos, geralmente não se identificavam com os judeus, os criadores daquele mito autodivinizado. Por causa da projeção envolvida na criação do mito, o desafio endêmico em introduzir a humanidade ao novo mito é oferecer significado sobre o cosmos sem apelar para o instinto de acreditar. Isso precisará ser costurado em um tecido mais atual, embora seja exatamente quando as teorias se tornam preceitos para vestir as massas em que materiais segregadores e cerimoniais enganosos poderão ser costurados. Por fim, resta-nos a escolha de diluir o novo mito, como foi feito com os mitos da Nova Era, recentemente convertidos em buscas de autoconhecimento para alegorias de auto-ajuda, oferecendo pouca vantagem à humanidade ou enaltecendo a humanidade ao grau que a ciência da intuição se torna popular de forma que o novo mito possa consolidar-se entre as massas.

Elevar a humanidade para aumentar a receptividade ao mito unificante do sentido individualizado do eu requer instruir as pessoas sobre a compatibilidade da intuição com o pensamento crítico. Quase todo ser humano nasce com o potencial de pensar criticamente, mas, muito freqüentemente, essa faculdade permanece adormecida, apesar de uma multidão de idéias brilhantes atravessarem a mente. Elas têm muito a ver com o pensamento de como anotar rapidamente as palavras em um papel. Certamente, o maior impedimento para pensar é o condicionamento da sociedade. Historicamente, o pensamento era temido em círculos religiosos porque provocava uma objeção da autoridade e questionamento das tradições. E, equivocadamente, somos ensinados a considerar a intuição e o pensamento como faculdades mutuamente exclusivas.

As tendências antiintelectuais geradas por religiões organizadas séculos atrás são atualmente correntes predominantes. Alarmistas étnicos e nacionalistas afirmam que a proficiência com palavras é projetada somente para enganar e que a habilidade pretendida de filósofos para identificarem-se com a humanidade por introspecção é mero sofisma. O corporativismo também retarda o crescimento intelectual, encorajando as pessoas a pensar principalmente nos benefícios de ganhar dinheiro em vez de conceitos mais universais. E a educação pública, bastante orientada ao exame para apoiar o desenvolvimento de habilidades de pensamento, faz com que a sociedade seja conivente com a negligência dos níveis mais altos da política.

Deparando-se com o estado comprometido da capacidade intelectual da humanidade, historiadores como Arnold Toynbee eram da opinião que na história da humanidade nunca existiu uma maioria pensante e, portanto, o melhor a fazer era aspirar por uma maioria que imitasse o pensamento da minoria criativa e, assim sendo, suprimisse os padrões impostos por programas que geravam medo, fanatismo ou ganância. Ele poderia ter razão, mas não sabia sobre a internet e outros recursos aniquiladores do espaço por vir, ou sobre as crises de tremor terrestre que a humanidade enfrenta atualmente, todos os quais apelam para a investigação intelectual, fazendo uso desta faculdade mais imperativa agora do que antes.

Além de promover a competência intelectual, outro meio de elevar a humanidade para aumentar a receptividade à ciência da intuição e seu mito unificante é a educação nas propriedades expansivas do coração. A teoria do eu enfatiza, assim como Campbell, que todo ser humano é dotado de um coração expansivo – uma premissa que pode ser confirmada ao se observar as crianças que ainda são intactas pelo antiintelectualismo, materialismo e mitos segregadores. A maioria dos bebês e crianças que receberam uma abundância de amor e contato físico afetuoso abrirá o seu coração às pessoas e animais mesmo que nunca os tenha visto. E quando investimos em uma educação para infundir habilidades de pensamento crítico em conjunto com um coração expansivo completamente em funcionamento, cultivamos o solo para o novo mito que inspira a reforma social.

As técnicas de pranayama podem ser ensinadas nas escolas ajudando a promover a expansibilidade do coração. E embora a separação da igreja e do estado seja ameaçada por orações escolares que apelam para um ideal separatista de Deus, este não será desafiado pelos métodos não sectários e puramente psicofísicos de auto-expansão por meio do pranayama, a ciência por trás da oração, mais do que pela biologia, matemática ou educação física. A prática do pranayama descrita na técnica 13 ajuda as crianças a aprender a partir de uma idade jovem sobre como lutar contra padrões que fecham a expansibilidade natural do coração para que possam introduzir reformas sociais capazes de acelerar o progresso científico e assegurar a paz mundial. Talvez os heróis de guerra dos futuros mitos serão aqueles que conquistarem o sentido limitado do eu.

TÉCNICA 13

Magnetizando o Coração Expansivo

O coração emotivo humano naturalmente rende um sentimento expansivo se for canalizada consciência suficiente para ele. O melhor modo de experimentar esse fenômeno é magnetizando o coração – dirigindo a energia nervosa para o plexo dorsal da coluna atrás do coração – em vez de glorificar o eu fingindo amar a humanidade. A consciência substitui então compreensões intuitivas de forma decrescente ligadas por ambições sensoriais associadas aos plexos inferiores. Como resultado, o sentido social do eu é definido menos por impulsos reativos e mais por valores transpessoais. Considerando que a oração usa uma imagem de Deus para mover a atenção de alguém da coluna para o coração, esta técnica, empregando a respiração, produz o mesmo efeito, mas com mais intensidade. A maioria das crianças, ao imitar seus pais, pode começar a empregar esta técnica prosperamente aos três anos de idade, contanto que a pratiquem diariamente antes de comer.

Sente-se em uma cadeira de altura confortável em um ambiente silencioso, com sua coluna reta, ombros para trás e omoplatas levemente juntas, palmas juntas ao tórax como em forma de oração, olhos fechados e focalizados levemente para cima, boca fechada e queixo suavemente pressionado contra seu tórax. Esta posição, por canalizar energia nervosa para longe dos sentidos e em direção à coluna, voltará sua atenção mais para dentro.

Em seguida, tensione seu abdômen e exale completamente pela boca; feche a boca novamente e inale lentamente por suas narinas com um leve som soluçante, causado pela obstrução parcial da sua epiglote. No momento em que estiver inalando, permita que seu abdômen e a parte inferior das costas se expandam; conforme você traz a respiração até seu plexo dorsal, deixe sua caixa torácica se expandir também. Colocando sua atenção em suas mãos, estenda seus dedos para fora como antenas e deixe seu tórax expandido empurrá-los para frente. Mantendo o queixo no tórax e os dedos esticados para fora, focalize na sensação de expansibilidade em seu coração. Prenda sua respiração durante seis segundos, permitindo que seu abdômen penetre debaixo da sua caixa torácica. Então exale lentamente com sua epiglote ainda levemente fechada, fazendo um leve som de aspiração, e finalmente inverta o movimento de inalação permitindo que seu tórax esvazie, contraindo seu abdômen suavemente e expulsando o ar restante. A exalação deve ter a mesma duração que a inalação, enviando, portanto, energia nervosa considerável ao plexo dorsal e magnetizando o coração.

Comece a praticar esta técnica doze vezes cada vez que se sentar, com uma ou duas sessões ao dia. Com o passar do tempo, avance para quatro sessões por dia e então gradualmente, depois de vários meses, para dezoito, vinte e quatro e finalmente trinta e seis ciclos de prática cada vez que se sentar. Com o progresso, suas inalações e exalações vão se tornar mais longas, e conforme isso acontecer, certifique-se de que elas permanecem com a mesma duração. Inicie com inalações e exalações de seis segundos, desenvolvendo muito gradualmente para inalações e exalações que durem doze ou mais segundos. Se ocorrer dor nos pulmões ou tórax, descontinue a prática por alguns dias.

Depois de trabalhar com esta técnica psicofisiológica durante aproximadamente seis meses, você vai notar sua atenção gravitando para seu coração expansivo em outros momentos durante o dia. Para torná-la uma prática consciente, extraia energia para seu coração a qualquer momento, quando estiver aguardando em uma sala lotada, atravessando uma interseção movimentada ou executando outras tarefas seletas. Isso é, em vez de artificialmente autodivinizar fingindo representar um sentimento expansivo, o que pode levar justamente de volta a um estreitamento do eu e surtos de afetação, mude seu centro de consciência e permita que o sentimento expansivo do coração seja naturalmente intuído. Para ajudar sua mudança na atenção, concentre-se em receber pelas antenas em seu tórax a expansão infinita da essência do eu estabelecida nos corações de todas as coisas.

Uma humanidade elevada por meio de criação intelectual e expansão do coração torna-se solo fértil para a disseminação de baixo para cima do novo mito da teoria do eu que estimula a reforma social ao revigorar uma mudança no sentido social do eu e ideal de Deus. Muitos deuses mitológicos da Idade das Trevas estão morrendo porque a estreiteza pela qual eles foram criados e depois interpretados causou sofrimento e infelicidade. Coletivamente, o ideal de Deus projetado por qualquer religião organizada em competição com aquele de outras fés tem causado segregação e estratificação entre as sociedades, arruinando a paz mundial. James Baldwin, ao sentir essa desagradável situação, escreveu, "Se o conceito de Deus tem qualquer validade ou qualquer uso, ele pode ser apenas para nos fazer maiores, mais livres e mais amorosos. Se Deus não pode fazer isso, então está na hora de nos livrarmos Dele".[9] Contudo, para alcançar a paz e a felicidade, as pessoas não precisam se livrar de Deus, mas sim, por meio da adoração pela contemplação, chegar diariamente a um novo ideal da imagem de Deus.

Redefinir Deus por meio do novo mito de um sentido individualizado do eu nos convida a adotar interpretações mais unificadoras das imagens de Deus. Por exemplo, o mito hebreu que diz que Deus criou Adão à sua própria imagem, utilizando-se do pó do solo. Analisando essa afirmação temos que se os humanos são criados à imagem de Deus, então eles também seriam criadores – mas eles não têm poder algum para criar algo do nada, só habilidade de deslocar substâncias brutas e refinadas. Se Deus não tem o poder para criar algo do nada também, mas apenas deslocar o pó primordial para trazer as estrelas e os mundos à existência, então quem precisa de um Deus criador para formar as estrelas, os mundos e a vida a partir dos gases estelares, especialmente na atual era científica quando as leis da natureza já explicam tal feito? Ao interpretar a parte desse antigo mito que diz que Deus criou Adão a partir do pó da terra, pode-se dizer que se os humanos são feitos do pó e à imagem de Deus, então talvez Deus seja o cosmos e tudo tenha sido feito à imagem de Deus, desde os animais até os átomos, tudo com graus variados de semelhança e tudo procriando à sua própria imagem.

De acordo com esse novo perfil de divindade, Deus é tudo, manifestando um fragmento de infinidade em átomos totais e estrelas, plantas e insetos cujas consciências do eu são dificilmente despertadas, formas animais finitas brutas que subconscientemente trabalham pela infinidade, e formas humanas refinadas capazes de procurar conscientemente pelo eu expansivo do cosmos dentro de si mesmas. Voltando-nos para fora para visualizar outro ser humano ou até mesmo uma pedra, subseqüentemente percebemos que estamos vendo uma parte de Deus. Ver mais de Deus, como em um grande rochedo ou de uma vista panorâmica, pode inspirar admiração. A euforia que muitos astronautas sentem ao ver o planeta inteiro de lá do espaço muito provavelmente resulta de um sentimento de ter visto um enorme pedaço de Deus.

Considerando que para os humanos a Terra parece grande, ela nada mais é do que uma partícula de pó em comparação à infinitude do cosmos. O sentido individualizado do eu parece igualmente colossal, embora seja somente uma pequena parte da humanidade. As faculdades humanas só registram porções minúsculas de infinidade devido à faixa estreita de tempo e espaço acessível aos sentidos. É esta a situação difícil que fez com que os ascetas, que queriam ver Deus na sua totalidade, subitamente, se voltassem para dentro para o conhecimento direto do eu infinito de Deus.

Crianças e adultos que diretamente intuem crescentemente

mais do eu de Deus ao criar suas faculdades expansivas terão uma defesa natural contra as influências estreitas do antiintelectualismo, materialismo e mitos segregadores. Eles serão os pioneiros da maior reforma social, introduzindo, entre outras melhorias, tecnologias ambientalmente amigáveis que descentralizam a geração de energia elétrica, promovendo lealdade à humanidade em vez de nações, fortalecendo as Nações Unidas ou alguma entidade multinacional semelhante para lutar contra quaisquer guerras necessárias, e removendo o sectarismo da espiritualidade. A mudança não pode ocorrer da noite para o dia, mas uma mudança notável no sentido social do eu pode ser concebivelmente realizada dentro de uma geração.

quatro

testando as opções atuais

Podemos conhecer Deus?
Movimentos espirituais modernos
Vulnerabilidade do eu
Celebrando a apostasia

Podemos Conhecer Deus?

Nós tornamos nosso mundo significativo
Pela coragem de nossas perguntas e pela
Profundidade de nossas respostas.
Carl Sagan

Durante milhares de anos a pergunta sobre se os humanos podem conhecer Deus – ou seja, obter conhecimento do infinito – preocupou os pesquisadores e seguidores espirituais da religião organizada. A crença em um paraíso eterno presume que os humanos atingem tal conhecimento depois da morte, mas apesar do conforto derivado da visualização da morte como uma porta para a eternidade, pode não ser possível para um ser finito perceber a infinitude. A teoria do eu, que propõe a possibilidade de um conhecimento intuitivo infinito, pode proporcionar um *insight* a essa antiga questão.

Essa teoria oferece um método para colocar à prova o conhecimento infinito da mesma maneira que os físicos testam o conhecimento finito. Em física, o cosmos consiste em quatro forças: gravidade, eletromagnetismo, interações nucleares fracas e fortes. Essas forças da natureza representam o funcionamento de aspectos de matéria cada vez mais admiráveis, de planetas e estrelas a elétrons, átomos e partículas subatômicas. O poder para utilizá-los tecnologicamente vem com seu conhecimento, implicando que uma pessoa que aproveita tal poder possui conhecimento das forças finitas correspondentes. Igualmente, uma pessoa com poder infinito teria um conhecimento infinito.

Um padrão para testar o poder infinito é então necessário para determinar se os humanos podem conhecer Deus. Para chegar a tal padrão, é essencial entender que de acordo com a teoria do eu, o cosmos consiste em quatro essências: a essência infinita do eu e dela as manifestações brutas de forma crescente conhecidas como idéias causais, prana e átomos. À medida que a energia nervosa e a consciência elevam-se do plexo coccígeo na base da coluna até o plexo cerebral no crânio, uma pessoa intui essências mais e mais refinadas. Quanto mais a consciência de uma pessoa transcende a função interpretativa da mente, maior é o seu poder de intuir a essência infinita do eu.

O poder infinito, então, requer uma liberdade sempre crescente da mente preguiçosa, dispersa e ligada ao sentido, intuído como um atributo de um eu individualizado. Considerando que a mente fragmenta a essência do eu em sua hierarquia de essências cósmicas, a liberação da mente eventualmente revela a indivisibilidade essencial da essência do eu. A mente é apenas uma idéia causal, um aspecto elementar de todas as essências, diferente do eu eterno. Como tal, para a mente, a divisão do eu eterno é real, embora o poder que surge pela liberdade da mente promova triunfo sobre as limitações físicas, com base na consciência de que cada parte do cosmos reflete a essência do eu. Para compreender melhor a indivisibilidade do eu de uma pessoa, é útil contemplar as comparações físicas modernas entre o cosmos e um holograma, em que cada parte reflete o todo de acordo com sua capacidade intuitiva.

Possuir poder infinito tornaria possível, por exemplo, superar o tempo e o espaço. Com base na teoria do eu, as dimensões de tempo e espaço da Terra são funções da essência do eu em sua manifestação como átomos em movimento, e quando os átomos voltam ao prana, seus valores de tempo e espaço abrem caminho para parâmetros mais amplos de uma existência com base no prana; em contrapartida, a divisão de idéias causais resulta em prana e átomos. Visto que todas as existências atômicas, prânicas e referentes aos conceitos participam no panorama da natureza cósmica, a superação de tempo e espaço despertaria uma consciência das leis da natureza conforme elas se estendem além dos limites da matéria atômica. Se a idéia causal de mente também tivesse de ser superada, o cosmos consistiria meramente na essência infinita indivisível do eu que age com idéias finitas. Identificar-se completamente com essa essência infinita do eu, por fim, dotaria uma pessoa de qualquer poder que se originasse de reduzir intuitivamente tudo do cosmos a uma essência unificada.

Mais especificamente, a teoria do eu indica que o conhecimento infinito de uma pessoa torna-se evidente por meio do poder de desmaterializar e rematerializar o corpo à vontade. O feito de desmaterializar como um meio de demonstrar a aquisição do conhecimento infinito faz sentido neste contexto, uma vez que o corpo é considerado uma manifestação atômica do eu individualizado; um eu infinito anterior à individuação não seria condicionado pela presença de um corpo. E o poder de desmaterializar surge de intuição. Uma pessoa que intui o prana e idéias causais, dizem os antigos iogues, poderia converter os átomos do corpo em prana e este em idéias causais.

Devido ao fato de os antigos afirmarem que o poder de desmaterializar e rematerializar estão dentro do escopo da capacidade humana, pode-se perguntar que tipo de mundo eles pensavam habitar. Nós sabemos agora que ele era provavelmente composto de ondas de luz e energia, como descrevem os físicos do mundo moderno. De fato, a teoria do eu e a teoria da relatividade encontram-se no enigma da luz, que possui propriedades em ambos os domínios. No anterior, os átomos corporais eram considerados luz congelada finalmente entendida como luz pelo estado sem respiração, e o caminho para o infinito é unir a consciência da pessoa com a essência do eu e assim ver o cosmos como luz infinita sem divisão de tempo e espaço. No domínio da física da relatividade, a velocidade da luz, c, nunca pode ser alcançada por um objeto material porque em velocidades que se aproximam de c, a massa e a energia aumentam infinitamente, o tempo reduz a velocidade e por fim pára, e o espaço entra em colapso. É como se o cosmos estivesse dizendo: "Você não pode superar o espaço e o tempo e tornar-se luz infinita por meio de tentativas de alcançar materialmente a velocidade da luz. Contudo, se atingir o movimento simulado da velocidade da luz ao acelerar a taxa vibratória da mente pela concentração interna, acalmando a respiração, meus segredos serão revelados e eu vou torná-lo luz". Talvez o Jesus místico estivesse explicando essa prática quando disse: "A candeia do corpo são os olhos; de sorte que, se os teus olhos forem bons, todo teu corpo terá luz" (Mateus 6:22). Quanto aos antigos iogues indianos, eles podem ter selecionado o poder sobre-humano de desmaterialização como prova de conhecimento para impedir os adeptos de sucumbir às afirmações ilusórias de infinidade enquanto vinculado a um corpo finito.

Qualquer que seja a razão real de sua origem, o método de teste de desmaterialização para conhecimento infinito enfraquece a tendência humana de presumir a posse da verdade absoluta. Por exemplo, afirmar que as almas humanas vão para uma eterna estada após a morte do corpo, é equivalente a afirmar conhecimento infinito. Os pastores e sacerdotes muçulmanos desafiadores que profetizam o paraíso eterno para testar seu conhecimento infinito por meio do poder infinito, talvez, ao converter os seus corpos em luz de prana, revelariam que não têm tal conhecimento. Em condições pragmáticas, se eles de fato tivessem o conhecimento infinito de um paraíso eterno que os espera após a morte, este conhecimento evitaria a lamentação da morte de um membro da família ou de um amigo com destino ao paraíso, eliminaria o medo da mortalidade e induziria à renúncia de interesses próprios limitados neste mundo efêmero – nenhum dos quais tipicamente caracteriza a vida de autoridades religiosas exclusivas. De ambas perspectivas, parece que paraísos sectários são apenas teorias, além de serem segregadoras nesse ponto. As autoridades religiosas e os estudiosos sinceros da verdade, ao invés de reconhecerem a ignorância do infinito, naturalmente vão se abster de trocar essas e outras crenças.

A teoria do eu revela mais adiante que a prova para conhecimento por meio de manifestações de poder requer determinadas condições. Primeiro, *a compreensão do conhecimento pode ser testada somente por aqueles que se esforçam para isso.* A exibição externa de poder não prova coisa alguma a indivíduos que carecem do conhecimento que ela confirma. Por exemplo, um *boximane* pode observar as capacidades de um telefone celular, mas elas permanecerão inexplicáveis e não provarão o conhecimento de radiação eletromagnética do inventor a menos que o boximane investigue o eletromagnetismo. Semelhantemente, se o poder da desmaterialização fosse exibido diante de uma multidão, a teoria do eu permaneceria hipotética para todo o mundo até que eles intuíssem pessoalmente o conhecimento do eu infinito.

Uma segunda condição requerida no teste para conhecimento por meio do exercício de poder é que *a determinação deve ser feita utilizando-se o mesmo método tomado para obter o conhecimento*. Os caminhos para o conhecimento material não podem ser utilizados para confirmar o autoconhecimento intuitivo porque o eu não está dentro da sua esfera. De fato, o autoconhecimento intuitivo não pode ser provado por métodos materiais, mais do que teorias materiais podem ser provadas por teologia. Por exemplo, o uso da ciência para provar que uma técnica de meditação poderia induzir a um sentido mais expansivo do eu não só subverteria a ciência e distorceria a espiritualidade, mas seria totalmente ineficaz. O intelecto e os sentidos não podem sequer confirmar se um sentido expansivo do eu inspirou as ações de indivíduos religiosos como a falecida Madre Teresa, visto que ela poderia ter sido motivada por inúmeros fatores.

O autoconhecimento pode ser confirmado somente por meio da intuição. Isso significa que o conhecimento do eu em expansão não pode ser possivelmente validado ou refutado por via de dados sensoriais, pensamentos, crenças, sentimentos ou ciências materiais. Devido ao fato do eu individualizado interpretar tais informações por seus próprios padrões finitos e por suas próprias faculdades finitas para se conhecer, deve-se olhar para dentro.

O fascinante teste para conhecimento do eu infinito, embora potencialmente desanimador, livra o cientista intuitivo de contradições externas impulsionando a compreensão de que todo o conhecimento é autoconhecimento; que a habilidade de adquirir autoconhecimento infinito traduz-se no potencial de perceber o conhecimento infinito, ou Deus; e que o sentido individualizado do eu é o único canal para o eu indivisível de Deus. Em termos de teoria do eu, o eu é alguém e, como manifestações à base de átomos individualizados dele, todos nós naturalmente buscamos conhecer o eu infinito indivisível que pode ser chamado Deus. Essa busca permanece apesar das imagens fragmentadas do eu, tais como aquelas retratadas pelas três principais fés monoteístas onde o Deus de Moisés poderia dizer, "Eu sou o eu"; Jesus diria: "Eu e o eu somos um"; e Maomé poderia dizer: "Não há eu algum, mas o eu, e o sentido individualizado do eu é o mensageiro final do eu". Embora o eu seja individualizado ou indivisível, nunca poderá ser provado por via dos sentidos ou intelecto, ele é sempre intuitivamente conhecido, pelo menos até certo ponto, e é então preparado para olhar para dentro a fim de que possa vir a conhecer Deus.

Ao aplicar esses padrões de testes coletados da teoria do eu, os estudiosos da verdade podem cientificamente investigar a questão "Como eu, nós podemos conhecer um eu maior que aquele limitado por nossos sentidos?" – em outras palavras: "Podemos conhecer Deus?". Para muitas pessoas, tal pesquisa esclarece suas escolhas de vida à medida que elas se perguntam: *Eu estou disposto a testar minha base de conhecimento? Quais ferramentas eu preciso? Como meus esforços poderiam ser merecedores desta meta? E se eu achar que eu estou cheio de informações, mas faltam habilidades (tenho o "conhecimento", mas não o poder)? Como posso me mover além da fraude do conhecimento vazio e dar o próximo passo em meu desdobramento espiritual?*. O teste para o conhecimento de Deus rejeita a abordagem "vale tudo" para a espiritualidade que prevalece no mundo atual, reduzindo a tendência com relação ao orgulho e auto-decepção, especialmente em esferas que pretendem aumentar o nosso conhecimento de Deus, tais como a religião organizada, o misticismo tradicional e o pranayama, a técnica escolhida da teoria do eu.

No âmago da religião organizada está cada idéia específica de fé de Deus como um ser acessível por rituais prescritos por autoridades religiosas. Tais rituais podem incluir orações, uso de amuletos, cantar, escutar sermões, doar dinheiro, confessar-se, receber a Eucaristia, beijar a Bíblia, participar de cerimônias de cura, dançar ou marcar a passagem na vida de uma estação para outra. Embora os participantes dessas atividades construam freqüentemente laços sociais e um sentido do eu mais claramente definido, suas consciências permanecem encadeadas para o mundo sensorial, onde o doutrinamento no sistema de crença correspondente substitui a aquisição de conhecimento. A maioria, portanto, seria reprovado no teste por possuir não somente o conhecimento infinito, mas também o conhecimento finito do eu expansivo.

As autoridades religiosas também aconselham os congregantes que buscam o conhecimento de Deus a participar fielmente das reuniões de adoração. Desse modo, sua consciência é extraída para fora em direção à congregação, eventos cerimoniais, a arte e a arquitetura da casa de adoração. Mas quando a via do eu ao conhecimento intuitivo é canalizada para fora, dividindo-se em correntes que alimentam os cinco sentidos, o indivíduo acaba adorando o eu limitado, individualizado conforme definido pelas informações sensoriais. Em contrapartida, quando a via para conhecimento é canalizada para dentro, a pessoa pode adorar o ser indivisível. O primeiro exemplo conduz a todo modo de idolatria; ou adoração de realidades à base de átomo circunscritas pelo tempo e espaço, enquanto o segundo leva ao que os antigos chamavam de isolamento, união com a essência infinita do eu como o eu da própria pessoa, além de todas as idéias causais de divisão. As reuniões de adoração, pela virtude de sua ênfase nas faculdades cognitivas estão aquém das expectativas, porque ao canalizar a atenção para os objetos sensoriais finitos, não se pode adquirir conhecimento de um Deus infinito como o eu de alguém.

O máximo que uma pessoa pode fazer durante a "adoração exterior" é se ocupar de uma forma disfarçada de auto-adoração. As pessoas frequentemente adoram a si mesmas ao adorar os indivíduos com quem se identificam. Por exemplo, venerar Maomé significa venerar a si mesmo identificado com um Maomé, que reflete os parâmetros do eu. Identificar-se com um livro e chamá-lo de santo é um outro meio de canonizar a si mesmo e as opiniões de alguém.

Para se mover além da adoração do eu limitado, é importante

perceber que a consciência humana está constantemente sendo dividida e dispersa pelo dispositivo sensorial. *Maya*, a palavra em sânscrito que os antigos usavam para descrever ilusão ou ignorância do eu infinito, significa literalmente "divisor". É por meio da "adoração interna" que superamos esse estado, unindo os fluxos de nossa consciência fragmentada e os canalizando oceano adentro, revertendo o eu individualizado no eu infinito. Declarado diferentemente, da mesma maneira que nossos dois olhos registram a dualidade, o "olho central" da intuição diversificadamente referido por Jesus e outros místicos conhece a indivisibilidade de Deus. A implicação é que por meio da intuição nós progredimos da adoração do eu limitado para a identificação com o eu infinito, que por si só pode conhecer e adorar a si mesmo como Deus.

Não é de se admirar que no domínio do conhecimento testável, a adoração exterior permanece insubstanciada como um meio de provir conhecimento de Deus, e o mesmo pode ser dito da fé. A confiança nos mensageiros religiosos, por exemplo, não pode fornecer o conhecimento de essência infinita porque tal conhecimento não vem pelos outros, mas por meio do único eu que se possa conhecer, que é o da própria pessoa. A fé que um adorador afirma ter em Abraão, Jesus ou Maomé é na verdade uma fé cega, ou um pensamento tendencioso, ou melhor, uma forma de afirmação positiva. Por outro lado, a intuição é uma via para canalizar conhecimento que ignora o eu limitado protegendo-se da expansão pelos obstáculos do progresso da fé e crença. A partir da perspectiva de que a intuição é nossa única via para o conhecimento de Deus; conhecer Deus depende completamente de cada indivíduo, e tudo e todos no mundo sensorial ou inspiram a investigação interior oferecendo apoio ou, como religião, desencorajam-na adicionalmente dividindo a consciência humana.

Comparado com a religião organizada, o misticismo tradicional promete um conhecimento mais íntimo de Deus. A maioria dos movimentos místicos atuais no Ocidente, enquanto no espírito do Monoteísmo ainda descreve Deus como um ser separado, defende a adoração a Deus na "presença de Deus" em vez de em uma casa de adoração onde um intermediário tal como um clérigo conduz as reuniões. Para facilitar essa experiência mais direta de Deus, os neófitos arrolados em movimentos místicos são apresentados com textos supostamente secretos, poderosos e até mesmo mortais. Além de estudar o seu conteúdo, espera-se que os estudantes participem em programas ascéticos e em rituais ocultos que variam desde canto, dança e regulamentos sexuais específicos até a ingestão de erva ou álcool, encantamentos, atos simbólicos de auto-sacrifício, oração e meditação.

O misticismo tradicional, assim como outros movimentos místicos ao longo da história, deriva de práticas científicas dos antigos que em muitos casos se degeneraram durante a Idade das Trevas. Originalmente, o misticismo, que gerou a teoria do eu, gira em torno da introversão do sentido e práticas ascéticas projetadas para liberar energia para propósitos intuitivos. Em sua versão corrompida, o misticismo tornou-se mais extrovertido, extático e freqüentemente revelador, desencadeando episódios psicóticos e catarses. A atual abordagem pseudomística de Deus glorifica um mistério divino que alguns estudiosos religiosos, tais como o teólogo alemão Rudolph Otto, do século vinte, afirmam ser infundido com o conhecimento espiritual.

A literatura mística tradicional guia os estudantes ao longo de uma jornada interna até a presença divina, freqüentemente completa com pontos de parada e pontos de referência para ajudar a marcar o seu progresso. Em alguns casos, o místico vê Deus sentado em um trono interno, emitindo poder insondável, enquanto em outros o espírito de Deus visita e proporciona um sentimento de admiração ou terror. Os sinais de "contato" com Deus variam desde chorar e rir até tremer, ter visões da divindade de alguém, gemer e outras vocalizações, e entrar em estados sonolentos.

A propensão do misticismo tradicional para se revelar nessas práticas dá a impressão não de ajudar a compreender o conhecimento não-finito, mas quase o oposto – de obscurecê-lo.

Experiências objetivas que provocam admiração ou terror não incitam a identificação com o eu infinito, o canal para a consciência intuitiva de infinitude. Nem as próprias experiências de catarse extática concedem o poder infinito.

Quanto ao conhecimento espiritual que Otto e outros acadêmicos afirmam ser revelado ao místico, este parece ser "conhecimento vazio". Os escritores modernos da Nova Era e psicólogos transpessoais, referindo-se à yoga e outras filosofias Orientais, tentam validar as visões de Otto ao discutir que a euforia constitui uma via genuína para o conhecimento[1]; mas antigos iogues, como Francis Bacon, Bertrand Russell e outros filósofos Ocidentais, que criticaram as afirmações de conhecimento destituído de poder, denunciaram essas experiências pela sua incapacidade de transmitir conhecimento testável. Enquanto a experiência extática de unidade com o Universo é considerada intuitiva, durante esses episódios, os sentidos ainda estão limitando a consciência, contribuindo para um *sentimento* de unidade, mas não unidade em si. Parece então que a unidade cósmica de misticismo extático é figurativa; a idéia de um eu expansivo é transitória e moldada pelo condicionamento histórico; e as manifestações de poder não-finito adulteradas pela atividade sensorial são limitadas à clarividência, ao precógnito, às percepções extracorpóreas e outras habilidades intuitivas comuns que surgem quando a consciência é externalizada do corpo físico. Otto e outros estudiosos, ao representar conhecimento espiritual como uma experiência misteriosa inundada com exemplos de contato com Deus[2], não distinguiram misticismo e mistificação, que refletem condicionamento cultural, expectativa religiosa e testes não críticos de conhecimento.

A catarse extática possui freqüentemente potentes atributos de cura física e psicológica, embora não cumpra as exigências de uma via de autoconhecimento infinito ou conhecimento de Deus. É dito que muitos místicos da Idade das Trevas, como Omar Khayyám, Adi Sankara, Milarepa e São Francisco, praticaram introspecção de sentido e técnicas ascéticas com resultados tanto catárticos quanto baseados em conhecimento. No entanto, as variações mais contemporâneas possuem uma pequena semelhança fisiológica ao processo de retirada de energia nervosa sensorial interior. Em todo o mundo, dançar e cantar, o que naturalmente induz a estados catárticos, promovem cura física e psicológica, rompendo os padrões fisiológicos habituais estabelecidos pelas convenções sociais. Cantar também mostrou ter grande valor terapêutico. Mas o canto, a dança e o cântico de místicos contemporâneos não ativam a intuição superconsciente, pois não são suficientes para reter a energia nervosa sensorial na coluna. E a dança circular Sufi nada mais é que uma prática intuitiva do que movimentos extáticos comuns às festas *rave*.

Além de confundir catarse extática com autoconhecimento infinito, as tradições pseudomísticas confundem esoterismo com conhecimento infinito. A informação derivada de textos ocultos glorificados, que detalham sistemas teológicos, somente imitam o conhecimento não-finito. Por exemplo, tradições como a Cabala são envoltas em mistério, contudo muito pouco da prática da Cabala envolve o controle de energia nervosa sensorial. Seus pontos focais – inventar modelos cosmológicos para a existência, definir chaves para a vida, recontar particularidades rabínicas e fazer interpretações não convencionais da Bíblia Hebraica – parecem sem conexão com a intuição e atividades teológicas e hagiográficas reminiscentes. As informações transmitidas em uma linguagem codificada ou ainda reservada são freqüentemente confundidas com conhecimento místico porque não são imediatamente acessíveis ao intelecto.

Se o único conhecimento infinito que o misticismo tradicional carrega é de um inefável Deus ideal destituído de qualquer poder comensurável, então esse caminho para Deus fracassa no teste de conhecimento estabelecido pela teoria do eu. Na realidade, salvo se for abordado por suas propriedades curativas, o misticismo tradicional pode se degenerar em escapismo, e seu conhecimento em uma euforia evidente atingível por meio de uma multidão de métodos psicofísicos e psicotrópicos.

Ao contrário das tradições místicas e religiosas, o pranayama – também conhecido como controle da energia a serviço da introversão do sentido, ou a ciência da intuição – substitui teorias por crenças. Ao fazê-lo, recanaliza a garantia complacente forjada por crenças em um desejo ativo por disciplina e esforço. Semelhantemente, o pranayama rejeita métodos que tangencialmente conduzem a consciência humana e energia nervosa para dentro, dedicando-se somente a técnicas que realizam essa tarefa à exclusão de todas as outras.

Por causa da dedicação do pranayama para o rigor científico, a teoria do eu chama isso de *sine qua non* para conhecer Deus como um eu infinito. Como qualquer ciência que primeiro determina a sua unidade de investigação, o pranayama, em vez de se aventurar no mundo de idéias causais, reduz tudo no cosmos à energia subatômica, inteligentemente energia guiada chamada de prana. Definido como um produto da idéia causal de divisão, o prana é responsável por todas as manifestações da natureza e leis matematicamente precisas que as governam, incluindo tudo o que é testemunha do que Einstein chamou "a magnificência da razão personificada na existência".[3] No corpo, o prana superior se manifesta rudemente como energia nervosa, respiração, mente e consciência sensorial. E é controlando as flutuações corporais do prana, direcionando suas várias correntes ao cérebro, que os cientistas intuitivos percebem o conhecimento de Deus.

Para uma eficiência mais adequada, técnicas avançadas de pranayama exigem um estilo de vida ascético, como também várias horas ao dia de prática concentrada. Considerando que são energicamente exigentes, traz grande benefício viver de forma equilibrada e manter saúde física, mental e emocional vibrante por meio da catarse extática. E, posto que o dano seja possível, é indispensável a orientação pessoal junto com a glorificação do sentido limitado do eu. Devido a esses requisitos, instrutores sinceros não ensinam técnicas avançadas publicamente.

Mas talvez a maior deficiência do pranayama seja: onde Deus está definido como o eu infinito, como na teoria do eu, a intuição é avançada como a única via para o conhecimento de Deus, fazendo com que o pranayama pareça fundamentalista, como uma técnica universal para conhecer Deus. Essa percepção é amplamente dependente do uso da palavra Deus. Se a palavra Deus for eliminada da descrição e pranayama for definida como procedimento universal expandindo a identidade de Deus para além dos limites das impressões sensoriais, todas as características de fundamentalismo desaparecem. Na realidade, poder-se-ia legitimamente argumentar que o pranayama não tem nada a ver com Deus, contanto que Deus seja definido como algo diferente do eu infinito. Certamente, o pranayama não sustenta afirmação alguma de ser um modo de conhecer Deus Jeová ou Deus Alá ou Deus personificado como qualquer outro ser, mas somente Deus como um eu infinito, pelo qual internalizamos para intuir o sentido do eu que se expande.

Definir Deus como um eu infinito potencialmente conhecível, porém, desafia o intelecto, porque parece improvável que os seres humanos possam acessar tal conhecimento. Mesmo a teoria do eu afirma que o finito não pode conhecer o infinito mais do que uma astronave pode alcançar a velocidade da luz. Adquirir conhecimento infinito deve permanecer especulativo, uma teoria proposta mais para livrar os seres humanos das ilusões de magnificência ou um conhecimento de infinidade fácil. A busca pelo conhecimento do eu infinito é sempre um problema deixado aos indivíduos e seu desejo por aventura espiritual. Aqueles preparados para aproximarem-se vão achar o pranayama capaz de provocar resultados porque opera na premissa de que o eu limitado já é do eu infinito e que remover constrições na autoconsciência leva ao conhecimento de sua natureza inerente. Para satisfazer o intelecto, então, imobilizado conforme está dentro de limites testáveis da teoria do eu, o pranayama pode ser considerado um método finito que utiliza princípios eletromagnéticos para alçar constrições finitas de forma que o eu possa se intuir como infinito e assim adquirir conhecimento de Deus.

Outra deficiência do pranayama é a maneira em que um sentido do eu é gerado no corpo. Durante a prática, alterações mensuráveis ocorrem no corpo, como padrões de onda cerebral alfa aumentados que significam supressão das correntes nervosas sensoriais e redução da velocidade da respiração e do coração, que elevam a possibilidade de que a experiência de auto-expansão seja somente o efeito de alterações bioquímicas e neurológicas. Embora instrumentos médicos registrem dados sobre os estados em que um praticante entra, a informação falha na compreensão desses estados. Mas, com base nas descobertas que realmente existem, permanece a possibilidade de que o eu expansivo é fisiologicamente fundamentado.

Em resposta à pergunta "Podemos conhecer Deus?", a ciência material e a teoria do eu semelhantemente estão em um beco sem saída, e por um bom motivo. A afirmação antiga do Upanishads "Isvara asiddhe" afirma que a existência de Deus nunca pode ser comprovada. Isvara, Deus como governante do cosmos, refere-se ao eu infinito, implicando que o eu (Deus) nunca pode ser provado, sequer pode o conhecimento do eu (Deus). Uma questão melhor poderia ser então "Qual a diferença entre as reações bioquímicas e neurológicas registradas no corpo e uma consciência intuitiva de Deus percebida pelo corpo?". Em resposta, algumas pessoas poderiam concluir que não há diferença alguma e então não têm nenhuma necessidade de um conhecimento de Deus que é induzido fisiologicamente; entretanto, também teriam que admitir que o conhecimento do eu vinculado ao sentido também é induzido fisiologicamente, implicando que a sua conclusão pode ser uma desculpa incongruente para impressão sensorial. Outros, mais receptivos a um sentido do eu dependente de padrões de energia no corpo, podem determinar que esses padrões os ajudam, mas somente até certo ponto, esforçando-se para conhecer um Deus definido como algo diferente da consciência por trás da autoconsciência humana. Aventureiros espirituais que buscam conhecer Deus como o eu expansivo, além de percepções sensoriais, reconheceriam a importância de uma faculdade intuitiva ligada, um resultado de trabalho com a técnica 14.

TÉCNICA 14

O Olho Central da Intuição

O olho intuitivo não é um órgão da visão, mas de conhecimento que ultrapassa qualquer coisa fornecida pelos dois olhos sensoriais – um conhecimento que os cientistas espirituais dependem para perceber uma existência expansiva. Se um homem sofresse amnésia e se esquecesse do seu nome, família, amigos e histórico pessoal, ainda teria capacidades intuitivas e assim saberia um sentido de ser. O lugar da intuição no corpo humano é a coluna e o cérebro, em particular o *cerebrum* e a medula oblongata. É nessas partes de coroamento do eixo cérebro-espinhal que o "Eu Sou" de um sentido individualizado de eu converte-se no "Eu Sou" do eu indivisível de Deus. Uma vez que você sabe que é infinito, conhecerá o "isolamento" de Deus, um eu que não sabe coisa alguma além de si mesmo.

Esta técnica ajuda o praticante a "abrir" o olho central da intuição, uma atividade que automaticamente fecha o aparato sensorial retirando a sua energia nervosa. Ao desligar os sentidos e ligar a intuição, apóia-se na respiração lenta simbólica e constante do pranayama, que os anciãos chamaram de ritual de respiração dos deuses. Observou-se que, embora tenham passado dias para os deuses, eras inteiras passaram para os seres humanos. Realmente, diz-se que, por meio da respiração lenta e constante, os iogues acessaram estruturas de tempo religiosas, eventualmente parando a respiração, acalmando o coração e interrompendo o tempo. E é com o colapso de estruturas de tempo limitadas que o sentido do eu se expande – em muito, do mesmo modo que o tempo, a batida do coração e a respiração gradualmente param como alguém que viaja alcançando a velocidade da luz.

Para começar a abrir o olho central da intuição e despertar sua capacidade intuitiva total, sente-se em uma cadeira sem braços com seus olhos e boca fechados, coluna ereta, queixo paralelo ao chão e mãos descansando nas coxas. Erguendo seu olhar por trás de suas pálpebras fechadas, concentre-se no ponto entre suas sobrancelhas. Coloque a ponta de sua língua em seu palato e, mantendo sua boca fechada, pressione para cima em direção ao ponto entre suas sobrancelhas.

Em seguida, execute três seqüências de exalações múltiplas, então lentamente inspire por suas narinas durante aproximadamente doze segundos. Prenda sua respiração durante aproximadamente seis segundos continuando a manter seu foco e a pressão para cima com sua língua. Expire por suas narinas durante aproximadamente doze segundos. Repita a inspiração, retenção, e expiração mais onze vezes.

Agora, inspire novamente por suas narinas, com a ponta de sua língua pressionada contra seu palato. Ao mesmo tempo que segura sua respiração, franza a testa e aperte as pálpebras, ainda pressionando para cima com a ponta de sua língua, formando uma tensão localizada que os antigos chamavam de Selo de Luz. À noite, antes de dormir, pratique o procedimento inteiro. Como o prana, na forma de energia nervosa óptica, está sendo "comprimido" para fora de seus olhos com cada selo, você pode ver luz por trás de suas pálpebras fechadas. Essa luz pode iluminar seu olho intuitivo, um orifício moldado como uma estrela de cinco pontas na medula oblongata pela qual o prana flui em seu corpo.

Ao conquistar uma visão do olho central, você tem oportunidade de inverter seu fluxo de consciência do mundo temporal dualístico visto frontalmente pelos dois olhos para o canal da medula oblongata, o olho central da intuição no topo da coluna vertebral, essencialmente fazendo seu olho "único" saber que o corpo está "cheio de luz". Ao sair deste canal projetando sua consciência através dele, você abre seu olho intuitivo e une sua consciência com a luz do cosmos, como água do mar em uma garrafa que flutua no oceano e se mistura com a água do oceano quando a cortiça é retirada. Você saberá então que você existe além de seus sentidos, corpo, nome, biografia pessoal, raça, religião, nacionalidade e etnia, e que você estende o tempo todo para o eu cósmico de Deus.

Como Deus, você saberá que o sentido individualizado do eu nada mais é do que um jogo de sombra coreografada dentro dos contornos da idéia finita de divisão. E você perceberá que os olhos frontais são chamados de janelas para a alma porque o prana do eu infinito que entra na medula oblongata, divide-se nas correntes alimentando diretamente os olhos. Ao olhar nos olhos de alguém, você vislumbra a luz do eu infinito, embora dividido e difundido por padrões interventores de energia e consciência. Interpretando esses padrões, instintivamente "lemos" os indivíduos em termos de sua capacidade atual para intuir a luz do eu infinito.

O ato de testar o conhecimento de Deus conduz o intelecto à beira da consciência sensorial do poder, além da qual pode ou não residir um vasto domínio de possibilidade. Se não houver nenhuma possibilidade de que um ser humano possa conquistar poder infinito na vida ou morte, então as promessas sobrenaturais de religião e misticismo são inválidas. Por exemplo, yoga sem poder iogue, na melhor das hipóteses, iria se tornar um sistema de saúde preventivo melhor e na pior das hipóteses uma fraude.

Para uma pessoa destituída da possibilidade de poder infinito e ainda esperando adquirir conhecimento não-finito, o asceticismo talvez seja bom para a saúde, mas de outra forma um desperdício injustificável de potencial humano. Semelhantemente, ao sentar por horas durante o dia praticando o método de meditação que não redireciona a energia nervosa sensorial, efetivamente seria como usar binóculos para estudar o terreno de um planeta em uma galáxia distante. Em vez disso, tal tempo poderia ser melhor gasto acumulando conhecimento material e colocando a si mesmo, então, a serviço da humanidade, como fazem os cientistas, filósofos de pensamento livre, humanitários e ativistas sociais. Prestar serviço aos outros aumenta o sentido de identidade da pessoa e demonstra o esforço espiritual para um sentido expansivo do eu, em contraste com alguns ideais espiritualmente normalizados do eu, por um lado, ou autoconhecimento infinito por outro.

Uma pessoa aventureira o bastante para considerar a possibilidade de poder infinito, porém, verá como justificado o asceticismo e dedicação à intuição que Jesus, Buda e outros místicos de boa fé personificaram. Para tal indivíduo, os mestres da yoga como Swami Vivekananda do século vinte, discípulo renomado mundialmente de

Ramakrishna, e Paramahansa Yogananda, autor de *Autobiography of a yogi* [Autobiografia de um iogue], representaria o pináculo da possibilidade intuitiva. De acordo com os mitos predominantes, esses iogues manifestaram conhecimento infinito por meio da desmaterialização do corpo e também sacrificaram desejos finitos e ambições do eu limitado em um altar de serviço à humanidade. Sacrificar o eu limitado para a humanidade, enquanto uma escolha de estilo de vida dos indivíduos que se esforçaram para um sentido mais expansivo de eu, é uma técnica básica para aqueles que procuram um eu infinito. Para aventureiros espirituais, o conhecimento infinito não somente é possível, mas sua medida, poder infinito, é tudo que pode satisfazer sua necessidade de prova interior, que é o motivo pelo qual se voltam para dentro e buscam sua fonte.

Apesar das várias perspectivas sobre a possibilidade de infinidade, a espiritualidade refere-se por fim à expansão do sentido do eu. E desenvolver um sentido progressivamente expansivo do eu não requer a prática formal de asceticismo e pranayama, uma vez que pode ser realizado identificando-se ativamente cada vez mais com a humanidade. As renúncias informais e a concentração de introversão do sentido de cientistas e filósofos, bem como humanitários e ativistas, podem aparentemente canalizar energia suficiente para a coluna e cérebro para ativar a intuição e propiciar um sentido maior de identidade. Para os cientistas, isso acontece pela renúncia sistemática de apegos a teorias especiais, tentações de vender suas credenciais ao proponente mais alto e pesquisa unicamente em prol da tecnologia. Os filósofos freqüentemente renunciam uma zona de conforto de pensamento, prazeres físicos e entretenimento. Humanitários e ativistas generosos, por sua vez, negam-se freqüentemente aos luxos, segurança pessoal e ambições exclusivamente materiais. O sucesso para todos esses grupos, especialmente os cientistas e filósofos, depende da proclamação de grandes poderes de concentração que outras vocações podem não requerer. O sentido expansivo do eu que se manifesta como resultado desses empenhos reflete, por meio do seu poder de sacrifício, um conhecimento unificador de humanidade – o Deus de carne e osso de quem nós todos fazemos parte.

Movimentos Espirituais Modernos

Nossa era é a era da crítica à qual
Tudo deve estar sujeito. A santidade da
Religião é considerada por muitos a base para
Isenção do exame por este tribunal.
Mas se é isenta, torna-se o sujeito
Somente de suspeita, e não pode reivindicar
Deferência verdadeira, cuja razão somente concorda com
A que sustentou o teste de um exame
Público e gratuito.

Emanuel Kant

Os numerosos movimentos espirituais atuais, oferecem opções para expansão do sentido do eu, mas alguns também requerem limitações significantes enquanto outros representam riscos à saúde psicológica. Então, desde as últimas décadas a espiritualidade da Nova Era, inspirada por religiões orientais e misticismo ocidental, tornou-se uma indústria multibilionária no Ocidente, com alguns movimentos que utilizam os princípios de pranayama, não obstante seu poder e utilidade serem algumas vezes comprometidos devido à ênfase ao mercantilismo e omissões concomitantes. Uma discussão das forças e fraquezas de movimentos principais pode ajudar a guiar uma compreensão informada de escolhas.

Os movimentos espirituais progressivos podem ser testados para seu potencial de expansão contra critérios estabelecidos na teoria do eu. Movimentos religiosos progressivos que tentam promover o desenvolvimento espiritual de seus membros têm, de um ponto de vista fisiológico, um pequeno efeito sobre a expansão do sentido do eu porque a atenção colocada na estimulação sensorial não dá muita oportunidade à energia nervosa dos adoradores para um retiro interior. Os aspectos físicos de tais rituais como freqüentar uma casa de adoração, usar um quipá, beijar um livro considerado sagrado, participar de oração de uma comunidade religiosa, cantar hinos, salmodiar, acender velas e incensos e se curvar diante de altares são externalizados demais para desalojar padrões familiares de um sentido limitado do eu.

Ao contrário, atitudes psicológicas que resultam desses e de outros rituais de grupo podem ter efeitos maiores, inclusive uma tendência a abandonar a identidade pessoal por uma identidade coletiva, confundir a imagem finita da pessoa de Deus com um Deus universal, confundir o sentido individualizado do eu da pessoa com o único Deus, e interpretar mal os rituais como métodos universais de adoração. Muitos desses resultados são diretamente proporcionais à profundidade de crença da pessoa. Atitudes sobre rituais que refletem dogmas exclusivistas reforçam um sentido limitado do eu com todos os seus desempenhos. No extremo, eles estabelecem padrões de fundamentalismo desagregador.

A adoração particular oferece uma oportunidade para afirmar parâmetros do eu mais fortemente e geralmente encoraja a energia nervosa ao retiro interior. Os efeitos positivos, porém, podem ser limitados se a adoração infunde ou reforça a miopia. Atitudes psicológicas sobre devoção pessoal ajudam a ampliar o sentido do eu, mas somente se o ideal de Deus da pessoa for universal. Orar a um Deus, definido como justificativa de violência, canaliza energia para padrões fisiológicos que podem gerar violência. Por exemplo, acredita-se que Deus detesta o aborto, orar então a esse Deus pode ativar a morte de obstetras, ou se pensar que Deus amaldiçoa fornicadores e adúlteros, os fiéis que se envolvem em sexo antes do casamento ou numa relação extraconjugal podem sentir-se culpados mesmo se suas ações envolverem honestidade e consentimento entre os participantes.

Porque a energia nervosa liberada pela solidão pode reforçar padrões de miopia e liberalidade, o desenvolvimento da intuição depende da capacidade da pessoa de desafiar constantemente o sentido limitado do eu. Para este fim, os indivíduos imersos em adoração particular são aconselhados a equilibrar instrução sobre controle de energia em uma reunião atrativa. Membros de um encontro que avaliam criticamente questões centrais podem ajudar simultaneamente a dissuadir as ilusões de grandeza que às vezes são o resultado da solidão meditativa a serem mais edificantes espiritualmente.

Paralelamente, formas de yoga e meditação ensinadas no Ocidente apresentam uma variedade de vantagens e desvantagens. Yoga – que significa percepção da união do sentido finito do eu e a essência infinita do eu – prescreve imposições éticas e ascéticas, postura meditativa adequada, pranayama e um estilo de vida devoto, orientado ao serviço. Hatha iogues, interpretando de modo incorreto a importância espiritual da antiga tradição da yoga, focalizam mais em alcance da imutabilidade física e menos em constância da essência do eu. Igualmente acontece com métodos populares de meditação, especialmente aqueles que emergem de movimentos modernos Zen, Shambhala e Vipassana, tentativa de "esvaziar a mente". O desejado vazio, porém, é o oposto da consciência livre de pensamento do eu expansivo decorrente de concentração superconsciente sem esforço centrado na coluna e cérebro.

Em lugar dessa intensidade superconsciente, métodos de meditação no Ocidente tendem a encorajar passividade e quietude. De acordo com a teoria do eu, porém, o *cerebrum* é como qualquer músculo e se beneficia em ser exercitado. A meditação passiva, incapaz de estimular a coluna e *cerebrum*, proíbe o praticante de intuir conhecimento direto do eu. Pior, alguns praticantes confundem meditação passiva com liberdade da mente. Swami Vivekananda, ao notar esse fenômeno, observou: "Quando as pessoas sem treinamento e preparação tentam esvaziar sua mente, provavelmente somente tenham sucesso ao se cobrirem com *tamas*, o material da ignorância que torna a mente tola e estúpida, e os leva a pensar que estão produzindo um vazio da mente".[4]

Além disso, a meditação de olhos abertos é praticada para induzir a aceitação do mundo sensorial como uma manifestação do infinito. Embora o finito seja o infinito, já que há somente o infinito, a teoria do eu afirmaria que o infinito não pode ser percebido pelos instrumentos finitos dos sentidos. E embora seja possível contemplar separadamente uma visão dualística do mundo pelos olhos, é quase impossível liberar completamente a consciência da pessoa por este método. Conseqüentemente, a meditação de olhos abertos não pode permitir que a energia nervosa sensorial faça um retiro interior tão profundamente quanto a meditação de olhos fechados ou de olhos semi-abertos, em que o olhar é focalizado na fronteira entre luz e escuridão.

A meditação com um olhar não focado também é popular, porque pode conduzir a um estado de concentração mental. Contudo, desde que o olhar seja conectado intimamente a estados mentais, um olhar não focado reflete uma mente difundida. Embora tais práticas possam conduzir a um estado livre de pensamentos, não resulta em concentração superconsciente e os praticantes não devem confundir isso com liberdade da mente. De acordo com a teoria do eu, o estado de absorção mental não tem valor intuitivo algum em perceber a essência infinita do eu. Basicamente, os métodos modernos de meditação passiva que usam um olhar não focado estão almejando efetivamente um vazio semelhante ao coma da mente.

Nem os métodos de contemplação com o olhar para baixo, que imitam o olhar dos dormentes desenvolvem a consciência superconsciente. Ao contrário, recentes estudos desse tipo de meditação passiva revelam que ele causa uma troca das ondas betas de consciência sensorial para as ondas teta de estados sonolentos semiconscientes e sono. Proponentes de meditação de contemplação com o olhar para baixo consideram tais resultados como evidência de que esses métodos ajudam praticantes a centrarem-se em si mesmos, acalmar a mente, observar tendências pessoais, desenvolver intuição, desenvolver autoconfiança, valorizar aspectos da vida mais completamente e aumentar seu bem-estar interrompendo padrões reativos de medo, raiva e ódio que infestam a mente. Mas também é verdade que milhões de pessoas alcançam esses benefícios por meio da educação, cultura, oração, pensamento filosófico ou mesmo ciclos de sono REM.

Apesar dos benefícios da meditação passiva afirmados por alguns praticantes, mais da metade admite experimentar ansiedade induzida por relaxamento, pânico, tensão, motivação diminuída, confusão, depressão, disposição negativa, comportamento crítico, culpa, sintomas de psicose, ilusões de grandeza ou tendências suicidas. Ao contrário, os praticantes da intuição evitam os efeitos colaterais negativos de uma "mente vazia" assumindo o controle da mente, freqüentemente por meio da regulação da respiração ou dirigindo o olhar para cima com concentração. Práticas intuitivas também elevam as ondas alfa de relaxamento sensorial consciente. E embora métodos de meditação passivos conduzam à dissociação sensorial parcial pela subconsciência, métodos intuitivos conduzem ao completo relaxamento sensorial por meio da superconsciência.

Embora os esforços para provar o valor da meditação sejam abundantes, muitos estudos que glorificam as técnicas de meditação passiva são duvidosos porque foram realizados por estudantes desses métodos sob os auspícios financeiros das organizações que os promovem. Suas afirmações não são necessariamente falsas, mas pesquisadores independentes chegam a conclusões muito diferentes. Além disso, estudos que tentam validar ou invalidar qualquer método de meditação em relação ao eu são fundamentalmente divididos pela inabilidade da ciência material em medir o eu. De fato, ao mesmo tempo que o pranayama pode aumentar as ondas alfa, outro método de meditação passivo aumenta as ondas teta, nenhum dado diretamente prova qualquer coisa sobre o sentido do eu. A teoria do eu repetidamente afirma que o sentido do eu somente pode ser conhecido pela via da intuição.

A teoria do eu também é útil para descobrir suposições errôneas implícitas nas técnicas de meditação contemporâneas, especialmente aquelas que pretendem ser derivadas de pranayama. Por exemplo, o método de meditação asiático oriental de "apenas sentar-se", sem um roteiro preconcebido, é definido como um meio psicofisiológico para atingir a iluminação. Mas é possível um indivíduo "apenas sentar-se" durante décadas e ainda assim não alcançar a iluminação, porque enquanto estiver sentado, os sentidos permanecem ativos, a respiração e o coração promovem uma atenção que flui para fora, e a consciência gravita em recordações, sentimentos e buscas intelectuais. De acordo com a teoria do eu, os planos restritos do sentido limitado do eu não podem ser ampliados a menos que o centro de magnetismo mude do sentido para o eixo cérebro-espinhal. Até que tal mudança seja realizada, os padrões psicofisiológicos que informam planos pessoais continuarão influenciando toda a impressão sensorial. Somente indivíduos que dominaram a introversão do sentido por meio do controle da energia podem somente se sentar.

De forma semelhante, diz-se que a meditação de plena atenção promove tranqüilidade estabelecendo uma observação separada dos eventos e da mente, encorajando os praticantes a viverem com base no centro de seu ser. Mas fazer isso sem prender a consciência no centro intuitivo da espinha e do cérebro pode exacerbar os padrões de condicionamento da pessoa, ativando uma variedade de simulações espirituais. Num grau extremo, pode amplificar as perturbações sensoriais e irromper em catarses. A teoria do eu expressa que a atenção plena, ao contrário, surge naturalmente e sem esforço como uma expressão do eu expansivo, uma vez que a energia nervosa foi bloqueada no eixo cérebro-espinhal, libertando o praticante assim de padrões de condicionamento e permitindo que ele se identifique cada vez mais com o eu infinito.

O ensinamento imperfeito da plena atenção promove a crença popular atual de que a prática universal da meditação passiva prenunciará a paz mundial. Mas métodos passivos de meditação, quando praticados por alguém que manifesta violência, não podem por si mesmos alterar esta propensão porque a observação atenta disso está sendo administrada por um sentido do eu que pode somente justificar a violência. Assim, requer mais que atenção plena, como se ensina atualmente, para desalojar idéias limitadas do eu. Se, ao contrário, um praticante de meditação se empenhar em impor as normas éticas de um professor ou de uma religião, a observação de tendências designadas como não espirituais pode gerar sentimentos de culpa e assim de fato instigar a conduta indesejável, enquanto a observação daqueles considerados espirituais tanto pode ser ignorada como disseminada com desagregação. De fato, o doutrinamento em ações conscientes que conduzem a conseqüências violentas é o treinamento da escolha para fanáticos religiosos porque pode silenciar a voz da dúvida da razão. Por outro lado, agentes da paz avaliam suas perspectivas de modo crítico e, como resultado, expandem sua identidade.

Em contraste com métodos passivos de meditação, a teoria do eu apresenta a meditação como um meio de aumentar ativamente a concentração do praticante – no caso do praticante não se empenhar sinceramente em desafiar interesses limitados, pode igualmente acabar servindo a uma ideologia brutal, como é ilustrado na vida e nos ensinamentos de muitos proponentes do Budismo moderno. Por exemplo, Eugene Herrigel, autor de *Zen and the art of archery* [A arte cavalheiresca do arqueiro Zen], posteriormente se tornou um nazista. Esse resultado sugere que praticando a não violência ainda que empunhando um arco ou uma espada não pode impedir-nos de praticarmos o Zen e a arte de queimar a cruz ou o ataque a terroristas suicidas. É talvez por esse motivo que as artes marciais, bem como as artes musicais, são executadas sem a intrusão do pensamento crítico que foi confundido com buscas espirituais que transcendem a mente, apesar de sua inabilidade em retirar energia interna para a auto-expansão ou para ajudar a desafiar preconceitos pessoais. De fato, há prova de que o treinamento em artes espirituais e marciais, conhecido no Japão como Bushido, contribuiu significativamente para a existência de kamikazes no Pacífico durante a Segunda Guerra Mundial. Da mesma forma D. T. Suzuki, um dos principais defensores do Zen no Japão, no século passado, parece não ter tido dificuldade filosófica alguma em combiná-lo com o fascismo. Todos esses exemplos destroem a esperança de que a meditação automaticamente conduz a um sentido expandido do eu. Realmente, as pessoas tranqüilas e focadas, mesmo sem prática em auto-expansão e pensamento crítico, agirão calma e concentradamente nas suas perspectivas limitadas. Napoleão Bonaparte tipifica bem o extremo ao qual a tranqüilidade e a concentração contida podem servir aos interesses próprios limitados de uma pessoa.

Outra suposição enganosa subjacente são as técnicas de meditação modernas de que a não violência decorre de ensinamentos que combinam Budismo com o caminho do guerreiro, especialmente como praticado na Ásia Oriental. O Budismo começou na Índia quando Buda – um iogue e asceta – incorporou o antigo preceito de não violência em seus ensinamentos na Idade do Ferro descendente sobre a ilusão da consciência individualizada e sobre seu potencial de expansão para a infinidade. A teoria do eu, bem mais antiga, define a não violência como a ação capaz de promover a paz guiada pelas ambições de um sentido expansivo do eu que se preocupa com os efeitos das ações e falta de ações. Mas essa proibição ética foi distorcida à medida que o preceito de Buda mudou para a Ásia Oriental durante a Idade das Trevas até, eventualmente unir-se ao modo do guerreiro, e foi usada para sustentar a violência em um lugar da vida espiritual. No processo, a humanidade perdeu tanto o núcleo de sabedoria que une não violência à identificação com todas as coisas como as ferramentas indicadas para auto-expansão.

Uma conexão entre os métodos de meditação atuais e a violência é a tradição de aplicar medidas punidoras em nome da iluminação, como muitas vezes é praticado no Budismo asiático. Histórias de mestres de meditação que cortam os dedos de seus alunos, derrubando seus devotos escada abaixo, deleitando-se no sexo com eles ou batendo neles para adormecerem – fundindo tudo com treinamento de artes místicas e marciais – glorificam a violência que chamam de espiritualidade. Tal glorificação ainda prevalece no Budismo, parcialmente porque as histórias são recontadas sem questionar suas ramificações, talvez para promover a superioridade moral captada de um mestre ou dar poder aos fiéis que, supostamente dispostos a suportar o abuso em nome da iluminação, sofrem com a baixa auto-estima.

De acordo com a teoria do eu, o desenvolvimento do sentido expansivo não violento do eu requer a união em uma única corrente intuitiva dos muitos padrões psicofisiológicos que unem a consciência ao estímulo sensorial. Embora pranayama e asceticismo possam teoricamente realizar isso se efetivamente forem controlados pela concentração superconsciente, eles não têm o poder de remover todos os riscos psicológicos e limitações do sentido individualizado do eu quando o condicionamento incontestado obstrui a prática, ou para alcançar a paz mundial quando tantos fatores sociais e pessoais contribuem para a guerra. Esses objetivos podem ser alcançados buscando um estilo de vida que abrange as muitas práticas que contribuem para uma expansão consciente do eu, como descrito na técnica 15.

TÉCNICA 15

Auto-Expansão Revigorante

A expansão do sentido do eu, o *summum bonum* da vida humana, desdobra-se naturalmente em resposta à interiorização guiada por uma disposição de pensar criticamente e abrir o coração. Como tal, é ativada menos pelo fazer do que pelo não fazer, exigindo que o praticante periodicamente se afaste de compromissos mundanos. Mesmo a prática ativa de pranayama atinge somente o relaxamento sensor-motor consciente. O asceticismo implica também no não-envolvimento consciente em atividades deliberadamente para dar aos sentidos um período de descanso. Ao minimizar a contribuição sensorial excessiva, uma vida misticamente centrada libera energia para exploração interna e para infundir ações externas com o espírito de serviço.

Visto que nenhuma técnica por si só é capaz de estimular a auto-expansão de padrões de energia e consciência, a rotina que segue atrai várias disciplinas espirituais que introduzem aspectos principais desses padrões. Você pode usar isso como uma lista de coisas a fazer que você consulta pela manhã para lembrar-se das necessidades de auto-expansão do dia, ou como uma lista de verificação para revisar durante sua introspecção à noite, ou ambos. De qualquer forma, tenha em mente que quanto mais você se envolve nessas atividades, mais provavelmente você deve continuar se ocupando delas. Lembre-se também que o único modo de monitorar a expansão do eu é testando seu poder de renunciar ao materialismo, limitar os interesses pessoais e as atividades sensoriais agitadas a favor da vida simples, serviço aos outros e felicidade inata.

Participação de um encontro espiritual (veja técnica 1). A espiritualidade é uma aventura educacional contínua aprofundada por meio da participação semanal de um encontro espiritual. Separar alguns minutos todas as manhãs para contemplar idéias compartilhadas em uma reunião contribui para a liberdade de pensamento e expressão aumentadas. Desafiando pressupostos do sentido limitado do eu na companhia de pensadores críticos audaciosos, você abre caminho para a auto-expansão.

Devoção à percepção pessoal da imagem de Deus (veja técnica 2). Uma vez que você optou por uma imagem de Deus que prenda a sua atenção, evoque essa imagem ao longo do dia e use-a durante a meditação para focalizar sua mente e abrir seu coração. Para neutralizar escapes de desequilíbrio intelectual ou emocional, ao longo do dia, coloque sua língua para trás e a ponta no palato, prendendo assim a energia nervosa e a consciência na medula oblongata. Para evitar pensamentos indesejados durante ou após as interações com os outros que possam surgir, silenciosamente repita um mantra – tal como "*Om*" (rima com "*Home*"), "*Omne*" (rima com "*Calm-nay*"), ou "Amém" – focalizando o tempo todo na imagem de Deus ou no seu coração ou no ponto entre suas sobrancelhas. É possível também uma combinação desses métodos. Esta prática amplia o sentido do eu canalizando a energia nervosa para os plexos cérebro-espinhais, banindo flutuações mentais por meio de uma capacidade devocional aumentada do coração, e estabelecendo um centro interior para ações éticas e orientadas para a prestação de serviço.

Visualizando e entoando mentalmente afirmações (veja técnica 3). Para melhorar suas probabilidades de executar afirmações sistematicamente, comece usando-as para superar obstáculos para o sucesso como você o define no momento. Por exemplo, se você quer superar o medo de encontrar um parceiro ou adquirir um objeto material, utilize afirmações visuais e verbais que focalizam na percepção do resultado desejado. Uma vez que a prática se torna regular, avance livremente para afirmar progresso espiritual, a erradicação de hábitos indesejados, saúde melhorada e pensamentos positivos sobre os outros. O tempo ideal para praticar afirmações é durante as horas matutinas tranqüilas. Afirmações ajudam a catalisar a auto-expansão satisfazendo desejos importunos ou removendo hábitos inquietos que impedem a concentração interior.

Leitura e escrita introspectiva (veja técnica 4). Todas as manhãs, separe um momento para ler algumas palavras que possam ajudá-lo a enfrentar um desafio especial ou mantê-lo centrado ao longo do dia. Leia à noite por períodos mais longos, anotando observações e perguntas para levar para sua reunião. Ou analise seu dia fazendo afirmações para se opor a atitudes negativas e reforçar as positivas. Para material de leitura, escolha algo de um livro de ensinamento acadêmico sobre religiões mundiais que podem ajudar a ampliar seu sentido de identidade aos trabalhos de mudança de vida de grandes filósofos do Oriente e Ocidente, como Nagarjuna ou Baruch Spinoza, Adi Sankara ou Friedrich Nietzsche. Para assimilar melhor o conteúdo, escreva à medida que lê, examinando seus motivos e desejos, desafiando seu sistema de crença herdado e penetrando seu sentido individualizado do eu com questões cada vez melhores.

Métodos de relaxamento da tensão (veja técnica 11). É melhor praticar os métodos de relaxamento da tensão pela manhã quando o corpo está relaxado. Você pode experimentá-los mesmo na cama. Pratique-os também para recuperar um sentido de equilíbrio após passar por um estado reativo. Ao energizar os músculos, é melhor produzir tensão lentamente, mantendo-a por três segundos, em seguida relaxe gradualmente. Ao se esforçar para relaxar os músculos, pratique tensão rápida, segure durante um ou dois segundos, e em seguida relaxe rapidamente. Este método psicofísico ajuda a ampliar os parâmetros do eu, treinando os músculos para energizar e relaxar à vontade, ajudando assim a erradicar hábitos indesejados registrados em padrões fisiológicos opressores.

Asceticismo equilibrado (veja técnica 8). No começo de cada dia, escolha um conjunto de diretrizes a seguir para moderar comportamentos que envolvam alimento, fala e sexo. Períodos de jejum, silêncio e celibato conservam energia para práticas intuitivas. Para dedicar mais tempo e energia à introversão sensorial, diminua gradualmente seu sono assim como as atividades sociais. Restrições ascéticas liberam quantidades consideráveis de energia nervosa para moverem-se em direção aos plexos superiores na coluna para auto-expansão intuitiva.

Minimizando a ingestão de produtos animais. A concentração e introversão sensorial geralmente são impactadas pela congestão, devido ao consumo excessivo de proteína. Da perspectiva da saúde física, inúmeros estudos enfatizam que uma dieta natural para seres humanos consiste em frutas, legumes, nozes e sementes, grãos e legumes.[5] Dietas ricas em ovos, laticínios e derivados de carne, por serem muito altas em gordura e proteínas, ingeridas regularmente, revelaram aumentar o risco de doenças do coração, osteoporose, obesidade e vários tipos de câncer. Uma dieta essencialmente livre de produtos animais, especialmente carne, não só conduz a uma saúde melhor, mas também a concentração intensificada, agressão diminuída e experiência mais leve do corpo – podendo todos eles ajudar a ampliar os limites do eu.

Magnetização por meio de pranayama e selos de energia (veja técnicas 7, 9, 10, 13 e 14). Sentar-se para introversão sensorial, conforme você magnetiza sua coluna e cérebro por meio de pranayama e selos de energia, é muito efetivo se praticado pela manhã, quando a maioria das pessoas e animais em seu hemisfério ainda estão dormindo, e novamente à noite, enquanto os outros dormem. Com o seu dia intercalado entre sessões de prática de pranayama e selos de energia, você pode sentir esporadicamente a magnetização da medula oblongata como uma palpitação no meio entre as sobrancelhas. A prática diária desses métodos poderosos de controle de energia amplia imensamente a capacidade intuitiva.

O grande selo. Esse método, combinando pranayama e um selo de energia, era altamente louvado pelos antigos índios e ascetas hebreus por sua capacidade de magnetizar a coluna, produzindo pressão no crânio e direcionando a consciência da auto-expansão para o cérebro. Para praticar o Grande Selo, sente-se no chão com seus pés esticados, joelhos elevados, coxas pressionadas contra o tórax, braços envoltos ao redor de suas pernas e dedos entrelaçados. Mantendo a sua coluna reta, use seus braços para puxar suas pernas mais perto de seu tórax, apoiando a parte inferior da coluna; então feche os olhos e focalize um ponto no meio entre suas sobrancelhas.

Agora, com sua boca fechada e a ponta da língua tocando seu palato, lentamente inspire pelas narinas durante aproximadamente seis segundos. Conforme continua prendendo a respiração, deixe sua língua relaxar na posição natural, incline o queixo para o tórax, estique as pernas a sua frente e curve sua cabeça em direção aos joelhos. Mantendo a maioria de seus dedos entrelaçados, segure a parte inferior das pernas ou pés e suavemente puxe seu torso para a frente e para baixo. Ainda prendendo a respiração, mantenha esta posição de três a seis segundos, sentindo pressão em seu crânio, antes de inverter os movimentos, elevando seu torso, trazendo os joelhos para o tórax, usando seus braços para puxá-los para perto e erguendo seu queixo, ficando assim novamente paralelo ao chão. Colocando a língua contra o palato, lentamente expire pelas narinas durante aproximadamente seis segundos. Repita este exercício mais cinco vezes.

Deitado no chão, de bruços, com as pernas estiradas atrás de você, entrelace seus dedos ligeiramente à sua frente e, deslizando os antebraços sob seu torso superior, gradualmente erga a cabeça e o tórax. Respirando normalmente, inverta a extensão dianteira do Grande Selo mantendo sua cabeça e tórax elevados enquanto inclina ligeiramente a cabeça para cima, descansando seu torso superior em seus braços curvados durante aproximadamente dois minutos, com a parte inferior da coluna, nádegas e pernas relaxadas. Mantendo o queixo elevado, feche os olhos, focalize a magnetização no meio entre suas sobrancelhas e mentalmente examine a tensão da parte inferior do corpo, relaxando no ponto que necessitar.

Além de um sentido indelével do eu que incorpora cada vez mais a vida, vem um conhecimento feliz da essência infinita do eu – uma aspiração de movimentos espirituais mais modernos que traçam suas origens a um místico realizado. Mas poucos buscadores encontram o sucesso porque quando a via para o conhecimento é afunilada pelos sentidos, a experiência da felicidade inata do eu é interpretada não como uma qualidade do eu, mas como uma alegria física efêmera, emocional, mental ou extática. À medida que o sentido do eu se expande um pouco, a felicidade pode ser experimentada como a alegria inerente ao amor incondicional, amizade e doação – ou para o eu maior do humanista, a felicidade e bem-estar de toda a humanidade. E com o desenvolvimento adicional do conhecimento intuitivo pela prática constante de pranayama e entrada repetida no estado de não-respiração, a felicidade permeia a vida da pessoa. Isso acontece porque assim que uma consciência fica presa na coluna e cérebro, a intuição da felicidade é estabilizada fisiologicamente no ponto em que o eu que procura a sua infinidade é bem-sucedido, descobrindo que desde o princípio, estava buscando a si mesmo.

Algumas vezes, a terminologia associada à felicidade infinita difere. Por exemplo, a essência do eu é ocasionalmente chamada de o verdadeiro nirvana e o verdadeiro vazio, vazio de átomos, prana e idéias causais, inclusive tempo e espaço, e mesmo vida e morte. A intenção dos praticantes ao perceber "o nirvana supremo" ou "não-eu" é simplesmente descrever os esforços para intuir a essência do eu.

Os métodos para perceber a essência do eu, qualquer que seja sua designação, freqüentemente levam de volta às experiências anteriores dos buscadores envolvendo suas idéias sobre o eu. Divididas por espaço e tempo, tais experiências tendem a reforçar perspectivas discriminatórias, aumentando uma atração para ensinamentos que provocam culpa ou racionalizam a violência, uma tendência a se deleitar com a desagregação ou um impulso de ansiar para um *Shambhala* ou *Shangri-la* sobrenatural. Mas o teste final de qualquer método de vida é a felicidade duradoura e absoluta do aqui e agora. Esses derivados das práticas na Idade das Trevas intencionalmente ou não exploram os princípios do pranayama para fins comerciais, e acabam funcionando muito semelhantemente a religiões monoteístas, impondo suas idéias a seguidores que não as questionam. Os caminhos da espiritualidade ancorados na teoria do eu, por outro lado, iluminam a essência infinita do eu como a Terra Pura que a humanidade busca e encontra bem aqui na Terra.

Vulnerabilidade do Eu

Todo grande avanço no conhecimento natural
Envolveu a absoluta rejeição da autoridade.
Thomas Huxley

A vulnerabilidade do eu faz bilhões de pessoas no mundo adotarem modos prejudiciais de pensamento e comportamento enquanto buscam se expandir. Tal vulnerabilidade é resultado direto da insegurança psicológica e incerteza social despertadas pela degeneração das instituições que nossa sociedade e os outros há muito tempo tinham apreciado. Inundados pelo sociomagnetismo dessas instituições religiosas deterioradoras, culturais, políticas, econômicas, educacionais, legais e mesmo médicas, muitos indivíduos preferem não enfrentar sua vulnerabilidade e, ao contrário, procuram formas de fuga. Testar essas formas e outras, por meio da teoria do eu, pode elucidar modos de inverter a vulnerabilidade difundida do eu.

Há vários modos de escapar aos desafios do dia, alguns religiosos e outros não. O modo de escolha para muitos indivíduos é o abandono dos prazeres físicos ou moralidade puritana, ambos os sinais reacionários de desabono social. Outras pessoas optam pelo arcaísmo, uma fuga para o passado onde a vida era aparentemente mais simples ou mais significativa, investindo velhas sagas com vida nova porque eles consideram o presente privado de oportunidades para obras piedosas ou heróicas. A popularidade do arcaísmo literário pode ser vista no aumento das vendas da literatura fantástica. Exemplos de arcaísmo religioso incluem a Revolução Islâmica exaltada de Aiatolá Khomeini e o "retorno à resposta" de judeus ultra-ortodoxos vestidos de preto. A mais benigna e festiva Sociedade para Anacronismos Criativos e o passatempo popular sulista de decretar novamente as batalhas da Guerra Civil norte-americana comemoram normas de comportamento passadas, atitudes e animosidades entre facções políticas e sociais.

Outras pessoas que fogem do futurismo, esperam que a humanidade viva mais feliz e de forma crescente em novos tempos. As tentativas para contrariar os futuristas, podem ser encontradas no realismo severo dos romances antiutópicos de autores como Eugene Zamiatin, Aldous Huxley, Margaret Atwood e George Orwell. Membros de organizações milenares olham para o futuro e vêem a rápida alta das vendas de romances atuais sobre o fim dos tempos. Mais radical do que Jornada nas Estrelas ou outros fãs de ficção científica, muitos milenaristas contemporâneos se consideram como parte de uma geração de viajantes do espaço e criam lugares de adoração que podem reproduzir a cabine do *Enterprise* ou imaginar que alienígenas vão salvá-los da existência terrestre, alguns até se suicidam, como fizeram os membros do *Heaven's Gate* [Portal do Paraíso] em março de 1997, acreditando que as suas almas libertas flutuariam até uma astronave ancorada em algum lugar do Sistema Solar.

Essas e outras formas de escapismo impedem os absortos participantes de enfrentar a deterioração da sociedade e direcionar a sua criatividade para condições aperfeiçoadas. Abalados por sentimentos de abandono, muitos se tornam presunçosos e incapazes de desafios interessantes. O custo do escapismo, ao que parece, é a indiferença às instituições corrosivas da sociedade e uma incidência crescente de visões isoladas.

Indivíduos que enfrentam os desafios da decadência da sociedade, por outro lado, permanecem vulneráveis aos seus padrões sociomagnéticos. Para uma pessoa com falta de presteza intuitiva e intelectual para se expandir e achar soluções criativas, fica fácil girar em torno de padrões associados com a destruição. Tais giros ampliam as fronteiras da violência, estendendo-os aos domínios pessoais (abuso de droga ou álcool, alienação dos pais ou outros membros familiares íntimos, comportamento delinqüente ou de baixo grau resultando na educação inadequada e sentimentos de inferioridade, empobrecimento econômico ou emocional, relacionamentos amargurados, fracasso em encontrar trabalho gratificante e falta geral de significado visível na vida) para realidades coletivas (porte de armas em escolas, sadismo na indústria de pornografia, escravidão em nações subdesenvolvidas, estabelecimento de fronteiras militares quase permanentemente e devastação das florestas tropicais). Em outras palavras, indivíduos vulneráveis que não se envolvem na auto-expansão, inadvertidamente reprimem suas energias criativas e, para diminuir seu stress psicológico e assegurar um sentido sólido de identidade, exteriorizam a sua atenção na violência com relação a rivais predefinidos, outras etnias e o mundo natural. No processo de lesar os outros, não conseguem ajudar, mas sim inibir sua experiência interna de sabedoria.

Devotos, observando essas alterações violentas nos padrões sociais, erroneamente concluem que a humanidade precisa mais de religião do que nunca. Mas alguns eventualmente vêem que ministrando à humanidade por meio de promessas infundadas, medo e culpa, não conseguem regular mais efetivamente a conduta. Promessas do paraíso, medo do inferno e sistemas teológicos baseados em recompensa e punição somente intensificam o problema, em vez de ajudar a erradicá-lo. Essas medidas ecumênicas na verdade colocam em perigo a sobrevivência da humanidade promovendo as virtudes de um intelecto frustrado, supressão de desejos naturais e expressões de desagregação. Na melhor das circunstâncias, eles revelam os defeitos subjacentes, fazendo muitos partidários vaguearem longe de seus ancoradouros religiosos.

Pessoas criadas em todas as tradições religiosas têm fome de alternativas para as religiões organizadas de seus pais. Essa busca difundida por uma identidade espiritual nova leva multidões a cada ano a experimentar uma variedade de movimentos espirituais da Nova Era ou se juntar a grupos devotos que defendem práticas ecléticas ou extremas como o fundamentalismo. Mas enquanto a própria busca pode refletir uma resposta saudável, o estado de espírito que as pessoas trazem nem sempre é propício a achar um significado mais profundo na vida. Procurar externamente uma identidade espiritual pode vir acompanhado de descontentamento, infelicidade ou desespero. Procurar sentido para um vazio pode resultar em uma discriminação prejudicial, investigação preconceituosa ou identificação com espiritualidade consumista. Indivíduos especialmente vulneráveis inserem freqüentemente seu sentido de identidade na personalidade ou missão de um culto, perdendo o desenvolvimento de seu próprio eu expansivo.

A descoberta de um novo movimento espiritual ou grupo devoto freqüentemente está carregado de perigo para indivíduos vulneráveis. A emoção em adotar uma idéia nova de Deus ou um novo líder espiritual ou religião pode de repente fazer algumas pessoas sentirem um sentido de integração e poder com respeito ao seu acesso especial à revelação espiritual. Freqüentemente, esse sentido de integração – seja para um judeu ortodoxo de Ieshivá, uma colônia budista, um encontro católico, um centro moderno conduzido por um guru, um refúgio de meditação ou oração, uma seita fundamentalista, um culto apocalíptico ou uma organização terrorista – rapidamente gera sentimentos de invulnerabilidade. Muitos desses movimentos e grupos promovem um sentido constrangedor de comunidade que obriga por meio de atividades catárticas, que variam de dançar e cantar até compartilhar experiências religiosas, trabalho de respiração, uso de ervas e cristais, exercícios de fixação, tarefas orientadas ao serviço, aconselhamento, expressão artística, dança circular sagrada, estudo de grupo reforçando certos ideais, regulações sexuais, isolamento seguido por união e falas animadas feitas por líderes carismáticos. Esses empenhos alinham o fisiomagnetismo dos recém-chegados e, portanto seus pensamentos, com o padrão magnético prevalecente da organização aumentando sua saúde e sustentando seus egos temporariamente, previamente debilitados por insegurança e incerteza. Sinais de falso fortalecimento do ego geralmente aparecem com o passar do tempo em exibições de simulações espirituais, uso excessivo de terminologia de conhecedor profundo indicando parâmetros psicológicos limitados, proselitismo fortuito e outras ilusões de piedade.

A busca pela verdade, um esforço vitalício para a maioria dos cientistas e filósofos, geralmente termina para o limitado e não mais vulnerável sentido do eu que encontrou um pouco de conforto na participação e nas crenças. Além disso, a insistência de uma organização na lealdade torna difícil questionar seus princípios básicos sem sentir culpa. Influenciando interna e externamente, os indivíduos que foram supridos com uma identidade espiritual bem definida, junto com sua catarse extática promovendo saúde, podem estar então pouco dispostos a liberar essa identidade limitadora.

Outro problema dos indivíduos vulneráveis que buscam espiritualidade é que os movimentos espirituais e grupos devotos da Nova Era podem não estar equipados para ajudar os membros a ampliarem a idéia do eu, embora eles possam aconselhar essa capacidade. A maioria oferece serviços úteis, como retiros de meditação, orientações vegetarianas, aulas de cultura física e eventos sociais. Fornecem também instrução para entender a personalidade da pessoa, acessando recordações da infância por meio da respiração, pintura ou escrita, aplicando leis espirituais de sucesso para a família e em um local de trabalho, encontrando verdade em um líder exótico que em breve pode estar visitando, além de ensinarem técnicas de sexo espiritual, afirmando o tempo todo sua ideologia particular. Em muitos casos, esses ensinamentos não somente falham em desafiar idéias limitadas do eu, como indiretamente as reforçam.

Métodos de promoção de muitas organizações devocionais e da Nova Era podem ser confusas ou enganosas também. Palavras esotéricas como *infinito, supremo, divino, eterno, iluminação, despertar, espírito, abençoado, fonte, transcendente, verdade, felicidade* e *Deus*, são usadas para vender publicações e programas educacionais que pretendem apontar o caminho da verdade. Mas em vez de esclarecer as perguntas que a humanidade enfrenta, a terminologia espiritual atormentadora pode ainda obscurecer os desafios sociais de hoje. Melhor, tais linguagens podem ajudar adeptos a superarem a desagregação extrema das religiões organizadas e, por essa lente mais ampla, perceberem um ego mais saudável liberto de traumas e questões de inferioridade. Mais freqüentemente, eles são associados a ensinamentos que pedem fé cega em dogma prescrito e crenças sutilmente exclusivistas que mais tarde incentivam atitudes arrogantes.

Quando o eu é consideravelmente vulnerável, procura sua infinidade menos em organizações espirituais e devotas e mais em identidades de culto pré-fabricados que rapidamente emprestam um sentido de estabilidade. Os cultos são caracterizados principalmente por glorificação fanática de um líder, exploração econômica ou sexual de membros e dano físico ou mental infligido sobre eles. Dessas características, a adoração da personalidade é provavelmente a mais destrutiva, uma vez que força as mentes de seguidores a aceitarem a exploração e o abuso. E em vez de focalizar em um objeto morto de devoção que incorpora qualidades universais, focalizam devocionalmente na imagem de uma pessoa viva que atingiu o estado de um salvador divino. Isso tudo estreita a perspectiva da pessoa. Pior, identificar-se com tal pessoa carismática pode provocar cicatrizes na alma tirando a auto-estima necessária para a expansão.

O dano à alma tornou-se óbvio durante as décadas de contracultura dos anos sessenta e setenta, quando o mundo ocidental começou a divinizar os gurus e mestres de meditação orientais. Obcecados por adorar essas personalidades, os ocidentais começaram a se apegar às identidades dos indivíduos em vez de expandirem as suas próprias. Também, sem educação nas complexidades do pensamento oriental, eles naturalmente consideraram os ensinamentos autênticos, somente para achar em muitos exemplos que a pessoa faltou com a conduta ética. Mas em lugar de questionar a credibilidade de um professor, muitos seguidores optaram pela ilusão, justificando o comportamento imoral afirmando que o indivíduo era um com Deus, iluminado, não mais sujeito à moralidade cotidiana, ou estava usando a imoralidade como ajuda pedagógica ou para intencionalmente desafiar convenções sociais. Logo, eles se cercaram com uma parede impenetrável de negação, demonizando qualquer um que desafiasse a estatura de seu líder e sendo aprisionados o tempo todo em sentimentos de co-dependência e abandono. Muito tempo antes, centenas de milhares de ocidentais erroneamente acreditaram que seu valor próprio estava assegurado pelo mérito de seu professor.

Tal cicatriz psicológica tornou-se mais pronunciada pelas décadas desde então, acompanhando um surto global em ritualismo. Começando nos anos oitenta, os cultos de personalidades hindus e budistas se espalharam além do Ocidente e foram reunidos em todos os lugares por meio de cultos fundamentalistas, em que os pregadores carismáticos agitaram chamas de ódio, medo e militância; cultos de saúde nos quais os doutores e pretensos especialistas aderiram a abordagens formalistas para doença, obesidade e infelicidade; e cultos de auto-aperfeiçoamento que patrocinam "segredos" para o sucesso financeiro, avanço da carreira e capacidade de fazer mais amigos. Novamente a obsessão, ilusão e negação vêm à frente, corroendo a auto-estima. Conseqüentemente, centenas de milhões de indivíduos no mundo não tem força psicológica para reconhecer sua própria exploração e abuso nas mãos de líderes de culto.

Líderes de culto, por sua vez, são apenas humanos e por isso tão propensos à vulnerabilidade quanto seus seguidores. Na realidade, é fora da vulnerabilidade dolorosa e falta de fundamento ético que eles tiram vantagem de seus seguidores, encorajando a adoração de personalidade e se divertindo na autoridade, dinheiro e adulação que fluem do seu modo. Enquanto servos espirituais genuínos, inerentemente guiados por princípios morais, não teriam interesse algum em pedir às pessoas para pagar por aulas de meditação, os gurus ritualísticos não só são hábeis em comercializar a espiritualidade, mas também em inclinar as mentes doutrinadas pelo materialismo considerando o próprio investimento financeiro como sinal de crescimento espiritual. Um líder de culto que ensina meditação, como um homem chamando os convidados famintos para o jantar, mas lhes permitindo somente comer indiretamente por meio dele, não pode mitigar a fome espiritual do grupo. Devotos de todos os tipos seriam sábios ao atender ao conselho do autor britânico George Orwell, que disse: "Os santos devem sempre ser julgados culpados até que sejam provados inocentes".[6]

Há muitos modos nos quais os líderes de culto capitalizam sobre as dependências psicológicas que eles incutem. Oferecendo-se como proprietários da "resposta decisiva", eles garantem um acompanhamento leal que presta atenção às necessidades materiais deles. Aqueles que obrigam hegemonia sexual têm garantida uma variedade de parceiros sexuais que consideram o intercurso com seu líder uma forma de adoração. Líderes que fisicamente ou fisiologicamente maltratam seus seguidores podem esperar pedidos suplicantes de liberdade da dor que eles incutem.

Líderes de culto também ganham com ameaça de guerra.

Após 11 de setembro de 2001, vários gurus da Nova Era capitalizaram sobre promessas de paz mundial se seus métodos tivessem uma chance. Outros cobraram centenas de dólares por mantras simples que eles declararam que não eram apenas sons, mas pacificação divina e princípios de expansão da consciência com "aspectos" em cada um dos cinco sentidos. De fato, uma técnica de meditação inicial comum envolve simplesmente perceber a respiração e mentalmente cantar qualquer som que seja livre de associações indesejáveis, como "Hong-Sau" repetido com a inspiração e expiração, respectivamente, ou "Om", "Omne", "Amém" ou ainda "Jesus Cristo" com a inspiração, "Filho de Deus" entre respirações e "Tenha misericórdia da minha alma" com a expiração. Por si mesmas essas palavras ativam uma troca na atividade do cérebro e uma redução da velocidade da respiração – sem custo algum.

Outras ofertas lucrativas em nome da paz mundial incluem o pedido de um grupo da comunidade internacional de um bilhão de dólares para construir "palácios de paz" em que os praticantes de meditação enviariam "vibrações de consciência cósmica para o mundo". O grupo também oferece aulas sobre "vôo iogue", oferecidas por no mínimo três mil dólares por aluno. De apelo especial para buscadores vulneráveis, o vôo iogue exige mentalmente cantar sutras em sânscrito ou aforismos e pular por horas em almofadas fazendo esforço para "decolar". Textos antigos que se referem a voar, nada mencionam sobre saltar ou paz mundial, mas em vez disso citam uma técnica pranayama para controlar uma corrente de nervo particular no corpo que pode levar décadas para dominar; além disso, originalmente, as escrituras védicas e iogues eram para ser cantadas com o propósito de transmitir informações de uma geração para outra, não para uso como exercícios auto-sugestivos. Apoiar a técnica voadora fraudulenta é a mesma coisa que acreditar que cantando o material escrito sobre uma arquitetura, possa ser possível a construção de edifícios. E como era de se esperar, o resultado freqüentemente associado ao domínio das capacidades iogues incomuns é o orgulho, não a paz.

Freqüentemente, as solicitações ritualísticas para interesse da paz mundial são somente claras tentativas disfarçadas para se aproveitar do medo da violência global prolongada – uma distinção oculta para a maioria dos devotos. Fortalecidos no sentido limitado da identidade a eles conferido como "elite espiritual", muitos não conseguem ver que a técnica gerada pelo culto proclamando paz mundial pode ser absurda. Nem as propostas de bilhões de dólares para criar vibrações pacíficas parecem irrelevantes. Mais do que qualquer outra coisa, o que importa é a invulnerabilidade confortável às tensões psicológicas e sociais de nosso tempo. Mas isso tem um alto preço: a pessoa obcecada em possuir "conhecimento especial", seduzida por ilusões de grandeza e induzida pelo poder da negação, exige um esforço quase sobre-humano para operar no domínio do pensamento livre.

A maior armadilha com respeito às alternativas atuais para a religião organizada – ritualística, devocional e espiritual – é a sua inabilidade em promover autodeterminação. Uma dificuldade é que a sua sobrevivência depende da uniformidade da condenação. Diferente de hospitais em que os pacientes saem ao serem curados, a maioria desses grupos se modela conforme as religiões, insistindo em obediência e centralização de poderes espirituais, enquanto desencoraja o pensamento independente e os desafios à autoridade. Além disso, o fortalecimento temporário e a consolidação do eu que acontece após a identificação com um novo corpo de buscadores dá a impressão errônea de que o eu encontrou seu verdadeiro lar. Na realidade, aconteceu totalmente o oposto: o eu deslizou gradualmente para longe de seu curso de expansão, jogando a âncora em águas turvas. O caminho de volta, assim como um bom preventivo contra flutuar sem rumo, pode ser encontrado por meio da prática da técnica 16.

TÉCNICA 16

Autoconfiança

As religiões organizadas sustentam que grandes seres do passado, como Moisés, Jesus e Maomé, comunicaram-se intimamente com Deus por nós e nossa tarefa é acreditar nesses trabalhos, freqüentar cultos de adoração, colocar dinheiro no cofre do sacerdote, ser agradável com as pessoas e confiar nas autoridades religiosas para dar significado à nossa vida. Os ensinamentos de místicos orientais como Krishna, Buda, Patanjali e Kabir, porém, defendem uma possibilidade muito diferente para descobrir mais significado para a vida: autoconfiança. Seus métodos para acessar a verdade revelam que a aquisição de conhecimento não-finito, poder e felicidade é qualquer coisa menos fácil e impossível de ser alcançada por procuração.

Emulando a confiança vitalícia dos grandes místicos no eu como a via para o conhecimento, os pesquisadores que estabelecem uma disciplina sensata podem continuamente fortalecer seu sentido de autoconfiança. Conforme você se encontra com as doutrinas espirituais de um professor ou técnicas que poderiam servir a esse propósito, sintonize sua resposta interior para eles fazendo-se perguntas básicas: *Que aspecto do eu amplia esta disciplina? Como poderia influenciar meu sentido de identidade? O que exigirá de mim em termos de tempo, dinheiro e auto-estima? É suficientemente estimulador para inspirar esforço de minha parte? O que o professor entende de Deus? Qual o objetivo da prática? Como esta disciplina define sucesso diário – em termos de uma dependência profunda do professor como um canal para Deus ou, em vez disso, uma percepção de minha própria conexão com Deus? Como esse sucesso é testado?.*

Ao aprender a usar idéias do eu como uma caixa de ressonância, suspeite de respostas pré-embaladas para perguntas desafiadoras. O eu, especialmente quando profundamente vulnerável, pode ser facilmente atraído por paliativos, como dominar o vôo iogue em uma semana, perder peso com esforço mínimo, ficar rico da noite para o dia, encontrar um romance num piscar de olhos, acreditar em uma passagem segura para o paraíso e atingir iluminação imediata. Em contraste total, os ensinamentos e as vidas de antigos místicos deixam amplamente claro que não há nenhuma trajetória simples e indolor para grandes realizações.

O eu que resiste a confundir espiritualidade com falta de

pensamento crítico, gradualmente supera seu sentido de abandono, desdobrando cada vez mais sua infinidade conforme limpa o caminho interior. No processo, considera-se o eu como o repositório do conhecimento, poder e felicidade, como conseqüência do eu infinito – no lugar de uma autoridade externa – tornando-se a medida de todas as coisas. Ser divino, neste contexto, significa ser totalmente autoconfiante.

Da mesma maneira que o caminho da confiança nas autoridades espirituais termina em um sustento artificial de um culto do eu vulnerável, o caminho da autoconfiança termina em seu oposto: unidade com o eu infinito. Como sempre, é necessário vigilância, visto que é tentador decair em um ritual pretendendo erradicar padrões de insegurança e falta de poder que provocam medo. Ao contrário, a decisão de optar por uma disciplina interna bem-testada promete uma forma de confiança que busca, mais do que teme, o desconhecido.

Décadas de experimentação com alternativas para religiões organizadas falharam ao produzir socialmente um ideal espiritual unificador capaz de curar a vulnerabilidade lancinante do eu. O que emergiu em seu lugar é uma nova geração de identificação limitada com pretensos gurus e mestres da meditação, ou comerciantes narcisistas e descarados. Na presente conjuntura, entre o desabono de hoje do eu perdido na comercialização da espiritualidade e a agonia da morte de instituições antiquadas, a recuperação de sua capacidade expansiva, mais urgente do que nunca, requer o vigor descentralizado da ciência intuitiva.

Celebrando a Apostasia (renúncia à religiosidade)

Seja paciente em relação a tudo o que não está resolvido em seu coração e
Tente amar as próprias perguntas...
Viva as perguntas agora. Talvez, gradualmente,
Sem perceber, você vai viver ao longo de algum dia
Distante na resposta.

Rainer Maria Rilke

Religiões institucionalizadas e seus equivalentes dos tempos modernos não são apenas sistemas de crença, mas também redes sociais que conectam os seguidores à família e amigos, permeando suas vidas com símbolos familiares e dando-lhes um sentido de lugar e propósito. Conseqüentemente, muito depois de descobrir que falta utilidade nas crenças e um contexto viável no mundo atual, ainda podemos ter funções sociais. Muitas pessoas que buscam preservar a família e tradições de feriados ou harmonia de comunidade evitarão questionar sua religião ou afiliação espiritual. E para aqueles que fazem perguntas, apostasia pode ser um evento solitário – estressante no princípio, talvez, mas após a compreensão aprofundada e comunicação com os familiares, uma escolha merecedora de celebração.

A compreensão aprofundada de um questionador começa com uma visão da apostasia como liberdade de identidades de grupos exclusivos e da resistência dos outros como resposta psicológica baseada no medo de perturbar as fundações dessas identidades. Filhos jovens que não têm nenhum grupo fixo para defender são destemidos para fazer perguntas formativas. Entre as crianças que são ensinadas depois a adotar uma identidade de grupo, o interesse em questionar rapidamente diminui. Até a idade adulta, poucas terão desafiado suas identidades limitadoras, salvo se lhes causou graves dificuldades intelectuais ou emocionais. Entre adultos que ainda se identificam com grupos imperativos adotados décadas antes, a tendência é explorar suposições seletas ocasionalmente, porém mais freqüentemente as perguntas se afastam e os questionadores também, por medo de desmoronar a única identidade que eles conhecem e descobrir que nenhuma outra acontece.

A compreensão maior emerge com a percepção de que questionar as suposições que estão por baixo de identidades de grupo exclusivas não só é um exercício intelectual ou empenho em buscar a verdade, mas também um dever pessoal e social. Pode parecer uma obrigação do eu da pessoa adotar um eu maior e assim deixar de suprimir a expansão natural do coração. Ao mesmo tempo, fica claro que uma pessoa que escolhe experimentar mais da sua humanidade pode incentivar a expansão de outras.

Especialmente em tempos de tensão é essencial alcançar os pináculos do entendimento que impulsiona uma dinâmica: perspectiva ampla e motivação espiritual. Um questionador que não tem qualquer um desses atributos pode facilmente ser enganado julgando uma identidade de grupo anterior. Mas quando a perspectiva se ampliar, é possível deixar de desvalorizar uma identidade anterior e considerar o catalisador que provocou um exame mais profundo de raízes espirituais, revelando as verdades onde residem todas as religiões e organizações espirituais. Desse ponto de vantagem, descobertas espirituais futuras não desacreditam crenças aceitas no passado, mas lhes dão significado viável e propósito. Em termos de motivação, somente pressionando além de uma identidade de grupo anterior um questionador pode encontrar perspectivas de experiência que reduzem a tendência à desagregação.

Quanto mais fortemente o indivíduo questionar crenças dogmáticas intimamente testando a teoria do eu, mais tentador pode ser comunicar os pensamentos resultantes e sentimentos sociais. Mas discutir idéias espirituais progressivas com ouvintes insensíveis, especialmente familiares que ainda são ligados com as crenças, pode ser angustiante e desnecessariamente alienante. Neste momento, a tensão da apostasia é superada em grande medida entendendo a mecânica da identificação de grupo, um aspecto do qual uma identidade de grupo atinge validade nas mentes de pessoas por intercurso social que, como relações sexuais, envolve um componente de satisfação. Suponha, por exemplo, que eu quero fazer parte de um grupo com você e você quer fazer parte de um grupo comigo. Embora eu possa afirmar que eu pertenço ao grupo e você pode afirmar que pertence ao grupo, nenhum grupo existe até que nós compartilhemos nossas afirmações um com o outro. Quando falo que eu me identifico com nosso grupo e você me fala que você também, nós reconhecemos felizmente que as nossas idéias de eu nos cercam. *Refletir a alegria de expandir o sentido do eu dentro dos limites de uma identidade de grupo reforça a sua exclusividade.*

A mecânica de identificação de grupo também revela que

quanto mais forte uma identidade de grupo se torna, mais seus membros tendem a vê-la como seu propósito na vida e defendê-la a qualquer preço. E desde que a identidade de grupo não tenha nenhuma realidade fora de suas mentes, eles evitam essa percepção dolorosa projetando sua idéia da identidade sobre os outros. *O fortalecimento de uma identidade de grupo culmina em esforços para reformar a humanidade em sua imagem.*

Um terceiro aspecto de identificação de grupo para ter em mente antes de se envolver em discussão com familiares é que um grupo determina seus limites em resposta a adversários reais ou imaginários. Em outras palavras, se eu o vejo como contribuinte para a identidade de um grupo ao qual ambos pertencemos, eu serei amável com você; atencioso; recitarei hinos de união, cantos e promessas, e afirmarei nossa identidade compartilhada exibindo símbolos de grupo para você ver ou usando a linguagem do grupo na sua presença. Se ao contrário, você parecer estar se distanciando do grupo, eu posso mentir para você, chantageá-lo ou tentar destruir sua reputação arriscando o que eu percebo ser a identidade do grupo, o tempo todo considerando minha reação moral e justa. *Ao inventar uma ameaça, um grupo define seus limites mais claramente e intensifica a coesão de membro.*

As mecânicas de identificação do grupo são tão intrinsecamente antagônicas que seria prudente para um questionador inicialmente evitar apresentar descobertas espirituais a membros familiares. Em lugar de arriscar a separação ou reversão envolvendo-se em debates potencialmente acalorados sobre a teoria do eu, pode-se simplesmente aplicar seus princípios na vida cotidiana. Personificar a teoria do eu é comunicar silenciosamente seus ideais mais poderosos – e talvez o único modo de desalojar padrões de mentalidade limitada em si mesmo e nos outros. Uma mente preconceituosa freqüentemente considerará pensamentos novos em resposta ao fisio-magnetismo de um coração naturalmente expansivo.

Pioneiros iniciando viagem em um caminho de investigação espiritual são aconselhados a evitar conversações com familiares até que o espírito de investigação tenha criado raízes, preferivelmente por meio de participação em reuniões com pessoas que podem não conhecer muito bem. Após extensiva investigação, um indivíduo pronto a renunciar a um sistema de crença anterior e embarcar na ciência da intuição poderia novamente sentir-se desafiado a expressar o descontentamento a familiares que permanecem na comunidade. A comunicação nesta conjuntura pode ser unicamente recompensadora para ambas as partes.

Saber que alguém querido já não aceita as doutrinas da sua fé pode no princípio fazer familiares se preocuparem intensamente sobre questões de vida-e-morte. Eles podem desejar saber, por exemplo: *Meu filho ainda vai para o paraíso? Meu irmão conseguirá superar os problemas sem o apoio da congregação? Deus considerará meu cônjuge um infiel? Meu amado amigo estará sem companhia espiritual por uma vida inteira infindável?*. Para acalmar os familiares e talvez ganhar seu apoio, uma idéia boa é apresentar descobertas dentro do contexto da sua fé e então convidar ao diálogo aberto, conforme descrito na técnica 17.

TÉCNICA 17

Comunicando-se Abertamente com a Família e Amigos

Uma vez que seus familiares percebam que você somente está questionando a religião ou um correspondente atual, e não renunciando a Deus ou abandonando-os, sua ansiedade sobre seu bem-estar pode se transformar em respeito por sua viagem espiritual. No mínimo, é provável que eles o deixem continuar sua investigação sem impedimentos. Mas primeiro você pode ter de enfrentar energicamente a família e amigos, buscando coragem do fato de que todo o sistema de crença começou com alguém que apostatou das opções espirituais da época. Usando um revolucionário escolhido como exemplo, explique seus próprios pensamentos e sentimentos em uma linguagem aceitável para seus familiares.

Esta abordagem se empresta a qualquer sistema de crença que você possa estar questionando. Por exemplo, se sua família é judia, você poderia estabelecer sua experiência contra o fundo histórico do Judaísmo, descrevendo como Moisés, após rejeitar a idolatria egípcia de sua época, conduziu os israelitas fora daquele solo improdutivo espiritual em nome de um único Deus. Você pode acrescentar que a liturgia redundante do Judaísmo, junto com o levantar e sentar maquinal em uníssono no templo, arremessou-o na devastação de si mesmo. Você pode ainda lembrar a seus familiares que os judeus de dois mil anos atrás viram hábitos proféticos dar lugar à tradição rabínica, e que também você precisa renunciar à adoração de características exteriores que se infiltraram no Judaísmo moderno para encontrar o único Deus dentro de você.

Se você foi criado em um ambiente cristão, você pode pedir aos membros da família para trazerem de volta o desejo de Jesus de estabelecer um novo pacto com Deus, e então transmita maneiras em que você também está imaginando um novo pacto com Deus. Explique, quem sabe, que você pretende amar Deus livre e desimpedido de qualquer expectativa de recompensa no paraíso. Assegure aos seus familiares de que você já não quer expiação, mas em vez disso anseia pelo conhecimento que lhe impediria de errar. Diga que você preferiria fazer o paraíso na terra para você e para os outros, certo de que a vida após a morte levará então a cuidar de si mesmo.

Se você nasceu em uma família muçulmana, você pode referir-se ao desejo de Maomé de libertar o povo árabe do labirinto de seres sobrenaturais e conflito intertribal que tinham permeado o mundo árabe da sua época. Reassegure seus familiares que sua objeção não é ao Alá infinito, mas à limitação da sua capacidade para enviar mais mensageiros em seu nome. Você pode concluir mostrando que, após ter considerado o exemplo de Maomé como pessoal, você percebe que no fim cada pessoa é seu próprio profeta e espiritualmente responsável por si. Como resultado, você vê o mensageiro final de Alá agora em todos e tudo.

Se você vier de uma grande família de mórmons que não

entendem sua vontade de questionar a autoridade do Livro de Mórmon e rejeitar a Igreja Mórmon, considere-se apresentando como um admirador do fundador Joseph Smith, que se sentia comandado por Deus para rejeitar todas as denominações Cristãs e estabelecer sua própria Igreja de Cristo. Explique que da mesma maneira que Deus está se expandindo em perfeição, de acordo com os ensinamentos de Smith, assim também você está se ampliando além de seu entendimento passado de Deus. Uma vez que seus familiares provavelmente acreditam na sinceridade de Smith com base no testemunho de outros, pode não ser muito pedir-lhes que aceitem sua sinceridade também.

Se você for um ex-hindu, você pode explicar que após estudar as muitas filosofias e práticas associadas com a tradição de sua família, você descobriu a mensagem simples dos *rishis*. Conseqüentemente, você já não tem uma necessidade de sistemas de casta sufocantes ou rituais carregados de superstição. Como Adi Sankara que quis revigorar o Hinduísmo após ter sofrido séculos de letargia na Idade das Trevas, você está determinado a banir distorções externas e freqüentar um *satsanga* interno.

Se sua família for budista, você pode fazê-los lembrar dos sentimentos de Buda ao ver a glória de Vedanta desmoronar nas mãos de sacerdotes. Então expresse sua experiência de Budismo sob a influência de lamas, *rinpoches*, e mestres de meditação dos tempos modernos que diluem os significados de nirvana e iluminação para seu benefício pessoal. Talvez acrescente que você, como Buda, deseja restabelecer o *dharma* em sua vida fortalecendo os princípios básicos da yoga, debaixo desta corrosão.

Após estabelecer um precedente familiar para sua renúncia das crenças, você pode ressaltar que a memória deste indivíduo célebre não só é mantida viva porque eles desafiaram o estabelecimento, mas por causa da sua determinação em substituir idéias que já não estavam funcionando para as pessoas. Você ainda pode querer lembrar seus familiares que interpretando esta figura como uma reflexão da unificação em lugar da desagregação, do ponto de vista das Escrituras, é válido e emocionalmente muito mais convincente. Poucas pessoas, que consideram a religião como uma questão do coração, disputariam a possibilidade de sentir dor ao pensar em um Deus desagregador e alegrar-se com imagens da infinidade e amor incondicional de Deus.

Uma maior contribuição para discutir com familiares consiste em elucidar as experiências que conduziram às suas dúvidas e descobertas, pedindo seus pontos de vista nas questões – envolvendo-os essencialmente em um colóquio. Esta chance de contestar por meio da conversa, pode eventualmente aliviar a tensão que tenha surgido para um membro familiar ou amigo. Mas se após esforços repetidos seu colóquio provar ser difícil, pare e pergunte à pessoa o que seria necessário para sua sincera decisão ser respeitada.

Confundindo seu questionamento espiritual com um sinal de que você está fracassando num teste dado por Deus, um familiar poderia lhe pedir que falasse com uma autoridade religiosa. Se isto acontecer, acolha positivamente o encontro como uma oportunidade adicional para avaliar aspectos da religião e cogite possíveis soluções para sua investigação espiritual. Antes da reunião, lembre-se de que seu propósito, como a meta do próprio questionamento, é apressar a expansão. Com isso em mente, prepare uma lista de observações e perguntas para trazer com você e, livre de expectativas, aproxime-se da autoridade religiosa com o mesmo respeito que você dá aos membros do colóquio. Se parecer que a pessoa não o guia durante seu questionamento, você pode sair da reunião com convicções até mais fortes de apostasia.

Eu tive um desses encontros quando, no início dos meus vinte anos, entrei em uma ordem monástica iogue e meu pai, querendo que eu estivesse seguro de minha decisão, pediu-me que consultasse o rabino local. Eu concordei e escutei cuidadosamente conforme o rabino fazia perguntas sobre as práticas intuitivas que tinham atraído meu interesse, o Judaísmo e as conseqüências sociais e familiares de minha apostasia. Ao responder cada uma no melhor da minha capacidade, permaneci imperturbável porque já havia me desafiado com essas perguntas e ido muito mais além. Percebendo evidentemente que não podia fazer com que eu mudasse de idéia, o rabino logo acenou com a cabeça e repetiu várias vezes: "Estou muito desapontado com você". Esta tática também não funcionou, pois meu sentido de identidade não estava dependente da sua aprovação ou desaprovação. Apesar das várias tentativas em incutir remorso, eu não me sentia culpado em rejeitar a religião de minha família. Em vez disso, sentia-me descontente em ser tratado como menos que um par informal, todavia satisfeito de que a sua ratificação de rituais arcaicos não tinha conseguido me vencer.

Para buscar compreensão adicional diretamente da família e amigos, você pode abordar aqueles que parecem incomodados com seu questionamento espiritual e lhes perguntar por que os transtorna ou gera preocupação por seu bem-estar. Em alguns casos, você pode achar mais aceitação; em outros, aprender detalhes importantes sobre o caráter de um indivíduo, psicologia e histórico pessoal, ou sobre o seu investimento emocional em modificar seus pensamentos. Às vezes, você vai encontrar indivíduos querendo que você seja verdadeiro com você mesmo, seus poderes de argumentação e o espírito de questionamento. Mas pode ser menos provável que você encontre pessoas que se associem em sua investigação espiritual ou pode nem esperar por isso. As pessoas com as quais mais podemos contar realisticamente são familiares e amigos que querem o melhor para nós e, para esse fim, dão-nos liberdade para fazer nossas próprias escolhas.

Desta forma, familiares que apóiam suas investigações espirituais podem, por fim, respeitar sua posição de pensamento livre e valorizar seu efeito sobre eles. Uma vez que você sabe que isso é verdade, pode deixar de conter as perguntas que possam preocupar o *status quo* e, em vez disso, arriscar aperfeiçoar o *status quo* fazendo perguntas.

Claro que um apóstata não pode sempre reconciliar diferenças com familiares – ou pior, pode ser emocionalmente atacado ou ameaçado por eles. Quando sujeito a palavras ou ações violentas, geralmente é melhor ficar tranqüilo e notar os ataques do transgressor no seu próprio sentido do eu, especialmente declarações sobre identificações limitadas e confissões de crença. Identificações limitadas – como "eu sou um judeu americano branco do sexo masculino" ou "eu sou um cristão salvo e você não é" – desfiguram a idéia do eu da pessoa ligando-a a uma etnia particular: sexo, nação ou religião. Confissões de crença, como em "Eu acredito em Jesus que morreu por meus pecados" ou "Não há nenhum Deus, exceto o meu Deus e eu acredito somente nas suas revelações", quando feitas repetidamente, mutilam o sentido do eu além do reconhecimento de seu potencial expansivo.

Um apóstata que capta os sinais do potencial danificado para expansão de um familiar pode tratar suas realidades compartilhadas de vida em um mundo retalhado em partes pela desagregação. Em resposta, o familiar pode reconhecer que o mundo realmente está "desordenado" e não há nada que se possa fazer sobre isso. Nesse caso, o apóstata sob ataque poderia sugerir que há algo que todos podem escolher fazer: expandir o eu.

Martin Heidegger, filósofo alemão do século passado, observou de forma direta que o "terrível" já aconteceu. Muitas pessoas que se depararam com esta observação poderiam pensar que a coisa terrível era escravidão, morte cultural ou genocídio. Mas a percepção de Heidegger sugere que antes que os seres humanos pudessem possivelmente escravizar os outros, promulgar leis das quais afastam a riqueza e poder social do empobrecido, tirar das mulheres o poder sobre seus corpos e vidas, ou matar uns aos outros por recursos ou por decreto divino, eles tiveram que dedicar séculos à humilhação de suas idéias do eu, profanando sua própria capacidade intelectual e diminuindo o valor de suas vidas. Ao ganhar distância de seu potencial para um sentido do ser expansivo, a humanidade perpetrou crueldades infinitas doutrinariamente abençoadas como morais, patrióticas ou ordenadas por Deus, mais recentemente levando-se à beira da aniquilação em suas próprias mãos por via de extinção nuclear.

Apóstatas, ameaçados de serem violados, trazem consciência espiritual a esta ladainha de honras promulgadas para consagrar identidades de grupo limitadas. Sabendo que a vida em seu âmago é espiritualmente ilimitada, eles não têm medo de estigma social ou censura. E ainda, ameaças de violência podem surgir de reuniões de outras famílias capazes de ativar as redes sociais e formadas por uma religião ou movimento espiritual que possuem idéias de reter a liberdade de identidades limitadas. O próximo passo para os apóstatas é escolher uma "identidade de grupo" que encoraje a auto-expansão – de preferência, o próprio cosmos.

Da perspectiva do cosmos, a dança da existência humana é tão essencial a seus ritmos quanto uma pedra que rola em um planeta abandonado, uvas que vão ficando doces em uma videira oscilante, ou um bilhão de mundos ligados a uma vida inteligente. E o substrato de todos é o mesmo eu infinito que coreografa sua expansão em mundos vistos pelos humanos como finitos. A humanidade pode acumular bibliotecas de conhecimento material relativo, tudo que poderia ser aniquilado por uma bomba ou meteoro, quase sem rastro algum deixado nos átomos espalhados ou nas lembranças de seres inteligentes. Em contrapartida, um cosmos entrelaçado de experiências de autoconhecimento infinito nos ventos da auto-expansão, uma aspiração que conseqüentemente nunca é sufocada. Galileu observou que o Sol podia amadurecer uma uva como se não tivesse outra coisa para fazer no Universo; é neste sentido que o cosmos também provê a expansão de um único eu individualizado.

Esse estado de coisas é motivo de alegria. Tomado mais adiante, se o mundo externo reflete o eu interno, então conforme um indivíduo escolhe uma identidade de grupo mais expansiva, o mundo fenomenal fielmente espelhará sua apostasia de identidades de grupo limitadas. De fato, este processo já está a caminho cada vez mais com a humanidade adotando inclusão, pluralismo e resoluções não-violentas para o conflito. Para acelerar mais seu desdobramento, podemos ser verdadeiros com nossos eus expansivos comprometendo-nos a respeitar o relacionamento pessoal de todos com seu ideal finito do Deus infinito, servir a humanidade e toda a vida em todas as oportunidades, e regularmente olhar para dentro, magnetizando assim a coluna e o cérebro. O resultado espera por nossa transformação coletiva. A apostasia, quando vista como um subproduto de opções espirituais para testar corretamente, só poderia ser enviada ao paraíso, e cada dia é um novo dia para celebrar a renúncia de um sentido limitado do eu em favor do eu expansivo – o Deus – em tudo.

Conclusão

O único maior poder do mundo hoje é
O poder de mudar...
A coisa mais imprudentemente irresponsável que podemos
Fazer no futuro é continuar exatamente como fomos nos
Últimos dez ou vinte anos.

Karl W. Deutsch

O estudo da religião organizada coloca séculos vazios de ficção passados adiante como realidade de pai para filho, de missionário para convertido e de amigo para amigo. Histórias criadas de heróis e vilões contam nascimentos de virgem, ressurreições, ascensões para o paraíso, e paraísos e infernos eternos. Fiéis, filtrando suas percepções por essas lentes, chegaram não só a conclusões divergentes, mas perigosamente delirantes. Conseqüentemente, a identidade pessoal e o relacionamento da pessoa por toda a vida agora repousam protegidos dentro de um pântano de invenções que somente podem ser renunciadas após repetidamente fazer a pergunta fundamental de questionamento espiritual, ou seja, *O que é real?*.

Uma maneira para experimentar essa questão é imaginar uma estrela bem dentro de seu corpo, que ilumina somente coisas reais. Uma luz passando dentro da sua carne e fora, no mundo circundante. Sua luminosidade revelaria não judeus, budistas, cristãos, muçulmanos ou devotos de Hare Krishna – apenas seres humanos. Sinagogas, templos, igrejas, mesquitas e centros espirituais apareceriam como edifícios comuns alojando ocupantes que compartilham um sociomagnetismo particular. Traje religioso se pareceria com qualquer outro tipo de roupa incomum usada em público. As escrituras bíblicas simplesmente seriam vistas como os pensamentos das pessoas e suas perspectivas registradas durante certo período de tempo. Tradições tais como rituais, crenças e concentração em ideais de Deus apareceriam como padrões de energia nervosa e consciência no corpo. E os adoradores iluminados pelo brilho da estrela seriam vistos como pessoas condicionadas por seus padrões para intuir um sentido único do eu – sua real tradição.

À medida que os raios de luz se estendem para longe, distinções entre espécies dariam lugar às leis observáveis da natureza. Neste momento, o buscador poderia argumentar que da mesma maneira que o Deus judeu-cristão "não faz acepção de pessoas" (Atos 10:34), um Deus Infinito não faz acepção das diversas formas de vida que habitam este pequeno planeta que gira no cosmos; em seu lugar, ele observaria princípios cósmicos no trabalho. A lei de causa e efeito, por exemplo, poderia aparecer como um profeta do eu infinito; o planeta, seu templo; a coluna e o cérebro, seu altar; as forças eletromagnéticas, seu credo unificador. Ao iluminar a realidade universal da existência humana, a estrela poderia iluminar a expansão perpétua da humanidade para identificar um com o outro, toda a vida e todos os mundos.

Um buscador orientado mais para investigação intuitiva pode preferir sondar a pergunta *O que é real?* examinando faculdades cognitivas, como os sentidos e o intelecto que se conectam com o mundo sensorial para produzir um sentido do eu finito. Tal buscador consideraria percepções sensoriais como configurações de pixel e teria idéias sobre religião, cultura e o mundo sensorial como conceitos abstratos – ambos significativamente removidos da anatomia de intuição. A realidade para o pesquisador intuitivo não consiste nesses fenômenos remotos, mas em padrões de energia que despertam consciência de um eu ansioso de se expandir infinitamente, muito além do mundo circunscrito.

Dogmas religiosos distintos que devem ser descartados quando considerados resistentes à adaptação, ataques à realidade – semelhantes a investigações sobre a natureza de Deus – são obras em andamento, constantemente convidando à curiosidade, dúvida e questionamentos mais penetrantes. Cada resposta é tentadora porque a resposta do questionador muda de acordo com seu sentido do eu em constante troca. O questionador, ao descobrir a velocidade dessas respostas, percebe que todas refletem um sentido místico do eu e, mais tarde, que o eu infinito é a única realidade.

No questionamento vitalício da realidade, buscadores que se valem da teoria do eu podem penetrar o eu e assim perceber o que o intelecto somente pode ponderar. Mas se eles aceitam as interpretações do intelecto de contribuição sensorial como realidade e projetam esses parâmetros finitos sobre a essência infinita, eles ficam imediatamente vulneráveis a ilusões. De fato, a tendência universal de sucumbir parcialmente às ilusões do intelecto explica por que a humanidade permaneceu aparentemente contente com tanto irrealismo por um período tão longo de tempo. Realmente, nos mais de dois mil anos entre Aristóteles e Heidegger, o mundo Ocidental negligenciou a produção de uma nova hipótese que elucida a natureza da realidade. O fracasso histórico da humanidade em provar sua existência é evidente na gravidade das questões geopolíticas, sociais e ambientais que enfrentamos.

A teoria do eu afirma que tais questões emergem de quatro impressões equivocadas fundamentais sobre a realidade: espaço, tempo, causalidade fenomenal e individuação. A percepção de espaço induz inferências errôneas de provincialismo, nacionalismo e a existência de um eu localizado em um corpo humano que viaja por distâncias físicas. A percepção de tempo dá a impressão errônea de historicidade; cronologia; e a presença de um eu temporal em um corpo humano que se move pelas dimensões passadas, presentes e futuras. Percepções de causalidade fenomenal criam observações defeituosas de mudança no eu infinito invariável e de causa e efeito, incitando os indivíduos a temerem a morte e agarrarem-se a promessas de imortalidade. Percepções de individuação geram compreensões equivocadas de subjetividade, objetividade e distinções entre eu e outros. Cada uma dessas percepções limita o sentido do eu e abastece a desagregação no mundo.

Essa divisão é ainda sustentada pela impressão equivocada divisional sobre a qual o cosmos inteiro é baseado. De forma interessante, conforme um eu humano limitado se identifica cada vez mais com o eu infinito, descobre que o cosmos é somente uma idéia finita, após a qual o eu, como uma porta rotativa, negocia um paradoxo eterno de finito e infinito. Manobrando no mundo finito, embora desvendando as quatro impressões equivocadas da realidade, reconhece-se que um cosmos finito não pode possivelmente emergir de ser infinito, e que a noção de tal cosmos deve então nascer da ignorância sem a qual não haveria cosmos algum, uma vez que o eu infinito não poderia brincar com a idéia de sua própria divisão. Em sua infinidade, por contraste, o eu é inconsciente da existência de um cosmos finito. Por causa dessa incongruência perceptual, a teoria do eu não pode confirmar absolutamente se há ou não um cosmos, e em vez disso, chama-o de "vazio".

Da mesma maneira que o eu infinito sucumbe aparentemente à ignorância em divisão sacrificando seu conhecimento infinito, também pode o eu limitado, finito, começar a inverter sua ignorância sacrificando seu provincialismo divergente, suas identidades místicas, medo da morte e distinção entre eus. Quando o eu finito, sofrendo de um caso de identidade errônea, expande-se no eu infinito, o sacrifício primordial é invertido para aquele eu individualizado, para quem o cosmos subseqüentemente desaparece. Não é de se admirar que a literatura clássica em todas as culturas envolva histórias de auto-sacrifício. Nem é surpreendente que sintamos grande felicidade, ao mesmo tempo que nos sacrificamos de boa vontade pelos outros. Experiências de auto-sacrifício diretas e enfáticas acendem uma faísca de felicidade experimentada pelo eu que desiste de sua infinidade de forma que em um estado temporal ele poderia jogar com a idéia de divisão, e então conscientemente retornar para a unidade. Porque o auto-sacrifício culmina em identificar-se *com* e amar aos *outros* como a si mesmo, poderia ser designado a espiritualidade universal consumada.

Um caminho espiritual para pessoas em todos os lugares, o

auto-sacrifício começa com a consciência de que nós, os humanos, ao nos identificarmos com qualquer coisa menor que nossos eus infinitos, vivemos como impostores impelidos por padrões fisiológicos de exclusionismo e violência contra inimigos. Em massa, conforme assumimos a tarefa diária de mover além da apostasia perguntando *O que é real?* com relação a todo aspecto de identidade pessoal, começamos sacrificando "irrealismos" – no processo, expandindo nosso sentido do eu e avançando lentamente nosso caminho mais perto da felicidade incondicional de ser. Cidadania nacional abre caminho para a cidadania mundial, e sociedade em uma fé para sociedade na família humana. Por exemplo, podemos ensinar nossos filhos, embaixadores do futuro da humanidade, a importância de derrotar a limitação, o real inimigo, colocando a expansão do eu acima de todas as outras considerações.

A humanidade agora se posiciona no limiar desta nova era, com séculos de verdades aceitas que pulsam dentro de nós como padrões incontestados de consciência limitadora. Ao expô-los, um por um, à luz do conhecimento, sacrificamos tudo o que nos mantêm limitados, porque o eu não pode se agarrar por muito tempo a qualquer coisa considerada irreal. Dia a dia, renunciamos a qualquer outra coisa – uma crença enterrada há muito tempo, um consumo corporativo ou aliança de comunidade, um pequeno fragmento de contribuição sensorial – até que tudo tenha se tornado tão real como nossa respiração, como Rumi tão eloqüentemente ilustra em seu poema "Somente Respiração":

> Nem Cristão ou Judeu ou Muçul-
> mano, nem Hindu, Budista, Sufi
> ou Zen.
> Nem qualquer religião.
> Ou sistema cultural. Eu não sou
> do Oriente nem do Ocidente,
> Nem fora do oceano ou acima.
> No chão, nem natural, nem eté-

reo, nem composto de elementos.
Eu não existo.
Não sou uma entidade neste
mundo ou no próximo.
Não sou descendente de Adão e
Eva ou qualquer história original.
Meu lugar é lugar nenhum, um
rastro do sem rasto. Nem corpo
ou alma.
Eu pertenço ao amado, vi os dois
mundos como um e aquele que
chama e sabe, primeiro, último,
externo, interno, somente Respiração respirando o ser humano.[1]

Respiração, de acordo com a teoria do eu, reflete a realização de nossa consciência de Deus, o "amado" de Rumi. A respiração pode ser ignorada, em cujo caso sem descanso carrega emoções reativas e impressões equivocadas divisionais no mundo, causando obstruções ao conhecimento expansivo de Deus, de nós mesmos e dos outros. Pode ser extinta, como acontece entre místicos, na intenção de uni-la com a identidade infinita de Deus. Ou, universalmente, pode ser sacrificada mais moderadamente por regulação e reduzindo gradualmente a velocidade, transportando o buscador de uma consciência de Deus, respirando individuação, para uma consciência de Deus, respirando expansão para a percepção de um Deus ainda sem respiração – reconhecido sem religião.

Notas

Capítulo Um

1. As citações da Bíblia Hebraica se referem à Bíblia de Jerusalém. Koren Publishers, 1992.

2. As citações do Novo Testamento se referem à Nova Versão Padrão Revisada. Oxford University Press, 1977.

3. As citações do Alcorão se referem ao Significado do Glorioso Alcorão, trans. Mohammed Marmaduke Pickthall. Penguin Books, s.d.

4. O plexo dorsal, localizado atrás do coração, corresponde aos gânglios simpáticos torácicos, lateralmente ao longo de ambos os lados da coluna vertebral.

Capítulo Dois

1. SAGAN, Carl. *Cosmos*. New York: Random House, 1980. pp.332-337.

2. Durante décadas, os historiadores acreditavam que a sociedade védica de aproximadamente 3.500 anos atrás, teve origem pela suposta invasão ariana do subcontinente Indiano – uma teoria amplamente apoiada no fim do século dezenove pelo famoso indologista Max Müller. Atualmente, baseado em descobertas subseqüentes arqueológicas e geológicas, que desacreditam a teoria da invasão ariana, diz-se em geral que foram os Vedas que originaram a raça há muitos milhares de anos. Acredita-se que Manu, o sábio Veda, autor de *Manu Samhita*, viveu em qualquer lugar entre 6.000 e 9.000 anos atrás.

3. SAMHITA, Manu. *Kaivalya Darsanam*. Los Angeles: Self-Realization Fellowship, 1984. pp.7-20. Apresentação da Teoria do Ciclo védico extraída do tratamento de Sri Yuktesvar's de Manu.

4. KAK, Subhash. *The astronomical code of the rgveda.* New Delhi: Munshiram Manoharlal, 2000. pp.3-5.

5. TOYNBEE, Arnold J. *A study of history.* New York: Dell, 1965. p.106.

6. Ibid. pp.26.

7. Ibid. pp. 663-664.

8. FERRIS, Timothy. *The world treasury of physics, astronomy and mathematics.* Toronto: Little, Brown, 1991. pp.261-271.

9. SAGAN, Carl. *Cosmos.* New York: Random House, 1980. p.330.

10. TOYNBEE, Arnold J. *A study of history.* New York: Dell, 1965. pp.57.

11. JACOBS, Joseph. *The fables of aesop.* London: Macmillan, 1915. p.85.

Capítulo Três

1. Citado em *Paramahansa yogananda, autobiography of a yogi.* New York: Philosophical Library, 1946. p.74.

2. RUMI, Jalal ud-din. *Selections from Rumi*, trans. Edward Rehatsek. Bombay: Education Society Press, 1875. p.186.

3. A medula oblongata estende-se da parte ínfima da ponte até aproximadamente o primeiro par dos nervos cervicais, onde se forma a medula espinhal.

4. EINSTEIN, Albert. *Ideas and opinions.* New York: Bonanza, 1954. p.12.

5. Apenas uma força eletromagnética de movimento rápido, oposta a um processo metabólico ou fluido de movimento lento, explica a capacidade iogue de parar instantaneamente a respiração simplesmente ao elevar a vista.

6. SCHWARTZ, George. *Food power.* New York: McGraw-Hill, 1979. p.63.

7. CAMPBELL, Joseph. *Inner reaches of outer space.* New York: Alfred Van Der Marck, 1985. p.16.

8. Ibid. p.17.

9. BALDWIN, James. *The great thoughts*. Comp. George Seldes. Citado em *The New Yorker (17 de novembro de 1982)*. New York: Ballantine, 1985. p.34.

Capítulo Quatro

1. GROF, Stanislav; BENNETT, Hal Zina. *The holotropic mind*. New York: Harper, 1993. p.p.89-111.

2. OTTO, Rudolph. *The idea of the holy*. Trans. John W. Harvey. Oxford: Oxford University Press, 1923.

3. EINSTEIN, Albert. *Out of my later years*. New York: Philosophical Library, 1950. p.29.

4. VIVEKANANDA, Swami. *The complete works of swami vivekananda*, vol.1. Calcutta: Advaita Ashrama, 1998. p.212.

5. ROBBINS, John. *May all be fed*: diet for a new world. New York; Avon, 1992. p.92.

6. ORWELL, George. *Reflections on Gandhi*. Partisan Review; janeiro de 1949. p.1.

Conclusão

1. "Somente Respiração". *The essential Rumi*, trans. Coleman Barks. San Francisco: Harper, 1995. p.32. Reimpresso, com grato reconhecimento, com permissão do tradutor.

Zibia Gasparetto

Crônicas e romances mediúnicos.
Mais de nove milhões de exemplares vendidos.
Há mais de dez anos Zibia Gasparetto vem se mantendo
na lista dos mais vendidos, sendo reconhecida como uma
das autoras nacionais que mais vende livros.

Crônicas

Zibia Gasparetto
- Conversando Contigo!
- Eles continuam entre nós

Silveira Sampaio
- Pare de sofrer
- O mundo em que eu vivo
- Bate-papo com o além
- O repórter do outro mundo

Ditado por outros espíritos
- Pedaços do cotidiano
- Voltas que a vida dá

Romances

Lucius
- O amor venceu
- O amor venceu (em edição ilustrada)
- O morro das ilusões
- Entre o amor e a guerra
- O matuto
- O fio do destino
- Laços eternos
- Espinhos do tempo
- Esmeralda
- Quando a vida escolhe

- Somos todos inocentes
- Pelas portas do coração
- A verdade de cada um
- Sem medo de viver
- O advogado de Deus
- Quando chega a hora
- Ninguém é de ninguém
- Quando é preciso voltar
- Tudo tem seu preço
- Tudo valeu a pena
- Um amor de verdade
- Nada é por acaso
- O amanhã a Deus pertence
- Onde está Teresa?
- Vencendo o passado

Luiz Gasparetto

Estes livros vão mudar sua vida!
Dentro de uma visão espiritualista moderna, estes livros
vão ensiná-lo a produzir um padrão de vida superior
ao que você tem, atraindo prosperidade, paz interior e
aprendendo acima de tudo como é fácil ser feliz.

Livros

Adulto
- Atitude
- Faça dar certo
- Se ligue em você
- Prosperidade profissional
- Para viver sem sofrer

Frases de Auto-Ajuda
- Essencial

Poesias Metafísicas
- Conserto para uma alma só

Biografia Mediúnica
Gasparetto

série Amplitude
1 – Você está onde se põe
2 – Você é seu carro
3 – A vida lhe trata como você se trata
4 – A coragem de se ver

Infantil

- Se ligue em você – nº 1
- Se ligue em você – nº 2
- Se ligue em você – nº 3
- A vaidade da Lolita

Mensagens Mediúnicas pelo Espírito Calunga

- "Um dedinho de prosa"
- Tudo pelo melhor
- Fique com a luz...
- Verdades do espírito

CDs

Prosperidade
Auto-ajuda

Aprenda a usar as leis da prosperidade. Desenvolva o pensamento positivo corretamente. Descubra como obter o sucesso que é seu direito, em todos os aspectos de sua vida.

série Viagem Interior (1, 2 e 3)
Auto-ajuda • Exercícios de meditação

Por meio de exercícios de meditação mergulhe dentro de você e descubra a força da sua essência espiritual e da sabedoria. Experimente e verá como você pode desfrutar de saúde, paz e felicidade desde já.

série Palestra
Auto-ajuda

1 – Meu amigo, o dinheiro
2 – Seja sempre o vencedor
3 – Abrindo caminhos
4 – Força espiritual

série Pronto Socorro
Auto-ajuda

1 – Confrontando o desespero
2 – Confrontando as grandes perdas
3 – Confrontando a depressão
4 – Confrontando o fracasso
5 – Confrontando o medo
6 – Confrontando a solidão
7 – Confrontando as críticas
8 – Confrontando a ansiedade
9 – Confrontando a vergonha
10 – Confrontando a desilusão

Calunga • Prece da Solução
Auto-ajuda

Calunga é um desencarnado carismático, possui uma sabedoria sobre a natureza humana que surpreende a todos. Consegue tocar o mais profundo de nosso Ser pela forma de observar a vida, como bom mineiro que foi quando estava entre nós. Porta-voz dos espíritos superiores, está sempre a nos mostrar novas formas de lidar com as velhas coisas da vida.

série Espírito
Auto-ajuda

1 – Espírito do trabalho
2 – Espírito do dinheiro
3 – Espírito do amor
4 – Espírito da arte
5 – Espírito da vida
6 – Espírito da paz
7 – Espírito da natureza
8 – Espírito da juventude
9 – Espírito da família
10 – Espírito do sexo
11 – Espírito da saúde
12 – Espírito da beleza

série Vida Afetiva
Auto-ajuda

1 • Sexo e espiritualidade
2 • Jogos neuróticos a dois
3 • O que falta pra dar certo
4 • Paz a dois

série Realização
Auto-ajuda

Com uma abordagem voltada aos espiritualistas independentes, eis aqui um projeto de 16 CDs para você melhorar. Encontros com o Poder Espiritual para práticas espirituais de prosperidade. Nesta coleção você aprenderá práticas de consagração, dedicação, técnicas de orações científicas, conceitos novos de força espiritual, conhecimento das leis do destino, práticas de ativar o poder pessoal e práticas de otimização mental.

série Palestras
Auto-ajuda

- S.O.S dinheiro
- Mediunidade
- O senhor da vida
- Os homens
- Paz mental
- Romance nota 10
- Segurança
- Sem medo de ter poder
- Simples e chique

série Luzes
Auto-ajuda • Coletânea com 8 CDs
Volumes 1 e 2

Projeto idealizado pelos espíritos desencarnados que formam no mundo astral, o grupo dos Mensageiros da Luz. Por meio de um curso ministrado no Espaço Vida & Consciência pela mediunidade de Gasparetto, eles nos revelaram os poderes e mistérios da Luz Astral, propondo exercícios para todos aqueles que querem trabalhar pela própria evolução e melhoria do planeta. Nesta coletânea, trazemos essas aulas, captadas ao vivo, para que você também possa se juntar às fileiras dos que sabem que o mundo precisa de mais luz.

DVD

O mundo em que eu vivo
Auto-ajuda

Momentos imperdíveis da palestra do Calunga proferida no dia 26 de novembro de 2006 no Espaço Vida & Consciência.

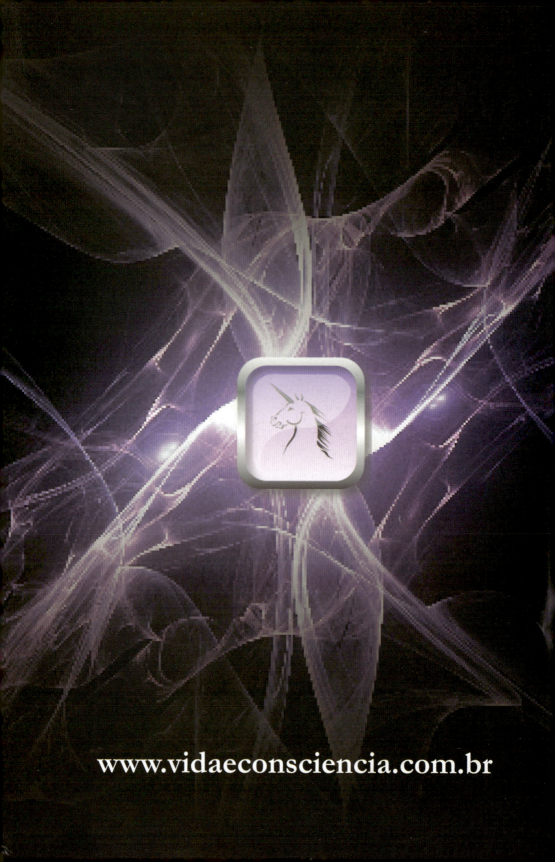